FREUD

DU MÊME AUTEUR

SEXUALITÉ ET FÉMINITÉ *(Éditions sociales)*

L'ADULTÈRE *(Casterman)*

LIBERTÉ SEXUELLE ET NÉCESSITÉS PSYCHOLOGIQUES
(Le Pavillon-Roger Maria)

VERS LA SOCIÉTÉ ÉROTIQUE *(Grasset)*

LE MÉTIER DU PÈRE *(Casterman)*

LE DIVAN ET LE PROLÉTAIRE
(Éditions sociales/Messidor)

ISBN 2-209-05885-6

DOCTEUR
BERNARD MULDWORF

FREUD

ÉDITIONS MESSIDOR

La doctrine matérialiste qui veut que les hommes soient des produits des circonstances et de l'éducation, que, par conséquent, des hommes transformés soient des produits d'autres circonstances et d'une éducation modifiée, oublie que ce sont précisément les hommes qui transforment les circonstances et que l'éducateur a lui-même besoin d'être éduqué...

(*Karl Marx : III*[e] *thèse sur Feuerbach,* 1845)

Il (Feuerbach) ne nous apparaît pas moins plat en comparaison avec Hegel dans sa façon de traiter l'antinomie du bien et du mal. On croit dire une grande vérité, *écrit Hegel,* lorsqu'on dit : l'homme est naturellement bon, mais on oublie que l'on dit une plus grande vérité encore par ces mots : l'homme est naturellement mauvais. *Chez Hegel, le mal est la forme sous laquelle se présente la force motrice du développement historique. Et, à vrai dire, cette phrase a ce double sens que, d'une part, chaque nouveau progrès apparaît nécessairement comme un crime contre quelque chose de sacré, comme une rébellion contre l'ancien état de choses, en voie de dépérissement, mais sanctifié par l'habitude, et d'autre part, que, depuis l'apparition des antagonismes de classes, ce sont précisément les passions mauvaises des hommes, la convoitise et le désir de domination qui sont devenus les leviers du développement historique, ce dont l'histoire du féodalisme et de la bourgeoisie, par exemple, n'est qu'une preuve continue.*

(Friedrich Engels : *Ludwig Feuerbach.* 1888)

Présentation

Pourquoi une biographie de Freud ?

Il existe actuellement de nombreuses biographies de Freud, s'adressant pour la plupart à un public spécialisé.

Certaines d'entre elles traitent de tel ou tel point obscur de la vie de l'inventeur de la psychanalyse. D'autres discutent des conditions de mise au point ou d'abandon de tel ou tel point de la théorie. Le problème qui se discute actuellement est celui de l'accès plus ou moins difficile des archives de Freud et du fait de la publication incomplète de sa correspondance.

Mais tous ces problèmes, pour intéressants qu'ils soient, sont surtout du ressort du spécialiste. La psychanalyse imprègne tellement notre culture que chaque jour voit un nouveau livre lui être consacré. Aussi, l'énumération en serait fastidieuse, et pas nécessairement utile.

Ce préambule sert à justifier la publication du présent ouvrage. Ce livre s'adresse surtout à un « large public » comme on dit, il se veut avant tout une introduction *à la connaissance de la vie de Freud, une* préparation *à la compréhension de son* itinéraire intellectuel. *Ainsi, il ne s'agit ni de « vulgarisation », ni de roman feuilleton. L'accès à cet ouvrage nécessite un certain effort, un désir de connaissance et de compréhension des conditions de la naissance et de l'élaboration de cette « science » bien particulière qu'est la psychanalyse.*

Cet ouvrage, comme c'est souvent le cas pour tout livre, correspond à diverses interrogations de l'auteur.

La vie de Freud n'est pas banale, la psychanalyse comme pratique et comme ensemble théorique reste encore très difficile à définir. Par ailleurs, comme on l'a vu lors d'une récente exposition au Centre Pompidou, la Vienne du début du siècle a été un lieu de très grand bouillonnement culturel : artistique, scientifique, littéraire, philosophique.

Ainsi Freud est un bon bourgeois, père de famille, féru de littérature, ami des hommes de culture de son temps.

Or, il se trouve qu'il est neurologue, *il traite aussi « les maladies des nerfs », c'est-à-dire ce qu'on appelle les* névroses.

Il rencontre la névrose la plus fréquente à cette époque, c'est-à-dire l'hystérie, *surtout chez des femmes, et la traite par la méthode en cours de son temps, c'est-à-dire* l'hypnose. *C'est cette* rencontre *entre l'homme Freud, l'hystérie et l'hypnose qui est intéressante à interroger pour comprendre comment il a pu en sortir la* psychanalyse. *C'est ce projet, ambitieux, que cet ouvrage a cherché, modestement, à mettre en œuvre.*

*La démarche de l'auteur s'est voulue « marxiste ». Qu'est-ce que cela veut dire ? Découvrir les conditions d'apparition d'une science nouvelle, en interrogeant à la fois la biographie et le contexte socio-culturel de l'époque. Or, pour une science aussi particulière que la psychanalyse, qui traite de l'individu et de la subjectivité, de la sexualité et de l'affectivité, la vie de l'homme de science et sa personnalité ne sont pas indifférentes. Par ailleurs, le champ scientifique nouveau, mis au jour par la psychanalyse, c'est-à-dire l'*inconscient, *nécessite l'existence d'un environnement culturel particulier, ce que les philosophes appellent les* conditions épistémologiques *du surgissement d'une science nouvelle.*

C'est toute cette problématique que cet ouvrage a cherché à élucider, d'une façon la plus accessible possible.

Un problème particulier, et névralgique pour le terrain qui nous occupe, nous a particulièrement intrigué.

Qu'est-ce qui a permis à Freud, bon bourgeois libéral, dans un contexte de morale traditionnelle, d'aborder la sexualité avec autant de franchise, de liberté et d'audace. Sans cette approche libre de tous préjugés de la sexualité, la psychanalyse n'aurait pas vu le jour.

Il existe actuellement beaucoup de courants psychanalytiques, des « Écoles » comme on dit, qui tiennent au fait de la complexité et de la diversité de l'œuvre de Freud, et de l'accent mis sur tel ou tel aspect de sa théorie. Selon Freud lui-même, le point d'achoppement est la sexualité. *La psychanalyse cherche à mettre au* rationnel *ce qu'il y a de plus* irrationnel *chez l'être humain, c'est-à-dire la vie sexuelle et affective.*

L'irrationnel et la sexualité sont un domaine que le chercheur « marxiste » a encore du mal à appréhender. Cependant, la démarche matérialiste doit être sans préjugé, et, en quelque sorte, a-morale.

Freud avait déjà noté que la psychanalyse heurtait l'amour-propre de l'être humain (ce qu'il appelle une blessure narcissique*) parce qu'elle le montre gouverné par des forces intérieures qu'il a du mal à maîtriser. C'est ce qui explique la* résistance, *comme on l'appelle, que connaît et connaîtra toujours la psychanalyse. Au même titre que le matérialisme historique démasque les lois de l'exploitation de classes, ce qui heurte la bonne conscience des classes dominantes (et parfois aussi des classes dominées), la psychanalyse démasque l'inconscience de la vie psychique et la place qu'y tient la sexualité.*

Le « moi n'est pas maître dans sa propre maison » dit Freud et l'illusion de clarté et de clairvoyance d'une raison toute-puissante s'en trouve assombrie.

Or, justement, la psychanalyse permet l'accès à cet irrationnel en nous et, de ce fait, nous fait progresser en rationalité et en connaissance.

Comment s'est constituée cette « science » bien singulière qui introduit rationalité et compréhension dans ce qu'il y a de plus confus et de plus irrationnel chez l'être humain ; quel est cet homme, Freud, qui a su affronter ce territoire obscur et terrifiant ; comment sa vie et son histoire lui ont permis cette découverte, telles sont les différentes questions que cet ouvrage s'est proposé d'aborder, à sa manière, de telle sorte que la curiosité du lecteur en soit aiguisée et son désir de savoir mis en appétit.

Mars 1987
Bernard Muldworf

I. Prologue

Un héroïque vieillard

Londres, septembre 1939. Depuis plus de trois semaines l'Anglèterre, la France, sont en guerre avec l'Allemagne nazie. Londres ne sait pas quel orage de feu et de sang va s'abattre sur elle. La France s'assoupit dans l'insidieuse torpeur de la *drôle de guerre.* L'Europe attend, comme au théâtre, le lever de rideau, sur une tragédie qui va engloutir tous les spectateurs devenus, à tour de rôle, les acteurs du drame.

Mais celui qui va mourir sait.

— C'est *ma* dernière guerre, a-t-il dit.

Il n'a pas la prévision politique du carnage inouï qui se prépare, mais il en a le pressentiment :

— Les hommes d'aujourd'hui ont poussé si loin la maîtrise des forces de la nature qu'avec leur aide il leur est devenu facile de s'exterminer mutuellement jusqu'au dernier.

Ainsi a-t-il écrit, en 1929, dans *Malaise dans la civilisation.* A sa façon, *pessimiste,* comme on l'a dit, il a une vision sombre de l'avenir, qui s'accorde (trop) bien avec la réalité du présent.

En fait, le présent est pour tous (ou presque) une pause. Les démocraties bourgeoises, qui avaient cru pouvoir gagner du temps après les accords de Munich, l'année précédente, laissent leurs peuples, sans méfiance, s'engourdir dans un *lâche soulagement.* La barbarie nazie paraît encore lointaine : seuls les hommes politiquement avertis en connaissent l'infinie cruauté et en pressentent les conséquences terrifiantes. Mais celui qui va mourir sait : en mars 1938, lors de l'invasion de l'Autriche par les troupes nazies, il avait expérimenté l'insolente brutalité des SA, faisant irruption dans sa maison comme un gang en mal de hold-up. On s'empare de l'argent qui était déposé dans un coffre-fort et le pillage aurait continué si la silhouette fragile et décharnée de Freud n'était apparue, pour engager les intrus à plus de décence.

Mais une semaine plus tard, la Gestapo revenait, pour fouiller systématiquement, pièce par pièce, à la recherche de soi-disant documents politiques antinazis. Entre-temps, Anna Freud — sa fille — avait été arrêtée ainsi que son fils Martin. Ils devaient être relâchés. Malheureusement, quelques années plus tard, les sœurs de Freud — ce que devait à jamais ignorer leur illustre frère — qui n'avaient pas quitté Vienne, mouraient dans les fours crématoires.

Freud est malade : dans Vienne, bruyante des vociférations nazies et du roulement des tanks, il hésite encore à partir.

L'Anschluss, qui inaugurait la longue suite des agressions nazies contre la liberté des peuples — et dont l'avant-première sanglante avait détruit l'Espagne républicaine — l'Anschluss sonnait pour Freud l'heure, tant de fois retardée, de l'exil.

C'est un vieux Juif, à la fois célèbre et démuni, averti et innocent, malade et inébranlable, qui affronte la barbarie faite hommes.

Il avait écrit, vingt annés plus tôt :

— Je ne me creuse pas la cervelle à propos du problème du bien et du mal, mais, somme toute, je n'ai pas trouvé beaucoup de *bien* chez les gens. L'expérience m'a montré que la plupart d'entre eux ne valent pas cher.

Ce scepticisme sévère, cette absence d'illusions issue de l'impitoyable lumière de l'expérience analytique, se trouvent en partie infirmés par le dévouement de ses amis qui veulent l'aider à quitter l'Autriche, pour sauver ce qui lui reste de vie.

Freud à quatre-vingt-deux ans. Depuis l'âge de soixante-sept ans, il souffre d'un cancer de la mâchoire, opéré à de nombreuses reprises, source de souffrances inouïes et de multiples complications dans sa vie personnelle et professionnelle.

De même qu'il n'a pas cédé devant le martyre infligé par la maladie, il ne veut pas céder devant l'oppression physique de cette nouvelle tyrannie des temps modernes.

A vrai dire, il n'est pas préparé à comprendre la signification du nazisme et du fascisme.

C'est un bourgeois libéral, un esprit progressiste à sa manière, mais il juge cette nouvelle (et tragique) étape de l'humanité plutôt en psychologue, en moraliste, et non pas en historien. La barbarie nazie lui apparaît comme un avatar du fond instinctuel de l'être humain, et non comme une forme d'oppression politique, porteuse de massacres nécessairement innombrables et collectifs. Paradoxalement, malgré son *pessimisme* quant aux possibilités de *changer l'homme,* son esprit ne peut accéder à la notion de génocide.

Aussi, faut-il de multiples démarches, de nombreux amis et d'admirateurs haut placés — ministres et ambassadeurs — pour le décider à partir. Les négociations avec les occupants nazis seront longues et difficiles. Vienne, ville à la fois aimée et haïe, sera encore pour un court laps de temps, la dernière demeure.

Entre l'Anschluss, avatar prévisible d'un certain visage de l'Histoire et le cancer, inexorable marche du temps, la destinée de Freud s'accélère et va vers son dénouement.

Mais remontons encore plus loin en arrière.

Vers la fin de l'année 1917, au beau milieu de la (première) Grande Guerre, Freud manque de cigares. Il écrit à un ami :

— Hier, j'ai fumé mon dernier cigare et depuis, je me sens de mauvaise humeur et fatigué. J'ai eu des palpitations et la douloureuse enflure au palais que j'ai observée depuis mes jours de privation s'est aggravée.

Depuis, Freud, fumeur invétéré, a retrouvé ses chers cigares. Et les historiens, à la lumière des connaissances pathogéniques actuelles, se sont demandé si *cette douloureuse enflure du palais* ne préfigurait pas le cancer, qui devait apparaître six années plus tard.

Le 11 mars 1938, sous le prétexte d'affinités politiques et ethniques, les troupes nazies franchissent la frontière autrichienne. Freud est surtout soucieux de l'existence de la Société psychanalytique de Vienne, dont le Comité directeur, réuni le 13 mars, enjoint à chacun de ses membres d'origine juive de fuir le pays. Freud compare cette décision à celle prise lors de la destruction du Temple à Jérusalem et poursuivant l'analogie, il commente :

— Nous sommes après tout habitués à être persécutés par notre histoire, nos traditions, et certains d'entre nous par expérience.

Quelques années auparavant le même problème s'était posé à la Société psychanalytique de Berlin, qui avait été dissoute par le régime nazi, et transformée en une *Société d'étude psychopathologique* au service des nouvelles autorités politiques.

Dans ces heures tragiques, où le destin frappe un grand coup, aux conséquences irréversibles, on a l'impression que Freud croit pouvoir encore tenir tête à cette vague immense de l'histoire, pour sauver à tout prix le fruit de toute son existence : la psychanalyse. Toute sa vie, jusqu'en ses derniers instants, aura été marquée par cette lutte intransigeante, contre le destin, contre les hommes, contre les déviations théoriques, contre les tentatives de dénaturation, afin de préserver la science dont il a été le courageux maître d'œuvre.

Vingt années auparavant, au terme de l'autre guerre, il écrivait le 30 septembre 1918, à Ferenczi, son élève préféré :

— Je suis dans l'allégresse et mon cœur est léger parce que je sais maintenant que mon *Sorgenkind,* l'œuvre de ma vie, est protégé par vous-même et par d'autres et que son avenir sera assuré. J'entrevois des temps meilleurs, même s'ils sont encore éloignés.

Sorgenkind, cet enfant qui lui donne tant de soucis, il lui faudra toute sa vie le tenir, bras tendus, levé au-dessus des mêlées tragiques de l'histoire.

Il y a quelque chose de tragique et de dérisoire à la fois, dans cette lutte d'un homme — un vieillard au seuil de la mort — un homme seul ou presque, face au déchaînement des mouvements de l'Histoire. Non seulement Freud n'est pas préparé, intellectuellement, à saisir cette discordance — d'un côté, une science, si prestigieuse soit-elle, de l'autre les hordes nazies, décidées à anéantir le monde entier afin d'assurer leur triomphe — mais son entêtement a quelque chose de suicidaire. A son ami (et biographe) Ernest Jones qui affirmait que *sa vie tenait à cœur à beaucoup de gens,* il répond :

— Seul. Ah, si seulement j'étais seul, il y a longtemps que j'en aurais terminé avec la vie.

En réalité, ce n'est pas seulement la souffrance physique et la douleur morale qui minent Freud, c'est le conflit de toute sa vie qui s'actualise en des minutes angoissantes. Freud est attaché à Vienne, où il vit depuis plus de soixante-dix ans ; il se sent profondément enraciné dans la culture occidentale ; en même temps, il est imprégné de la tradition judaïque, tout en refusant d'assumer le destin du Juif errant. Il s'est toujours affirmé comme Juif, *Juif athée* disait-il, il sait qu'il appartient à la race des persécutés, mais quand l'heure sonne, il se rebelle de toutes ses forces.

Il déteste Vienne où, durant sa jeunesse, il a souffert de l'antisémitisme, mais sa vie, ses espérances, ses luttes, ses déceptions, ses amours, ses amitiés, c'est à Vienne qu'il les a vécus.

Génie hors du commun, Freud, est comme l'homme du commun, enraciné par les innombrables mailles tissées par les habitudes et les sentiments, tout au long de toutes les années d'une vie.

Autour de lui on s'agite. W.C. Bullit, ambassadeur des États-Unis en France, ami personnel du président Roosevelt, lui demande d'intervenir personnellement auprès des autorités allemandes pour favoriser le départ de Freud.

Mussolini, à qui Freud avait dédicacé un livre quelques années auparavant, pour faire plaisir à un patient conduit par un de ses amis, le Duce lui-même devait intervenir directement, soit auprès de Hitler, soit auprès de son ambassadeur à Vienne.

Il fallut plusieurs mois avant que Freud puisse obtenir son visa de sortie.

Pour tuer le temps, et supporter l'attente anxieuse, Freud et sa fille Anna s'occupent à ranger et à choisir les livres.

Courant mars, Marie Bonaparte et Ernest Jones s'affairent auprès du ministre de l'Intérieur anglais, Sir Samuel Hoare, afin d'obtenir l'entrée de Freud et de sa famille en Angleterre.

C'est le 4 juin suivant que toutes les difficultés administratives suscitées par les nazis sont levées : Freud, sa femme et sa fille quittent Vienne, où il avait vécu durant soixante-dix-neuf ans. L'une des dernières conditions opposées par les nazis pour permettre l'obtention du visa de départ, était que Freud signe le document suivant :

Je soussigné, Professeur Freud, confirme qu'après l'Anschluss de l'Autriche avec le Reich allemand, j'ai été traité par les autorités allemandes, et la Gestapo en particulier, avec tout le respect et la considération dus à ma réputation scientifique, que j'ai pu vivre et travailler en pleine liberté, que j'ai pu continuer à poursuivre mes activités de la façon que je souhaitais, que j'ai pu compter dans ce domaine sur l'appui de tous, et que je n'ai pas la moindre raison de me plaindre.

Freud signera donc ce document dont l'humour involontaire ne lui échappait pas, puis il demanda s'il était autorisé à rajouter une phrase disant :

— Je puis cordialement recommander la Gestapo à tous.

C'est ainsi, sous le signe de cette ironie mordante qui était la marque de son esprit que Freud prit congé définitivement de ses cyniques geôliers.

C'est à Londres que va se terminer un calvaire qui avait commencé seize ans plus tôt.

Londres, l'Angleterre, terre longtemps promise, toujours espérée, quasi mythologique, il a fallu la conjonction de l'Histoire et de la maladie pour en faire, les derniers instants de la vie, une terre d'asile.

La maladie... Elle va mettre en relief le courage de Freud face à la souffrance physique.

Elle est le dernier témoin, mais non le moindre, de la force de caractère d'un homme qui mit au service de la recherche de la vérité, le même courage et la même inflexibilité.

C'est dans le courant février 1923 qu'apparaissent les premiers troubles. Freud ne semble pas s'en inquiéter dans l'immédiat. Le 25 avril, il écrit à Ernest Jones :

— J'ai détecté il y a deux mois sur ma mâchoire et le côté droit de mon palais une tumeur, une leucoplasie, que je me suis fait enlever le 20. Je ne travaille toujours pas et je ne puis déglutir. On m'a assuré de la bégninité de la chose mais, comme vous le savez, personne ne peut garantir la tournure que prendrait une tumeur si on lui donnait la possibilité de grandir. J'ai moi-même diagnostiqué un épithélioma, mais cette éventualité ne fut pas acceptée. C'est le tabac qu'on accuse d'être à l'origine de cette rébellion des tissus.

La maladie, qu'on soit un humble anonyme ou une célébrité glorieuse, reste la maladie : elle frappe au hasard et sa victime reste seule face à son destin.

Freud a soixante-sept ans. Il a un passé chargé de gloire et la psychanalyse est assurée de son droit de cité dans le monde de la science.

Il a des disciples, des amis, des ennemis, enfin bref, il est un homme de science au faîte de la célébrité et son œuvre vit toute seule, comme un enfant majeur.

La maladie le frappe durement : après les souffrances matérielles et morales de la guerre, dont il vient à peine de se remettre, c'est une épreuve difficile à accepter.

Les *Grands hommes,* comme on les appelle, nous apparaissent comme des êtres désincarnés. Même quand nous connaissons leur visage, rendus familiers par la photographie ou le cinéma, nous les imaginons en réalité, sans corps et sans existence physique.

Avoir un corps, manger, dormir, être malade, souffrir, c'est le lot des gens du commun, ce sont les petites servitudes médiocres de notre existence quotidienne dont il est impossible que des êtres supérieurs puissent les partager avec nous.

Avoir un corps, manger, dormir, être malade, souffrir, enfin bref, vivre, cette vie-là, réelle et prosaïque, tranquille et mesquine, c'est la vie des millions d'individus dont la totalité constitue l'existence humaine.

Les *Grands hommes* ne vivent pas de cette vie-là.

Ils vivent dans notre imagination d'une vie mythique, à la fois familière et lointaine.

La familiarité, purement fictive, suscitée par le fait même de leur prestige ou de leur gloire, leur confère une sorte de (fausse) réalité quotidienne : en même temps, les misères et les médiocrités de la vie leur sont épargnées. A nous les grippes, ou les maladies douloureuses, à eux les exploits et les sommets de l'esprit.

On a peine à se représenter Freud, atteint d'un catarrhe nasal chronique, toussotant et crachotant tout au long de la journée.

Ça, c'est le petit côté de l'affaire. Mais on a également de la peine à se le représenter, porteur d'une prothèse en guise de mâchoire, en proie à d'interminables lancées de douleurs, poursuivant néanmoins ses tâches professionnelles et sa recherche scientifique. Ça, c'est le côté héroïque : c'est le plus important et le plus significatif.

La première opération, pratiquée par le Dr Hajeck, un chirurgien-stomatologiste, a lieu le 20 avril 1923.

On côtoie la catastrophe : une hémorragie inopinée se produit aussitôt dans les suites opératoires et Freud, qui ne peut ni parler ni bouger, doit la vie sauve à la présence d'esprit d'un nain, un débile mental occupant la même chambre dans la clinique, qui alerte d'urgence, le personnel de service.

Dans son livre *le Mot d'esprit dans ses rapports avec l'inconscient,* écrit en 1905, Freud qui aime les anecdotes acérées, raconte :

L'aveugle demande au paralytique : « Comment ça marche ? » ; l'autre lui répond : « Comme vous voyez. »

Il ne savait pas qu'il allait, dix-huit ans plus tard, jouer une version inédite de cette fable.

La négligence, ou l'incompétence, provoque une cicatrice rétractile qui nécessite une nouvelle intervention. Celle-ci sera pratiquée par le Professeur Hans Pichler, qui procède en deux temps, le 4 et le 11 octobre 1923.

La nouvelle intervention est extrêmement mutilante. Comme souvent, en matière de cancer, plus l'excision est large, plus on a de chance d'éviter les récidives.

Alors, imaginons les résultats de l'opération réalisée : résection de toute la mâchoire supérieure et du palais du côté atteint, ce qui a pour conséquence de supprimer la cloison entre la bouche et la cavité nasale. D'où la nécessité d'installer une énorme prothèse, une espèce de super-dentier obturateur, destinée à séparer la bouche de la cavité nasale, très difficile à retirer ou à replacer, et surnommée le *monstre.* Représentons-nous Freud, maintenant sa prothèse avec le pouce, pour éviter qu'elle ne tombe, simulant, en quelque sorte (malgré lui) une attitude de profonde concentration. Car telle sera désormais sa vie : une succession d'interventions chirurgicales (trente-trois en tout !), parfois mineures ou bénignes, d'autres fois longues et compliquées, soit pour réajuster la prothèse (qui sera refaite trois fois), soit pour assouplir une cicatrice, éteindre une hémorragie, éviter une infection, améliorer l'articulation ou la déglutition. C'est un infirme, en proie à des accès de douleurs insupportables qui, pendant seize ans encore, va continuer à approfondir et à développer la science qu'il a créée.

Dans le courant de l'année 1924, il reçoit la visite de Romain Rolland, puis de la chanteuse française Yvette Guilbert. Les conversations sont difficiles. Avec cet humour sinistre qu'il préfère, Freud explique :

— Ma prothèse ne parle pas le français.

Cependant, il va continuer à travailler, à écrire, à recevoir des patients, selon un rythme discontinu, marqué par les séjours en clinique et les visites médicales.

Les vacances seront plus difficiles : il ne faudra pas trop s'éloigner de Vienne pour rester à proximité du chirurgien.

Anna, sa fille cadette, devenue psychanalyste, sera pour lui, une infirmière inépuisablement dévouée. C'est elle qui le représentera aux différents congrès, auxquels il ne peut plus assister. C'est elle qui servira en quelque sorte de *public relation* auprès des autres membres de la communauté psychanalytique, et des diverses personnalités qui viendront pour rencontrer son père.

De temps en temps, un journaliste aux intentions équivoques, annonce la mort de Freud. La psychanalyse, malgré le développement des écoles et des sociétés, continue à susciter des polémiques, pas toujours du meilleur goût.

Cependant, au milieu de ces misères physiques inexorables, Freud reçoit du réconfort. Des écrivains, Stephan Zweig, Arnold Zweig, Thomas Mann ; des savants, Albert Einstein, des admirateurs inconditionnels, H.G. Wells, contribuent à l'organisation de ses anniversaires, manifestations publiques qu'il redoute de plus en plus, et auxquelles, finalement, il va renoncer.

En 1930, il reçoit le Prix Gœthe, créé par une Fondation littéraire scientifique. (Mais il n'aura jamais le prix Nobel, malgré de multiples démarches faites par ses amis et admirateurs.)

Cette même année coïncide avec une nouvelle manipulation, une nouvelle rectification de sa prothèse.

Sa santé physique continue à se dégrader : des troubles cardiaques et respiratoires viennent s'ajouter aux autres difficultés : des troubles digestifs rendent son alimentation incertaine, parfois insuffisante.

Faut-il dire que Freud *lutte* contre la maladie ? Son attachement à la vie, la force de son insatiable curiosité intellectuelle sont telles qu'aucune souffrance ne peut atteindre son énergie. Cette période, sans rémission, scandée à un rythme de plus en plus rapproché par les multiples servitudes contraignantes liées à la surveillance médicale, est riche d'une élaboration théorique qui prend des dimensions philosophiques.

Confronté quotidiennement avec la souffrance, préparé à une mort qui sournoisement fait attendre son heure, Freud expérimente dans son corps la précarité de l'existence humaine. Hier, c'était la gloire, les joies de la découverte scientifique, les discussions ardentes avec les amis, les polémiques aiguës avec les adversaires ; aujourd'hui, c'est une mâchoire qui s'ouvre mal, une oreille qui se bouche, une hémorragie qui brusquement survient : la vie ne tient plus alors qu'à un fil.

Freud est reçu à Londres, gare Victoria, comme une personnalité internationale.

La publication médicale anglaise *The British Medical Journal,* du 11 juin 1938, déclare :

— Les membres de la profession médicale de Grande-Bretagne apprendront avec fierté que leur pays a offert asile au Professeur Freud qui a choisi de s'y installer.

Le 19 juillet 1938, Freud fera connaissance avec Salvador Dali. La déception sera réciproque. Le jeune peintre surréaliste est surpris devant ce vieillard aux allures conformistes ; Freud, qui a toujours été traditionaliste dans ses goûts littéraires et artistiques écrit à son propos :

— ...j'étais tenté de tenir les Surréalistes, qui apparemment m'ont choisi comme saint-patron, pour des fous intégraux (disons à quatre-vingt-quinze pour cent, comme pour l'alcool absolu).

Mais il ajoute :

— Ce jeune Espagnol, avec ses candides yeux de fanatique et son indéniable maîtrise technique, m'a incité à reconsidérer mon opinion.

En automne 1938, il reçoit Arthur Koestler.

A Paris le 1er août précédent, s'est tenu le Congrès international de psychanalyse, le dernier (pour Freud), mais aussi pour les autres membres de l'Association psychanalytique, dont les problèmes et les querelles vont brusquement être immergés dans la marée de la guerre mondiale.

Cependant, la maladie accélère son cours. Le 26 février 1939, le Professeur Lacassagne, directeur de l'Institut Curie à Paris vient examiner Freud : une récidive maligne interdit toute intervention chirurgicale. Seul reste un traitement palliatif, le radium, qui va prolonger encore quelques mois la vie du malade, et accroître ses souffrances.

Mais celles-ci vont devenir intolérables et la vie réduite à un souffle. Conformément aux vœux de son patient, le médecin personnel de Freud, qui lui est attaché depuis de nombreuses années, Max Schur, lui fait absorber une dose infime de morphine. Celle-ci suffit à plonger le malade dans un sommeil, qui fera une transition paisible avec la mort, le 23 septembre 1939, peu avant minuit.

Le 26 septembre, le corps de Freud est incinéré, et ses cendres déposées dans une urne grecque, dont Marie Bonaparte lui avait fait cadeau de nombreuses années auparavant.

Le 25 octobre 1931, la municipalité de Freiberg (Pribor), en Tchécoslovaquie, avait décidé de rendre hommage à Freud en plaçant une plaque de bronze sur sa maison natale.

Voici ce qu'il écrit, à propos de cette manifestation, à laquelle d'ailleurs il ne peut assiter :

— Depuis le prix Gœthe de l'année dernière, le monde me traite différemment et reconnaît avec mauvaise grâce, mon existence, mais seulement pour me montrer combien cela importe peu. Quel contraste apporterait une prothèse supportable, une prothèse qui n'exigerait pas d'être la principale préoccupation d'une existence ?

Mais cette *existence,* précisément, c'est à Freiberg qu'elle avait commencé, il y a soixante-quinze ans.

Quittons Londres et l'année 1939, aux incertitudes trop lourdes, pour rejoindre le milieu du 19e siècle, et cette bourgade anonyme, où vit la famille d'un riche commerçant juif.

Seule, une tireuse de cartes, pouvait se risquer à prévoir que leurs noms parviendraient jusqu'à nous.

II. L'enfant et la cartomancienne

A dix-sept ans, le lycéen Sigismund Freud (qui devait, à vingt-deux ans, prendre un prénom devenu célèbre, moyennant la suppression des lettres I et S) passe le baccalauréat.

A la suite des félicitations d'un professeur, qui vante les qualités de son style, il écrit à un ami :

— ... Peut-être, jusqu'à présent, n'aviez-vous pas l'impression de correspondre avec un styliste allemand. En ami, en ami désintéressé, je vous conseille donc de conserver ces lettres, d'en faire un paquet, de bien les garder, on ne sait jamais... *(Lettre à Émile Fluss du 16 juin 1873).*

On peut prendre à la légère, dans toute leur banalité sympathique, ces boutades d'un potache heureux. On peut difficilement leur attribuer une prescience prophétique : on doit en tout cas convenir que l'appréciation du correcteur était bonne et s'interroger sur le sens qu'il faut donner à cette expression de la satisfaction (légitime) du bon élève.

Sigismund est heureux d'être un *styliste :* sa vocation n'est pas explicitement celle d'un écrivain ; mais, *bien écrire,* ce n'est pas seulement faire œuvre esthétique, pouvoir s'identifier à telle ou telle célébrité de la littérature, c'est aussi être en mesure de bien raconter des histoires, c'est-à-dire s'intéresser à *l'homme,* à ses drames, à son destin. (Freud dira plus tard que ses histoires de malades se lisaient comme des romans, ce qui leur enlevait le sérieux scientifique requis alors ; on sait, également, que beaucoup de psychanalystes sont des écrivains *rentrés :* au lieu de raconter des histoires, ils s'en font raconter par leurs patients.)

Ce lycéen, à la fois enjoué et sérieux, dont il dira plus tard :

— J'étais plutôt mû par une sorte de curiosité qui visait plus les questions humaines que les choses de la nature, qui sous l'influence d'un *camarade plus âgé* envisageait d'étudier le droit dans l'intention de s'engager dans une carrière politique, cet adolescent soigné, dont une moustache naissante ombre un visage légèrement bouffi, d'où vient-il, quelle est son histoire ?

Reprenons le texte même de l'autobiographie de Freud, *Ma vie et la psychanalyse,* écrit en 1925.

Cela commence ainsi :

— Je suis né le 6 mai 1856 à Freiberg, en Moravie, une petite ville de la Tchécoslovaquie actuelle. Mes parents étaient Juifs, moi-même suis demeuré Juif. De ma famille paternelle, je crois savoir qu'elle séjourna longtemps dans les pays rhénans (à Cologne), qu'à l'occasion d'une persécution contre les Juifs, au 14e ou 15e siècle, elle s'enfuit vers l'Est et c'est dans le courant du 19e siècle qu'elle revint de Lithuanie, par la Galicie, vers un pays de langue allemande, l'Autriche. Je fus amené, à l'âge de quatorze ans, à Vienne, où je fis toute mon instruction. Au lycée, je fus pendant sept ans le premier de ma classe...

Cette entrée en matière, qui ouvre le récit de son évolution scientifique, Freud la caractérise par deux notations, d'importance complètement discordante : d'abord par le rappel de son origine juive, ce qui n'est pas simple élégance morale, ensuite en mettant en exergue ses succès scolaires : *j'avais une situation privilégiée, je n'étais presque jamais soumis aux examens.* N'y a-t-il pas quelque naïveté, ou quelque autre obscur dessein, pour un homme de soixante-neuf ans, au comble de la célébrité de rappeler le brillant lycéen qu'il fut ? En tout cas, il faut prendre plus au sérieux, très au sérieux, la relation à la judéité. Elle est riche d'implications multiples.

D'abord pour Freud : il lui semble qu'il y a un lien entre ses origines et les dispositions particulières de son esprit, la force de son caractère, qui lui permettent de faire front à l'antisémitisme viennois, ouvert ou sournois, contre lequel il aura à lutter toute sa vie, et qui lui permettent également d'être *un oppositionnel hardi* (comme il l'écrit), c'est-à-dire de se situer à contre-courant des idées de son époque et de son milieu, ce dont il aura maintes occasions d'être mis à l'épreuve.

Dans beaucoup de lettres de sa volumineuse et innombrable correspondance, Freud fait état de sa qualité de Juif et de ses conséquences, sur un mode assez traditionnel qui ne dépasse pas le niveau de la *psychologie des peuples.* Par exemple :

— J'ai souvent eu l'impression d'avoir hérité toute l'audace et toute la passion de nos ancêtres quand ils défendaient leur Temple, d'être capable de jeter toute ma vie avec joie, pour un seul grand moment. *(Lettre à Martha Bernays 2 février 1886.)*

Mais ce n'est pas ce rapport avec le judaïsme, tel que le jeune Sigmund le décrit dans cette lettre à sa fiancée qui nous intéresse. On sait que Freud a été hanté toute sa vie par la figure gigantesque de Moïse. C'est le mythe des origines qui est à l'œuvre dans cette quête, avec en filigrane, la question fondamentale :

— Pourquoi, nous Juifs, sommes-nous persécutés ?

Tout Juif est ainsi la proie de ce questionnement, et le *pourquoi* renvoie à une autre question, plus profonde : *D'où venons-nous ?* Au-delà (ou en deçà) de la réponse politique et de ses déterminations idéologiques — que la pensée contemporaine est à peu près en mesure de fournir — pour le Juif traditionnel, le Juif *athée* comme s'intitule Freud, le mystère des persécutions est insondable.

C'est ce *pourquoi,* spécifiquement juif, qui aiguise chez Freud la curiosité des origines, et nous savons (nous verrons) jusqu'où cela va le conduire.

Revenons au lycéen, que son assiduité et son travail dispensent d'être *soumis aux examens.*

Son histoire familiale est singulière, tellement, qu'on a pu y déceler l'origine de son extrême sagacité à résoudre les énigmes de l'esprit humain.

Quand il naît, le 6 mai 1856, son père, Jakob Freud, a quarante et un ans. Sa mère, née Amélia Nathansonn en a vingt et un. C'est une jeune mère, mariée à un homme ayant à peu près le double de son âge et qui, d'un premier mariage, a eu deux fils, Emmanuel et Philip, respectivement âgés de vingt-quatre et vingt ans lors de la naissance de leur demi-frère. Or, avant même sa naissance, Sigismund est un oncle en puissance, puisque John, le fils d'Emmanuel, naît en juillet 1855.

Le petit Sigismund aura comme compagnons de jeux son neveu John et sa nièce Pauline, qui seront en quelque sorte comme frère et sœur pour lui. John, son aîné d'un an environ (cette différence d'âge minimum compte beaucoup dans la toute première enfance) constituera un rival à l'endroit duquel il nourrira des sentiments fortement ambivalents ; Pauline suscitera chez lui un attachement incestueux : rien de plus banal que cette constellation affective entre frères et sœurs, à ce détail près qu'il ne s'agit ni de frère ni de sœur, mais d'un *oncle,* jouant (batailles, disputes, réconciliations, etc.) avec son neveu et sa nièce.

Un autre personnage important de la famille Freud, c'est Nannie, la vieille bonne d'enfant, que le petit Freud adore.

Elle est Tchèque, catholique, elle commencera son éducation sexuelle, lui apprendra brutalement et grossièrement la propreté, en s'aidant de la crainte de l'Enfer comme procédé pédagogique !

Il y aura d'autres enfants, des sœurs, des frères, nous les retrouverons bientôt.

Mais, pour l'heure, voyons la structure familiale qui va accueillir Sigismund Freud à sa naissance.

— Jakob et Nannie, les personnes âgées ;

— Emmanuel et sa femme, l'oncle et la tante ;

— Philip et Amélia, les adultes jeunes ;

— John et Pauline, qui peuvent se situer comme des *cousins.*

Or, les apparences sont trompeuses, et l'imbroglio familial se constitue par le fait que le clivage des générations n'est pas assuré, puisque c'est Jakob qui partage la chambre d'Amélia, que c'est Emmanuel qui est son frère, tout en ayant des enfants du même âge que Sigismund, qui se trouve être un *oncle* assorti d'un *neveu* plus âgé que lui.

Ce n'est qu'à l'âge de dix-neuf ans, lors d'une conversation avec Emmanuel, que Sigismund Freud pourra reconstituer correctement le dispositif de sa généalogie.

De cet imbroglio on peut en inférer qu'à la question : *...d'où viennent les enfants ?* qui est au cœur de la curiosité sexuelle infantile, le jeune garçon Freud n'a pas eu la tâche facile pour y répondre.

On n'ira pas jusqu'à dire que la découverte du complexe d'Œdipe est en germe de cette interrogation angoissée : mais on peut assurer qu'un tel contexte affectif a de quoi aiguiser les sentiments et leurs conflits.

On sait que l'homme Freud sera un sujet passionné et sensible, aux amitiés orageuses et ambivalentes : c'est le *neveu-cousin-frère,* compagnon des jeux d'enfants, John, qui fixera le modèle inconscient de ses amitiés adultes.

Un autre événement important pour la constitution affective du jeune Sigismund, c'est la naissance de son frère Julius, en avril 1857, qui mourra huit mois plus tard, ce qui alimentera de durables sentiments de culpabilité.

C'est à l'âge de quarante et un ans, durant ce travail de réflexion qu'il va opérer sur lui-même sous le nom *d'auto-analyse* que cet événement va prendre tout son sens. Il écrira :

— Tout me fait croire aussi, que la naissance d'un frère d'un an plus jeune avait suscité en moi de méchants souhaits et une véritable jalousie enfantine et que sa mort, survenue quelques mois plus tard, avait laissé en moi le germe d'un remords.

La constellation familiale du jeune Sigismund est donc compliqué. Pour l'enfant, en ce qui concerne son développement psychologique et affectif, c'est l'environnement familial qui est déterminant. La société et ses rumeurs lui arrivent par des échos assourdis, réfractés indéfiniment par l'intermédiaire de ses parents, qui lui servent à la fois de barrière de protection et de médiateurs avec le monde social qu'il ignore.

Freiberg, la petite ville de Moravie dans laquelle sa famille habite durant sa toute petite enfance comporte environ cinq mille habitants, dont une centaine de Juifs.

C'est plus qu'un gros bourg : c'est déjà une agglomération urbaine, comportant un artisanat local important, des commerçants, des petits industriels.

Jakob Freud est négociant en laine et la manufacture de textile du pays constitue l'un des clients les plus importants.

Les trois premières années de la vie de Freud sont celles d'un garçonnet heureux, qui ignore les soucis de ses parents, qui n'a, comme problèmes à résoudre, que ceux des rivalités enfantines et de leurs jeux.

La mère de Freud était une personne enjouée, jolie et svelte dans sa jeunesse, selon les témoins de l'époque. Un attachement très vif la portait vers ce fils aîné, que longtemps elle appela *mein goldener Sigi,* et, qu'à sa naissance, elle surnomma mon *petit négrillon,* à cause de la chevelure crêpue et opulente du nourrisson, ce qui est relativement rare chez les nouveau-nés.

Elle était originaire d'une ville du nord de la Galicie, à proximité de la frontière russe. Elle avait passé une partie de son enfance à Odessa et ses parents s'étaient installés à Vienne quand elle était encore enfant : elle se souvenait bien des événements provoqués par la révolution de 1848.

Certains auteurs prétendent qu'Amélia descendait d'un célèbre érudit talmudique du 18e siècle. Peu importe la vérité du propos : mais on peut en inférer sa profonde imprégnation de la culture juive, aussi bien sur le plan de la vie traditionnelle que de la religion.

Elle se marie très jeune, et met au monde huit enfants, dont il reste sept, du fait de la mort de Julius. Elle a ainsi cinq filles et deux fils : Anna, qui a deux ans et demi de moins que Sigismund, Marie, Adolfine, Paula, et Alexander, le seul frère, qui a dix ans de moins. Sigismund est donc l'aîné d'une fratrie, essentiellement dominée par des femmes. La mort de son frère Julius, à huit mois, le laisse seul garçon façe à façe avec sa mère, dans le contexte ambigu des relations avec son *neveu* John, moitié frère, moitié cousin, dont il peut avoir la certitude quant à savoir qui est son père, mais reste dans le flou pour ce qui est de sa mère.

Jakob Freud est un lointain patriarche, indulgent et plein d'humour. Il était né en Galicie, à Tysmenitz, le 18 décembre 1815.

Il se maria deux fois : la première fois, à dix-sept ans ; il eut alors deux fils : Emmanuel né en 1832, et Philip, né en 1836.

C'est à quarante ans, le 29 juillet 1855 qu'il épousa, à Vienne, Amélie Nathanson, alors âgée de vingt ans.

Le grand-père de Freud s'appelait Rabbi Ephraïm Freud, et son grand-père Rabbi Schlomo Freud : c'est en souvenir de ce grand-père que l'enfant reçut le prénom juif de Schlomo.

On a dit que Jakob Freud ressemblait, plus ou moins, au révolutionnaire italien Garibaldi. Cette notation, de caractère apparemment anecdotique, est intéressante : elle situe d'une certaine façon le climat idéologique libéral qui régnait dans la famille Freud. La famille de son demi-frère Emmanuel habitait tout près d'eux, et les deux familles étaient si unies qu'elles semblaient n'en constituer qu'une seule. On comprend pourquoi John et Pauline étaient les compagnons de jeux permanents du jeune Sigismund. Une autre famille, du nom de Fluss, était également unie à la famille Freud par des liens d'amitié très étroits : les Fluss, dont les parents étaient des amis intimes, avec leurs six enfants, quatre garçons : Richard, Alfred, Emil et Victor ; deux filles, Sidonie et Gisella. La famille Fluss, amicale et chaleureuse, jouera un rôle plus tard, dans la formation psychologique et affective du jeune Freud.

Enfin, rappelons la présence de Nannie, la vieille nourrice, Tchèque et catholique, laide et laborieuse, à laquelle Sigismund est nécessairement très attaché.

Elle est à la fois affectueuse et sévère, un peu frustre, très attachée à sa foi religieuse, qu'elle cherche à faire partager au jeune enfant, par l'intermédiaire de l'imagerie naïve mais efficace du ciel et de l'enfer. Elle mène à la messe le petit garçon, qui, en retour, s'amusait à prêcher et à décrire les faits et gestes des serviteurs de Dieu.

La présence de cette nourrice catholique témoigne, d'une part de l'aisance relative, à cette époque, de la famille Freud, et puis, d'une certaine souplesse de la part de Jakob quant aux problèmes de la religion.

A l'âge des interrogations anxieuses et confuses, quand les premiers émois sexuels, qui ne portent pas encore de nom, agitent le jeune enfant, Sigismund se trouve, en quelque sorte, avoir une double lignée de générateurs : Nannie et Jakob, vieux, sévères, interdicteurs ; Amélia et Philip, jeunes, accueillants, mais sources de rivalités.

Le ciel et l'enfer, ancrés dans les mouvements profonds de l'organisation de la sexualité infantile, vont faire leur chemin dans la tête du jeune Freud. Plus tard, beaucoup plus tard, ayant contemplé les fresques de la cathédrale d'Orvieto, en Italie, au cours d'un voyage, il aura du mal à se souvenir du nom du peintre, Signorelli : ces fresques, précisément, représentent des scènes relatives au ciel et à l'enfer, avec des implications sexuelles manifestes.

Telle est la famille Freud : un père respecté, une jeune mère attentive, de nombreux enfants, une vieille nourrice active, des amis, des jeux enfantins dans les prairies avoisinantes, la vie à Freiberg est paisible, le temps n'a pas de durée.

Entre 1840 et 1850, le train venant de Vienne cesse de passer par Freiberg. (Freiberg est située à environ 300 kilomètres au nord-est de Vienne.) La révolution industrielle et technique a gagné l'Europe centrale et le machinisme menace l'artisanat. La bourgeoisie industrielle et commerçante prend son essor, et les révolutions de 1848-1849 en marquent l'avènement politique.

La ville de Freiberg, démunie de sa voie de chemin de fer, périclite. La vie commerciale s'en trouve désorganisée, la petite manufacture de textile décline, le chômage s'installe.

Les affaires de Jakob s'en trouvent directement affectées.

Les révolutions bourgeoises de 1848 ont, en même temps, comme dans beaucoup de pays d'Europe, un caractère de revendication nationaliste. Les peuples opprimés par les grands empires aspirent à leur autonomie et, au sein de l'Empire austro-hongrois, le nationalisme tchèque se développe.

En Bohême et en Moravie, la classe dirigeante, germano-autrichienne cherche, selon une habitude éprouvée, à diriger le mouvement nationaliste contre les Juifs : la diversion antisémite, moyen politique inusable, fait son office. A Prague, des bagarres éclatent dans les manufactures de textile tenues par des Juifs. A Freiberg, les tailleurs tchèques s'en prennent à leurs collègues juifs. La crise économique et politique qui secoue l'Autriche-Hongrie a des conséquences concrètes immédiates sur la vie de la famille Freud, qui doit à nouveau émigrer. En octobre 1859, on quitte Freiberg. Sigismund est alors âgé de trois ans.

Emmanuel, avec sa femme et leurs deux enfants, ainsi que son frère Philip, partent pour Manchester. Dès lors, l'Angleterre devient le mythe familial : il ne devait se transformer en réalité que beaucoup plus tard, par un ultime voyage, la dernière émigration.

Les premières années à Vienne sont difficiles. Le jeune Sigismund était attaché à la campagne de Moravie, paisible et vallonnée. Les parcs viennois ne remplaceront jamais la vraie nature.

A mesure que la famille Freud grandit, avec la survenue de nouveaux enfants, on déménage, à plusieurs reprises.

Jakob Freud reçoit une aide — modeste — de la part de sa belle-famille ; ses affaires vont cahin-caha.

C'est la vie besogneuse et rétrécie de la petite-bourgeoisie juive. Cependant, Jakob Freud est un esprit libéral et cultivé.

Comme beaucoup de Juifs de son milieu, bien qu'il ne soit qu'un autodidacte, il accorde beaucoup d'importance aux valeurs intellectuelles. Il avait abandonné l'orthodoxie juive, mais il avait conservé de sa formation judaïque, l'intérêt pour les problèmes philosophiques généraux, et ce qu'on appellerait maintenant les *problèmes de la vie.*

Les relations du jeune Freud avec son père lui devaient être enrichissantes.

Jakob Freud avait été évidemment élevé dans le respect des rites et des coutumes juifs. Il est probable qu'ils avaient été abandonnés progressivement, et que l'évolution politique générale, postérieurement aux événements de 1848, avait favorisé cette émancipation.

En effet, ce n'est qu'en 1868 en Allemagne, et en 1869 en Autriche-Hongrie qu'un décret est promulgué donnant accès aux Juifs à l'égalité complète des droits civiques.

Sur le plan pratique, cela permettra au jeune Sigismund d'entrer au lycée, puis à l'Université, sans avoir à faire face à des problèmes administratifs. Il peut ainsi accéder à la culture européenne, sans avoir le sentiment de trahir ses origines.

Durant un certain temps, c'est sa mère qui lui donne ses premières leçons. Mais Amélie parle un mauvais allemand, fort mal dégagé du yiddish. Puis c'est son père qui le prend en charge, avant qu'il n'entre dans une école privée.

Les toutes premières années de sa formation intellectuelle sont donc baignées dans une sorte de judaïsme ambiant, où traditions culturelles et religieuses se trouvent mélangées, sans qu'on puisse parler pour autant d'une culture juive proprement dite.

Deux anecdotes, fort connues, permettent de mieux situer la place de la famille de Sigmund Freud par rapport au judaïsme. La première concerne la bible offerte par son père à Sigmund ; pour son trente-cinquième anniversaire.

Elle comporte la dédicace suivante, écrite en hébreu :

« Mon cher fils, c'est au cours de la septième année de ta vie que l'Esprit du Seigneur t'incita à étudier. Je dirai que l'Esprit du Seigneur te parla ainsi : "Lis mon livre, là te deviendront accessibles les sources de la *connaissance intellectuelle.* C'est le Livre des Livres, la source où ont puisé les Sages et d'où les législateurs ont tiré les fondements de leur connaissance."

Tu as pu avoir, grâce à ce livre, une vision du Tout-Puissant, tu as agi, tu as essayé de voler haut sur les ailes de l'Esprit sacré. Depuis, j'ai toujours conservé la même bible. Voici ton trente-cinquième anniversaire, je l'ai sortie de sa retraite et te l'envoie en témoignage de l'affection que te voue ton vieux père. »

Ainsi, l'attachement de Jakob Freud est à la fois sentimental et intellectuel : il se sait l'héritier d'une certaine tradition culturelle et existentielle, c'est ce lien qu'il cherche à maintenir.

L'autre anecdote est à la fois plus banale et plus typique.

Elle est tellement caractéristique, qu'elle en perd son authenticité pour devenir comme un des éléments éternels du folklore juif. Tout Juif, à sa naissance, aura un père humilié, dans les mêmes conditions que celles relatées par Freud, concernant son propre père. Alors qu'il est âgé de douze ans, ce dernier lui fait le récit suivant :

« Un jour, un chrétien (un *goy*) jette dans la boue le bonnet en fourrure de Jakob Freud, en criant :

— Juif, descends du trottoir.

— Et qu'as-tu fait, interroge Sigmund indigné.

— Eh bien, je suis descendu dans le caniveau et j'ai ramassé mon bonnet. »

Ce manque d'héroïsme a terni quelque peu, pour le jeune Freud, l'image de son père.

Mais, très rapidement, l'expérience devait lui montrer que le courage de son héros, Hamilcar, qui avait fait jurer à son fils Hannibal de le venger des Romains était plus facile à mettre en œuvre dans les livres de l'histoire ancienne que la réalité de la vie quotidienne.

A neuf ans, Sigismund entre au lycée (le *Gymnasium*) avec une année d'avance. Il est studieux. La lecture et le travail scolaire occupent pratiquement tout son temps. Il est particulièrement attiré par l'étude des langues étrangères. Il apprend à fond le français et l'anglais. Il étudie également l'italien et l'espagnol. Il maîtrise bien le latin et le grec, et, naturellement, on lui a enseigné l'hébreu. L'intérêt permanent de Freud pour la langue anglaise, pour la culture anglaise, et pour Shakespeare en particulier, laissera des traces indélébiles. L'intuition géniale du dramaturge anglais, concernant les conflits du cœur humain, aura des conséquences décisives sur la formation intellectuelle du jeune Freud.

On peut considérer que le développement psychique, affectif, intellectuel de Sigmund Freud, toute cette élaboration profonde tellement importante pour les assises de la personnalité, se fait sous le signe du conflit et de la dualité.

Sa toute petite enfance est marquée par l'étrangeté de sa constellation familiale : il a une certitude, il sait qui est sa mère ; quant à son père, il en a peut-être deux, voire même trois :

Jakob, Emmanuel, Philip. Ce n'est pas la disparité des âges entre Jakob et Amélia qui fait problème, c'est l'existence au sein du même foyer, de plusieurs générations à l'intérieur desquelles le jeune Sigismund a du mal à trouver sa place par rapport à leurs différents protagonistes.

Qui couche avec maman ? Telle est la question intenable, pour laquelle plusieurs réponses sont possibles.

Plus tard, il sera pris entre deux cultures : une imprégnation par la tradition juive, qu'il pourra rationaliser quand il en aura les moyens intellectuels, par des différences fréquentes à la mythologie en activité dans la bible ; les acquisitions intellectuelles de la culture européenne occidentale, qui sont celles des jeunes intellectuels de son temps.

Mais Freud n'est pas un homme déchiré, il assume sa judéité, il affronte l'antisémitisme, il ne sera jamais porté à ce qu'on appelle *l'assimilation :* il tient à conserver une certaine manière *d'être Juif,* composition complexe de sentiments, de tradition culturelle, d'habitudes de pensée. Le jeune lycéen qui aborde les études secondaires, se sent Juif à part entière, en même temps que solidaire de la communauté culturelle germanique dans laquelle il vit.

La place d'aîné, de fils aîné, lui confère beaucoup de privilèges. Dans l'appartement étroit et surchargé de ses parents, il a droit à une chambre, appelée *bureau,* dans laquelle il vivra et travaillera jusqu'à ce qu'il devienne *interne* à l'hôpital.

Il est intéressant de rapporter cette anecdote selon laquelle, lorsque sa sœur voulut apprendre le piano, le bruit de l'instrument trop proche du *bureau* le gênait dans son travail, la fillette dut renoncer à la musique. Freud, on le sait, n'est jamais devenu un mélomane.

La jeunesse de Freud est traversée par deux guerres : la guerre austro-prussienne de 1866, et la guerre franco-allemande de 1870.

Pour la première, on raconte que son père l'emmenait voir les blessés qui arrivaient par le train, pour être transportés ensuite sur des brancards à l'hôpital. Dans les écoles, garçons et filles fabriquaient de la *charpie,* c'est-à-dire une espèce d'étoffe qui tenait lieu de coton hydrophile. Pour la seconde, Sigismund atteint alors sa quinzième année. Il y prend un vif intérêt, et, comme tous les garçons de son âge, il se plaît à suivre la campagne militaire en plantant des petits drapeaux sur une grande carte.

La famille Freud est spontanément, naturellement patriote, et son cœur germanique d'importation bat au rythme des autres cœurs. C'est le paradoxe et la naïveté des communautés juives de ce temps-là que de vouloir tenir simultanément dans la même main, et la bible de leurs ancêtres, et le drapeau de leur pays d'adoption.

Le jeune Sigismund retrouve son neveu John, qui vient le voir à Vienne durant l'année 1870.

Lui-même, à l'âge de dix-neuf ans, ira en Angleterre, chez son demi-frère Emmanuel, qui tenait une affaire à Manchester.

Sigismund est enthousiasmé par ce voyage. On dit que l'un de ses entretiens avec son demi-frère eut pour résultat d'atténuer la rancune qu'il avait contre son père, à la suite de l'histoire du bonnet de fourrure. Mais il y a plus : la vie d'Emmanuel est aisée ; l'Angleterre est un pays libéral où, apparemment, il n'est pas question d'antisémitisme. C'est Olivier Cromwell qui avait, en son temps, donné aux Juifs anglais leur égalité avec les autres Anglais. Cromwell fait partie de la galerie des héros qui hante la mythologie personnelle de Freud.

Freud aurait alors souhaité être le fils d'Emmanuel : sa vie aurait été plus facile.

Il semble d'ailleurs que son père, et Emmanuel, avaient envisagé que Sigismund s'installe à Manchester, en vue de participer aux activités commerciales de son demi-frère avec, éventuellement, comme perspective, d'épouser sa fille Pauline.

Sentimentalement, Freud n'y était pas, en principe, opposé. Pauline avait été la camarade de jeux de son enfance, et probablement à l'origine de ses premiers émois érotiques. Mais la vie, et les fluctuations de son cœur en décidèrent autrement. Voici comment :

Vers l'âge de seize ans, il fait un seul — et unique — séjour dans sa ville natale. Il y retrouve la famille Fluss, et leur fille Gisella, plus jeune que lui de trois ans. Il en tombe immédiatement amoureux.

Trop timide pour lui faire part de ses sentiments, trop inhibé pour lui adresser la moindre parole, comme c'est le cas quand un attrait est trop vif pour pouvoir supporter d'être atténué par la verbalisation, le jeune Freud ne lui dit pas un mot. Elle part en pension peu de temps après et il reste avec son désir lui dévorant l'esprit. Il rêvasse alors, en errant dans les bois et la campagne des alentours de Freiberg, se disant combien sa vie aurait été agréable, et quel bonheur ç'aurait été pour lui d'épouser la jeune fille.

Quand, plus tard, il apprend les plans de son père et de son demi-frère Emmanuel, relatifs à son éventuelle installation à Manchester, il associe dans son esprit la belle Gisella parcourant les parcs de Freiberg, et la petite Pauline, avec qui il jouait aux jeux à la fois innocents et cruels de l'enfance.

L'une et l'autre sont liées dans son esprit par le même attrait érotique : Gisella dans l'adolescence, Pauline dans la toute première enfance. Il se représente alors Pauline jeune fille, sous les apparences de Gisella, attrayante et désirable.

Le voyage en Angleterre le démystifie : Pauline n'exerce sur lui aucun attrait.

Ainsi s'envolèrent en fumée, les premières amours — fantasmatiques — de Sigmund Freud, et avec elles, les espoirs d'une vie meilleure.

Mais Freud était *né coiffé,* comme on dit. *Mein goldener Sigi, mon petit négrillon* était assuré, à sa naissance, d'un grand avenir. D'ailleurs, un jour, sa jeune mère rencontra par hasard, dans une patisserie, une vieille femme, une cartomancienne, qui la fortifia dans l'idée qu'elle avait mis au monde un grand homme.

Freud lui-même, si sceptique, n'a pas pris la chose à la légère. Plus tard, il écrira :

— Ces sortes de prophéties doivent être fréquentes, il y a tant de mères remplies d'espoir, tant de vieilles paysannes et tant de vieilles femmes qui, ne pouvant plus jouer de rôle dans le présent, s'en dédommagent en se tournant vers l'avenir.

Pour une fois, une jeune mère *remplie d'espoir* n'a pas été déçue.

III. Un jeune savant pauvre

L'hôtel particulier de Charcot, boulevard Saint-Germain est somptueux. Freud y est reçu pour la première fois le 17 janvier 1886, pour y rencontrer le Maître dont il doit traduire les *Conférences*. Voici comment il décrit le bureau, à sa fiancée, émerveillé comme un provincial, observateur et perspicace comme... le futur Freud. Il dit :

— Ce bureau est grand comme notre futur appartement tout entier. C'est une pièce digne du palais féerique qu'il habite ; elle est divisée en deux parties, dont l'une, la plus vaste est consacrée à la science, et l'autre au confort ; deux légères saillies des murs marquent la séparation. En entrant, vous voyez le jardin à travers une triple fenêtre ; les vitres blanches alternent avec des carreaux colorés... Sur les murs sont accrochés des tableaux et des tapisseries des Gobelins.

Freud reviendra à plusieurs reprises dans ce *palais féerique*, pour y être convié à des soirées mondaines. Il aura quelques problèmes vestimentaires délicats à régler.

C'est le 3 mars 1885 que Freud annonce dans une de ses lettres son intention de demander une bourse de voyage post-universitaire. Le montant de cette bourse était suffisamment important pour lui permettre d'assurer un congé de six mois.

Les démarches, comme c'est souvent le cas en ces circonstances, furent parfois mouvementées, empreintes d'incertitude, mais, finalement elles aboutirent.

Puis, Freud part pour Paris, ayant comme objectif essentiel de parfaire ses connaissances en neurologie, chez le Maître qui paraissait être en quelque sorte le phare européen en la matière : le Professeur Charcot.

Entre-temps, il avait été nommé *priva-dozent* en neuropathologie, c'est-à-dire Chargé de cours de neurologie à l'Université.

Quel est le chemin parcouru par Freud, qui le mène jusque chez Charcot, événement qui va constituer une étape décisive dans sa vie ?

C'est à l'âge de dix-sept ans que Freud entre à la Faculté de Vienne, à l'automne 1873, pour y faire ses études de médecine. Il n'est pas spécialement attiré par la pratique médicale, et encore moins par la vocation thérapeutique. Il a de vagues intérêts philosophiques concernant *l'homme* et la *vie,* et la biologie, en tant que *science de la vie* exerce sur lui une fascination, fondée surtout sur l'ignorance. C'est le côté métaphysique et mystérieux de cette *science de la vie* qui mobilise surtout son intérêt et son imagination.

De plus, en tant que Juif issu de la petite bourgeoisie viennoise, le choix d'une carrière est relativement restreint. Lui sont ouverts : l'industrie ou le commerce, le droit ou la médecine.

N'ayant ni le goût ni le sens des affaires, Freud renonce sans regret à un avenir dans la finance. Le droit pourrait le tenter, en vue d'une carrière politique : mais en tant que Juif, cet horizon est vite bouché. Reste donc la médecine.

Ainsi, dès le début du choix d'une profession, le jeune Sigmund Freud se trouve pris dans des contraintes, liées à sa qualité de Juif, qui vont limiter sa liberté. Va donc pour la médecine !

Il semble, à la lecture de documents concernant cette époque, que Freud ait pu faire des études, en quelque sorte, à la carte. D'année en année, de trimestre en trimestre, il choisit les matières à sa convenance, mêlant la physiologie (les cours de Brücke) à la philosophie (les conférences de Brentano).

La biologie exerce sur lui ses puissants attraits.

En mars 1876 — il a vingt ans —, le Professeur Claus, directeur de l'Institut d'anatomie comparée, tout particulièrement intéressé à la zoologie marine, fonde une station de recherche zoologique expérimentale à Trieste. C'est le jeune Freud qui est choisi pour aller sur place, sur les bords de l'Adriatique, étudier la structure gonadique des anguilles.

Et le 15 mars 1877, un rapport de Freud est présenté à l'Académie des sciences, relatif au problème jusqu'alors épineux, de l'existence douteuse sinon incertaine, des testicules d'anguille.

C'est là ses tout premiers contacts avec l'étude de la sexualité. Puis il entre au laboratoire de physiologie de Brücke.

Quand on s'interroge sur les origines de la psychanalyse, on ne tient pas suffisamment compte de la formation intellectuelle du jeune Freud.

Les années d'adolescence et de la toute première jeunesse sont décisives pour la formation de l'esprit. On le voit tous les jours : c'est à vingt ans qu'on s'engage le plus volontiers dans une voie politique ou philosophique ; que les enthousiasmes sont les plus bouleversants ; que les répugnances sont les plus authentiques. On s'enflamme pour un ami, pour un Maître, pour une idée. Et quel que soit l'avenir, plus ou moins incertain, de ces premiers choix, il en reste toujours quelque chose.

Le regard bleu et foudroyant de Brücke revient souvent dans les rêves de Freud : on le saura beaucoup plus tard.

Cette culpabilité, que la mise en scène onirique exprime à sa manière, a sans doute des sources plus profondes.

Mais, plus que le regard inquisiteur, c'est la personnalité scientifique du grand savant qui domine l'esprit du jeune Freud.

Avec lui, c'est une conception haute et noble de la *Science* qui se confirme : cette conception correspond aux exigences intimes du jeune homme. La recherche scientifique conduite avec probité et rigueur, doit mener à des connaissances décisives et permettre une maîtrise des mystères les plus profonds de l'être humain.

Le jeune Freud est curieux, avide de connaissances. Cette curiosité inquiète, nous en connaissons en partie les déterminations.

La complexité psychologique de son milieu familial a laissé en lui comme une blessure, une sorte de vide, qui aspire à se combler par une meilleure connaissance de ce que constituent les raisons qu'a l'homme d'exister.

Ainsi, nous avons face à face un jeune homme anxieux, tout juste sorti de l'adolescence, et un savant prestigieux, riche de certitude aux perspectives infinies.

La marque de Brücke sera indélébile.

L'Institut de physiologie de Brücke est le creuset de la recherche avancée. Freud y restera *collé,* selon sa propre expression, entre 1876 et 1882, c'est-à-dire entre vingt et vingt-six ans.

C'est là qu'il fait connaissance de ses premiers amis, Ernest von Fleischl, dont la presque homonymie avec le nom de Fliess préfigure pour certains, cette future rencontre aux conséquences incalculables ; il y rencontre aussi Breuer, dont l'amitié aura également des conséquences encore imprévisibles.

Durant cette période très importante sur le plan du développement personnel et intellectuel, Freud noue des amitiés décisives et s'imprègne d'une méthode de pensée et d'une éthique de la science. Freud lui-même porte témoignage de l'importance de cette époque. Il écrit, commentant à la fois et ses incertitudes quant à son choix professionnel, et sa perplexité devant l'activité médicale :

— Après quarante et une années de pratique médicale, ma connaissance de moi-même me dit que je n'ai jamais été réellement médecin au sens propre du mot. Si je suis devenu docteur en médecine, c'est parce que je me suis vu contraint d'abandonner mes projets originels ; mon grand triomphe est d'avoir réussi, après de longs détours, à découvrir une voie qui me ramène à ma première vocation. Je ne me souviens pas d'avoir jamais eu, dans mes jeunes années, le désir de soulager l'humanité souffrante. Mes tendances sadiques n'étaient pas assez fortes pour que j'eusse besoin d'une pareille réaction. Jamais non plus, *je n'ai joué au docteur,* ma curiosité infantile se portait évidemment ailleurs. Dans ma jeunesse, je ressentis le besoin impérieux d'acquérir quelques notions des énigmes de l'univers où nous vivons — et peut-être de contribuer à les résoudre. Le moyen le plus favorable d'y arriver me semblait être de m'inscrire à la Faculté de médecine ; mais, même alors, j'essayai sans succès de la zoologie et de la chimie — jusqu'au moment où enfin, sous l'impulsion de Brücke, le maître le plus éminent, qui plus que tout autre, a agi sur moi au cours de mon existence, je passai à la physiologie, encore qu'à cette époque cette science se limitait à la seule histologie. Bien que j'eusse alors passé tous mes examens médicaux, nulle question médicale ne put exciter mon intérêt jusqu'au moment où le professeur que je respectais tant me mit en garde, vu ma situation matérielle difficile, contre le choix d'une carrière exclusivement scientifique. C'est ainsi que je passai de l'histologie du système nerveux à la neuropathologie et ensuite, sous de nouvelles influences, à l'étude des névroses. Je crois toutefois que mon peu de goût véritable pour la médecine n'a jamais été très nuisible à mes malades. Ceux-ci, en effet, ne tirent jamais grand profit du fait que leur médecin soit trop effectivement attaché à son art. Mieux vaut, pour les patients, que leur médecin travaille froidement et soit aussi strict que possible.

Voici, résumée par son acteur lui-même, la carrière de Freud comme thérapeute, et la conception qu'il a de sa pratique.

Nous allons en reprendre toutes les péripéties de plus près. Mais il faut déjà noter trois faits importants : l'influence profonde de Brücke, l'existence de *nouvelles influences* qui conduisent Freud à l'étude des névroses, sa *situation matérielle difficile* qui est au centre de beaucoup d'événements.

Ernest Brücke (1819-1892) a donc cinquante-sept ans quand Freud, en 1876, entre à l'Institut de physiologie. Sa renommée est internationale, son prestige est grand. Il forme, avec d'autres savants allemands, également physiologistes, une sorte d'école, qui, plus qu'une école scientifique traditionnelle est animée d'un véritable esprit de croisade. Brücke et ses amis, menaient, dirait-on en langage politique moderne, une véritable *lutte idéologique* pour imposer le matérialisme en physiologie, dans un domaine où l'idéalisme vitaliste était roi.

Les idées évolutionnistes de Darwin, en replaçant l'homme dans le mouvement des vicissitudes de l'échelle animale, avaient secoué la sécurité paresseuse de la pensée biologique de l'époque. En réaction, la *Natur philosophie* de Schelling et de ses adeptes cherchait à contrebalancer cette vue trop prosaïque de l'évolution humaine, par une sorte de panthéisme naïf où tout, dans le règne minéral, végétal, animal, humain est soumis à une sorte d'épopée romantique au terme de laquelle, la *conscience,* attribut noble de l'être humain, est le résultat du mouvement de *forces inconscientes* qui animent l'univers et la nature, conçus comme une sorte de grand organisme.

Ce mysticisme pour salons littéraires est vigoureusement combattu par les hommes de science, qui opposent à cette *physique spéculative* de Schelling, la *physiologie physique* de Brücke.

Pour ce dernier, tout l'organisme doit être ramené au jeu des forces physiques et chimiques. Le matérialisme de Brücke est étroitement mécaniste : il cherche à ramener les phénomènes qu'il étudie à d'autres manifestations déjà connues, dont la science peut rendre compte avec plus de rigueur.

Il faut noter que Helmholtz, qui est un des amis de Brücke, ayant une grande influence dans leur cercle scientifique, est à la fois physicien et physiologiste.

Du Bois-Reymond, qui fait partie du même groupe, écrit en 1842 :

— Brücke et moi avions pris l'engagement solennel d'imposer cette vérité, à savoir que seules les forces physiques et chimiques, à l'exclusion de toute autre, agissent dans l'organisme. Dans les cas que ces forces ne peuvent encore expliciter, il faut s'attacher à découvrir le mode spécifique ou la forme de leur action, en utilisant la méthode physico-mathématique ou bien postuler l'existence d'autres forces équivalentes en dignité, aux forces physico-chimiques inhérentes à la matière, réductibles à la force d'attraction et de répulsion.

Telle est la formation intellectuelle qui va imprégner la pensée du jeune Freud : rigueur de l'observation et austérité de la science, c'est là l'éthique de Brücke ; évolution, déterminisme, jeu des forces physico-chimiques, matérialisme, mécanicisme, constituent les bases des conceptions théoriques qui dominent l'Institut de physiologie.

A l'automne 1876, Freud est donc admis à l'Institut de physiologie comme chargé de recherches. Brücke lui met entre les mains un microscope et lui demande d'étudier l'histologie de la cellule nerveuse. A part le court épisode des anguilles, c'est le premier contact sérieux de Freud avec la recherche scientifique. Il n'est pas indifférent que le microscope ait présidé à ces débuts : nous verrons plus loin la place prépondérante des métaphores optiques dans les théorisations freudiennes. Il n'est pas indifférent non plus qu'il s'agisse de la cellule nerveuse : tout ce qui concerne les *nerfs* va jouer un rôle déterminant dans sa vie.

Mais lorsque Freud étudie l'histologie de la cellule nerveuse, afin de vérifier s'il y a continuité — ou non — entre celle des animaux inférieurs et celle des animaux supérieurs, ses soucis sont tout autres. Avec le pétromyzon (qui est une sorte de poisson), il montre les diverses transitions entre cellules unipolaires et cellules bipolaires. Entre 1879 et 1881, il étudie les cellules nerveuses de l'écrevisse et découvre la structure fibrillaire de leurs cylindraxes ; Freud approche la conception unitaire de la cellule et des processus nerveux. C'est Waldeyer (en 1891) qui va élaborer la théorie du *neurone* qui met au point définitivement cette conception unitaire.

Lors de ses tout premiers pas dans la recherche scientifique, Freud a déjà à son actif quelques découvertes intéressantes : la démonstration de la continuité entre les différents types de cellules nerveuses, ce qui confirme la théorie de l'évolution, et ruine les conceptions idéalistes et mystiques relatives à la structure et au fonctionnement du système nerveux des animaux supérieurs, dont l'homme ; une approche de la théorie du *neurone ;* l'utilisation du chlorure d'or pour colorer les tissus nerveux et permettre un examen plus précis et plus sûr.

Dès ce moment, la curiosité scientifique de Freud s'allume et le désir de faire une *grande découverte* commence à l'agiter.

En travaillant à l'Institut de Brücke, il espérait un jour faire comme son vieux maître, et accéder à la chaire de Professeur de physiologie.

Quand Freud passe son diplôme de Docteur en médecine, le 31 mars 1881, il ne s'agit pas pour lui de sanctionner la fin de ses études. Sa carrière médicale commence, mais des événements compliqués vont lui faire traverser les méandres inattendus.

Parmi ces circonstances, la pauvreté, l'impécuniosité en constituent la toile de fond permanente. La rencontre avec Martha Bernays, sa future fiancée, est un événement autrement plus décisif.

A travers les documents dont on dispose, on connaît mal la vie de Freud étudiant en médecine. Mais on l'imagine aisément en jeune homme austère et studieux.

Sa correspondance avec Martha Bernays va dégager l'image d'un homme sensible, violent, vulnérable, dont on sent bien que la fréquentation des femmes n'est pas son domaine privilégié.

Le laboratoire humide et sombre de Brücke lui est plus familier que les brasseries ; le microscope et les livres lui sont les compagnons les plus assidus.

C'est un soir d'avril 1882 que Martha et sa sœur Minna rendent visite à la famille Freud.

Berman Bernays et sa famille, venus de Hambourg, s'étaient installés à Vienne en 1869 ; Martha avait alors huit ans.

Il était négociant, puis devint secrétaire d'un économiste bien connu, Lorenz von Stein. A sa mort, le 9 décembre 1879, à la suite d'une crise cardiaque, c'est son fils Eli qui le remplace auprès de von Stein et pourvoit ainsi à l'entretien de la famille.

Le grand-père de Martha, Isaac Bernays, avait été grand rabbin de Hambourg, il était apparenté au poète Henri Heine.

La famille Bernays est très pénétrée de culture juive, attachée à la tradition religieuse, ce qui va créer quelques problèmes à Sigmund, dont les liens avec le judaïsme sont plus relâchés.

C'est le 17 juin 1882 qu'auront lieu les fiançailles : quant au mariage, il faudra attendre quatre ans et trois mois avant qu'on puisse le célébrer. Entre-temps, Freud aura adressé plus de neuf cents lettres à sa fiancée ; il est vrai que Martha et Sigmund demeureront séparés pendant près de trois ans.

La famille Bernays, la mère de Martha surtout, est très à cheval sur les traditions : aussitôt les jeunes gens fiancés, elle expédie sa fille à Hambourg, afin de l'y faire rester jusqu'à ce que le mariage soit possible.

Avant les fiançailles officielles, Martha et Sigmund étaient contraints d'utiliser l'obligeance d'un ami commun, Fritz Wahle, afin de pouvoir se transmettre leurs lettres.

Ce même Fritz Wahle, ami obligeant, sera, pour Freud, l'occasion d'une crise de jalousie d'une extrême intensité.

Car les amours de Freud ressemblent à toutes les histoires d'amour : mais les sentiments sont plus violents, la passion est rapidement très vive avec son cortège de doutes, de jalousie, de rancœurs, de disputes, de réconciliations. Sigmund est un amoureux passionné et inquiet, entier, possessif, sa conception de la condition féminine est tout empreinte du traditionalisme le plus banal.

Dans une lettre à Martha, datée du 5 novembre 1883, commentant les idées de John Stuart Mill sur les problèmes de l'émancipation féminine (durant l'année 1879, il avait traduit un ouvrage de cet auteur anglais), il écrit :

— Je crois que toutes les réformes législatives et éducatives échoueraient du fait que, bien avant l'âge auquel un homme peut s'assurer une situation sociale, la nature décide de la destinée d'une femme en lui donnant la beauté, le charme, la douceur. La loi et la coutume ont à offrir à une femme beaucoup de ce dont elle a été privée, mais sa situation demeurera ce qu'elle a toujours été : celle d'une créature adorée dans sa jeunesse, d'une femme aimée dans sa maturité.

Martha Bernays est d'apparence pâle et fragile. Il semble qu'elle soit d'un caractère plus serein et plus stable que son fougueux fiancé.

Concernant sa beauté, Freud s'exprime en ces termes :

— Je le sais bien que tu n'es pas belle dans le sens où l'entendent peintres et sculpteurs ; si tu tiens à ce que je donne aux mots leur sens strict, je me vois obligé de confesser que tu n'es pas une beauté. Je ne te flatte pas en disant cela, mais je ne sais pas flatter. Je puis, il est vrai, me tromper. Ce que je tiens à exprimer, c'est la façon dont le charme de ton être se manifeste, dans ton maintien, dans ton corps, dans la manière dont se révèlent ta douceur, ta générosité de cœur, ta raison. En ce qui me concerne, j'ai toujours été plutôt insensible à la beauté conventionnelle. Toutefois, si ta petite tête recèle encore une trace de vanité, je ne te cacherai pas que certaines gens te trouvent belle, et même d'une beauté frappante. Je ne puis en juger.

Durant ces quatre années de fiançailles prolongées, la préoccupation majeure de Freud va être, comme on dit, de se faire une situation, afin d'échapper à la pauvreté et à la médiocrité. Freud vivote péniblement. Au début, son père peut lui verser une petite rétribution. Mais Jakob Freud, alors âgé de soixante-sept ans, ayant sept enfants à sa charge, peut difficilement assurer l'avenir du jeune docteur. La famille de sa femme l'aide un peu. Le krach boursier de 1873 a fait se volatiliser son petit capital, en bref, il est lui-même dans la gêne, à la limite de la misère. Sigmund, qui reste encore à l'Institut Brücke est nommé préparateur. A ce titre, et par les quelques publications qu'il a faites, il perçoit des rétributions dérisoires. Les deux assistants de Brücke, Fleischl et Exner, ont dix ans de plus que lui, et lui bouchent par conséquent l'avenir à l'Institut. En 1882, il décide d'abandonner, sur le conseil affectueux de Brücke, *étant donné les maigres moyens financiers qui ne lui rendraient pas possible la poursuite de travaux théoriques.* Mais cette même année 1882, il a rencontré Martha. Son problème est alors d'améliorer ses connaissances médicales et, dans ce but, il s'inscrit à l'hôpital général de Vienne le 31 juillet 1882.

Freud emprunte parfois de l'argent à des amis généreux.

Mais, à la même époque, il fera la connaissance de Joseph Breuer, qui lui prêtera régulièrement l'argent dont il a besoin, sous la forme *d'avance de fonds,* dont il refusera d'ailleurs toujours le remboursement. Breuer est alors, en quelque sorte, pour Freud, comme un philantrope désintéressé.

Ainsi vit Freud, de la générosité de ses amis, un peu de l'air du temps, et beaucoup porté par la passion et l'espérance suscitées par son amour pour Martha.

A l'hôpital de Vienne, Freud fréquente un certain nombre de services : chirurgie, médecine générale, psychiatrie, dermatologie, pédiatrie, etc., c'est-à-dire qu'il s'engage dans une formation médicale aussi complète que possible.

Il rencontrera des personnalités intéressantes ; Nothnagel, en médecine générale, Meynert, en psychiatrie : c'est le 1er mai 1883, que, travaillant dans le service de Meynert, il est nommé *sekundaräzt* (c'est-à-dire l'équivalent d'interne des hôpitaux).

A vingt-sept ans, il emménage donc à l'hôpital. Jamais plus il ne devait coucher chez ses parents.

Meynert est psychiatre. Mais c'est également un des plus grands spécialistes de l'anatomie du cerveau : à l'époque, les conceptions étroitement organicistes en psychiatrie conduisaient nécessairement ces spécialistes à s'occuper de l'anatomie du cerveau.

C'est d'ailleurs dans le laboratoire de Meynert que Freud, ayant déjà un passé de chercheur en histologie du système nerveux, va se passionner, à sa manière pour l'anatomie du cerveau, avec des conséquences — à long terme — pour le moins inattendues.

Freud travaille durant cinq mois à la clinique Meynert. C'est là sa seule période d'études purement psychiatriques.

Après son stage en dermatologie, Freud entre dans le service de Franz Scholz, qui est un service de neurologie où se trouvent également des malades de psychiatrie.

Durant un court laps de temps, il espère avoir un poste d'assistant chez Meynert, mais la psychiatrie ne l'intéresse pas, le projet échoue, sans regrets de la part de Freud.

Ce qui lui importe, dès son entrée dans le service de neurologie, c'est d'être en mesure de trouver un *cas,* afin de publier un travail clinique, qui doit lui permettre de poser sa candidature comme *dozent,* c'est-à-dire Chargé de cours.

C'est au printemps 1885 qu'il est nommé *privat dozent,* c'est-à-dire chargé de faire le cours de neuropathologie. C'est un titre purement honorifique, qui ne donne droit à aucun salaire, mais qui est fort prisé parce que le public lui confère une grande notoriété.

Ce qui préoccupe surtout Freud, à ce moment, c'est justement d'avoir suffisamment de prestige et de notoriété pour se faire une bonne clientèle et pouvoir se marier.

C'est dans le courant mai 1883 qu'il commence à travailler dans le laboratoire d'anatomie du cerveau de Meynert.

C'est durant cette même période que vont commencer ses recherches en anatomo-pathologie du système nerveux, puis en neurologie clinique. Freud est alors quelque peu hésitant sur la voie à suivre : se consacrer à la neurologie, c'est rester à Vienne, éloigné de sa fiancée ; faire de la médecine générale, c'est devenir praticien de la thérapeutique, ce qui va à l'encontre de ses goûts profonds. L'été 1883, se produit un événement dramatique, qui va faire pencher la balance définitivement du côté de la neurologie. Son ami, le docteur Nathan Weiss, neurologue réputé, se pend dix jours après son retour de voyage de noces. Le contexte familial et personnel du jeune homme était extrêmement conflictuel. Dans une lettre à sa fiancée du 16 septembre 1883, Freud fait une analyse psychologique fine de cet ensemble de conflits, difficilement surmontables, et qui ont conduit son ami au suicide. Sigmund écrit, entre autres :

— Il avait pour moi, plus que tout autre, une amitié à base de respect et il avait fini par bien m'aimer... Il disait être entièrement à ma disposition et vouloir, quand il mourrait, faire de moi son héritier.

Tout le texte de la lettre est marqué par l'émotion profonde que peut susciter un tel événement.

En réalité, le choix, pour Freud, n'est pas entre la neurologie et l'amour. Les fiançailles de longue durée étaient fréquentes à l'époque dans les milieux de la moyenne bourgeoisie. Il s'agissait, pour un jeune homme, de s'établir convenablement dans la vie, et pour une jeune fille, d'amener une dot, traduisant le niveau social et économique de sa propre famille.

En fait, la neurologie est une discipline particulière, au carrefour d'un certain nombre de nécessités intellectuelles, qui correspondaient bien à l'esprit du jeune Freud.

Elle exige une observation et un examen clinique rigoureux, et la correspondance des symptômes est quasi mathématique avec les lésions du système nerveux qui en sont responsables.

La vérification, par l'étude anatomo-pathologique, en réalise la preuve. Il y a là, pour un esprit avide de certitude, une satisfaction certaine.

De plus, le système nerveux, dans sa structure et dans son fonctionnement fait, apparemment, la jonction entre le corps et l'esprit. Son étude approfondie doit permettre de saisir quelques éléments du mystère du passage de l'un à l'autre.

Pour Freud, qui est en quelque sorte médecin malgré lui, la neurologie est un moindre mal.

En outre, il est ambitieux. Il ne souhaite pas une notoriété tapageuse. Mais il a cette ambition propre à certains Juifs issus de la petite bourgeoisie qui constitue comme une espèce de revanche (légitime) contre les humiliations des persécutions raciales. Durant une certaine période, où l'atmosphère politique à Vienne était plutôt libérale, circulait dans certains milieux, une sorte de mythe selon lequel *tout écolier juif travailleur pouvait avoir dans sa serviette un portefeuille de ministre.*

Le folklore juif est riche de ces thèmes de consolation, émouvants et dérisoires, où les mères prédisent à leur enfant un avenir prestigieux. Mais Freud ne deviendra ni violoniste ni ministre : les vieilles chansons n'avaient pas prévu la psychanalyse.

Il a aussi une autre revanche à assumer, plus personnelle.

Vers l'âge de sept ou huit ans, il urine (volontairement) dans la chambre de ses parents. Son père, habituellement plus indulgent, le réprimande, et s'exclame :

— On ne fera jamais rien de ce garçon-là.

Ce jugement humiliant, de la part d'un père qui était ordinairement fier de son fils, marque profondément l'enfant. Freud le rappelle à plusieurs reprises, et rapporte combien cette scène, sous des formes diverses, s'est trouvée se répéter dans dc nombreux rêves. Freud a donc toutes sortes de bonnes raisons pour que sa *curiosité infantile* se transforme en esprit de conquête scientifique.

Avant d'acquérir une notoriété assurée dans le domaine de la neurologie, il tâtonne dans diverses directions.

Avec ce qu'on appelle *l'épisode de la cocaïne* Freud traverse des mésaventures tragi-comiques (plutôt dramatiques dans l'ensemble) qui témoignent à la fois de son audace d'esprit et d'une certaine insouciance.

Durant toute cette période où Freud est en quête de la *découverte* qui fera de lui un savant renommé, la vie quotidienne continue, toujours marquée par les mêmes problèmes : les difficultés matérielles, la séparation d'avec Martha, les incidents avec les amis.

Pour le jeune fiancé Freud, il n'y a pas d'amour heureux. L'amour est tourments, inquiétude, déceptions. Il semble qu'il ait besoin de cette inquiétude, nourrie par des fantasmes d'abandon ou par la jalousie pour le tenir en haleine. Il y a toujours un rival virtuel quelque part, et Sigmund l'évoque avec une sorte de complaisance mêlée de douleur.

On comprendra mieux — plus tard —, à la lumière du tumulte des amitiés (celle avec Wilhem Fliess tout particulièrement), la complexité contradictoire, de la personnalité de Freud, à la fois dépendant et autoritaire, conscient de la nécessité d'un appui et révolté par cette idée.

C'est par un immense travail sur lui-même — *l'auto-analyse,* dans lequel la rencontre avec la névrose, celle de ses malades et la sienne propre, va le jeter, qu'il pourra arriver à mieux vivre avec ses contradictions.

Pour l'heure, il en est la proie, et rien ne lui permet de les maîtriser.

Une lettre du 27 juin 1882, adressée à Martha, est très significative de l'ambiguïté curieuse des sentiments de Freud. Il lui fait d'abord part de son admiration pour son ami Ernest von Fleischl, assistant à l'Institut de physiologie de Brücke. Il écrit :

— C'est un homme extrêmement distingué, chez qui la nature et l'éducation ont donné leurs meilleurs effets, riche, habile dans tous les sports, portant le sceau du génie sur ses traits énergiques, beau, d'esprit fin, plein de talent et capable de porter un jugement original sur la plupart des sujets. Je l'ai toujours considéré comme mon idéal et n'ai de cesse que nous ne soyons devenus amis et que je puisse tirer de ses capacités et de son activité une joie pure.

Nous avons là l'expression enthousiaste de Freud dès qu'il rencontre un nouvel ami. Puis il ajoute ces lignes étranges :

— ...et, en pensant à cet ami supérieur, l'idée m'est venue de ce qu'il pourrait faire d'une jeune fille comme Martha : quelle monture il donnerait à ce joyau !... Quel plaisir n'éprouverait-elle pas à participer au crédit, à l'influence du bien-aimé, et comme les neuf années que cet homme a de plus que moi pourraient être pour elle autant d'années de bonheur sans exemple, au lieu des neuf misérables années vécues dans l'obscurité et dans un quasi-dénuement, qui seront son lot avec moi... et j'ai compris que je ne renoncerai jamais à ma bien-aimée, même si elle ne trouve auprès de moi la situation dont elle est digne.

Un autre incident significatif se produit avec Fritz Walhe, fiancé à Elise, la sœur de Martha. Il semble que Sigmund ait soupçonné Fritz d'être amoureux de Martha, en camouflant cet amour derrière des sentiments soi-disant fraternels. Cette perspicacité de Freud n'est en rien redevable à sa future vocation : c'est la jalousie aiguë qui lui donne des antennes. De plus, Fritz aurait menacé d'amener Martha à la rupture, s'il avait la conviction de l'inaptitude de Freud à la rendre heureuse !

Sigmund s'insurge contre une telle prétention, en même temps qu'elle sème un doute lancinant dans son esprit : il se demande si son emprise sur Martha est aussi puissante qu'il l'espérait, son besoin de possessivité s'en trouve cruellement ébranlé.

Mais les deux rivaux les plus dangereux pour le jeune Freud, sont la mère de Martha, Emmeline Bernays, et son frère Eli Bernays. Madame Emmeline Bernays est une charmante bourgeoise juive, sereinement protégée contre les problèmes de la vie par de solides préjugés. Elle apprécie l'intelligence et le talent de son futur gendre, mais la pauvreté, si elle ne constitue pas franchement pour elle, un vice, est un grave défaut.

Aussi, au bout de plusieurs années de fiançailles, non loin de l'approche du mariage, elle écrit à Sigmund (cn l'appelant *Mon cher Sigi*) une longue lettre, où elle expose ses préoccupations relatives aux problèmes matériels, et lui dit, entre autres :

« Quand un garçon sans fortune et sans espérances se fiance à une jeune fille pauvre, il se charge tacitement pour les années à venir d'un lourd fardeau, mais n'en peut rendre personne d'autre responsable.

Toutefois, il n'a nul droit d'augmenter encore son fardeau, en se mariant finalement en désespoir de cause, comme tu es justement en train de le faire. Quand on a attendu quatre ans, qu'importe de patienter quelques jours de plus. En réfléchissant calmement tu l'admettras toi-même.

...Actuellement, tu es comme un enfant gâté qui pleure parce qu'on ne lui donne pas ce qu'il demande et pense qu'il arrivera à tout obtenir de cette façon-là. »

Comme on le voit, la future belle-mère de Freud n'est pas très indulgente avec les amoureux et en prend facilement à son aise avec l'attente. Eli, le frère de Martha, qui va épouser ultérieurement Anna, la sœur aîné de Freud se trouve, lui, injustement attaqué par Sigmund. Il est vrai que, du fait de la mort du père, Eli devient le chef de famille. C'est lui qui entretient sa mère et ses deux sœurs. C'est un homme actif, intelligent, qui publie un journal d'économie politique et se débrouille bien dans les affaires.

Selon son habitude, Freud est d'abord enthousiaste envers ce nouvel ami, avec qui il partage certaines idées politiques relativement progressistes. Il admire son courage et sa compétence. Puis, peu à peu, il prend ombrage de l'influence que celui-ci exerce sur sa sœur, d'un an plus jeune.

Freud cherche donc l'occasion d'une querelle : elle allait surgir à propos du problème de la dot de Martha.

Au fil des années de fiançailles, grâce à l'échange de nombreuses lettres, grâce à quelques rencontres avec sa fiancée à Wandsbeck (dans la banlieue de Hambourg), les relations entre les deux jeunes gens finissent par adopter une allure tendre et confiante. Ce n'est pas sans mal. Sigmund n'est pas un fiancé facile. Il refuse à Martha l'autorisation de patiner, sous le prétexte qu'à cette occasion elle serait au bras d'un autre homme. Lors de l'incident avec Fritz Wahle, il la met en demeure de ne plus le rencontrer, sous menace de rompre avec elle. D'autres fois, au comble du désespoir, il lui écrit :

— J'ai depuis longtemps décidé de ce que je ferais si je venais à te perdre et cette décision ne m'est nullement pénible. Je ne pourrais supporter l'idée d'être séparé de toi : il faudrait que tu sois devenue une autre personne et, en ce qui me concerne, je suis tout à fait sûr de moi-même. Tu ne sais pas à quel point je t'aime et j'espère bien n'avoir jamais à t'en donner la preuve.

Freud, qui appelle Martha : *Mon doux trésor, Mon cher amour, Ma petite femme bien-aimée, Ma douce petite princesse, Mon trésor aimé, etc..* enfin qui utilise toutes les expressions naïves et touchantes, ce par quoi les amoureux cherchent à signifier le caractère unique de leur passion — en employant toujours et partout les mêmes mots ! — Freud menace ni plus ni moins de se suicider. Plus tard, il écrira :

— J'admets volontiers que nous sommes devenus très raisonnables en ne doutant plus de notre amour, mais sans ce qui s'est passé auparavant nous n'y serions jamais parvenus.

Ce sont les nombreuses heures douloureuses que tu m'as fait passer il y a deux ans et plus tard encore, et l'intensité de mon chagrin qui m'ont convaincu de la puissance de mon amour. Sans cela, je n'aurais pas acquis la conviction que j'ai aujourd'hui. »

C'est à la sortie de cette période de fièvre et d'anxiété, alors que s'annoncent le calme et la confiance, qu'éclate l'incident avec Eli Bernays, qui conduit les fiancés au bord de la rupture.

En tant que chef de famille, Eli avait en dépôt la dot de Martha. Mais plutôt que de laisser cet argent dormir improductif, en homme d'affaires avisé, il l'utilise en vue de spéculations financières. Cette nouvelle met Freud hors de lui : non seulement il ignore tout des problèmes bancaires et financiers, mais l'idée que cet argent — symbolisant en quelque sorte son lien avec Martha — ait pu être employé par un autre homme, lui est insupportable.

La réaction de Sigmund est d'une violence inouïe d'autant plus que Martha, dans un premier temps, prend le parti de son frère.

Eli devient alors un rival détesté au-delà de toute haine, un scélérat qui au dernier moment met obstacle au mariage, un spéculateur malhonnête qui fait un usage frauduleux de l'argent qui ne lui appartient pas.

Il adresse alors à Martha une lettre en forme d'ultimatum, où il la somme de choisir, d'une manière définitive, entre son frère et lui.

Martha, qui avait pris l'habitude de ce genre d'éclats, réagit avec tact et sérénité. Les rapports entre les deux beaux-frères mettront du temps pour se régulariser.

Eli, quand il aura épousé la sœur de Freud, viendra en aide à la famille de sa femme.

Lorsqu'en 1892, il cherche à émigrer aux États-Unis, Freud pourra l'assurer de toute son aide morale et matérielle.

D'ailleurs ces fiançailles plutôt agitées vont bientôt prendre fin. L'incident avec Eli Bernays est d'autant vivement ressenti par Freud qu'à cette même époque il se trouve en pleines difficultés, du fait des problèmes soulevés par ses travaux sur la cocaïne.

Nous le savons, il est toujours à la recherche de la *découverte* miraculeuse qui le fera accéder à la renommée.

Durant cette année 1885, où il commence ses études sur l'anatomie du système nerveux et la clinique des troubles neurologiques, qui vont, progressivement, en faire un neurologue réputé, il se lance dans des expériences extravagantes en relation avec les effets de la cocaïne.

Dans une lettre du 21 avril 1884, il fait état *d'un projet thérapeutique et d'un espoir,* dans les termes suivants :

— Mes lectures m'ont fait connaître la cocaïne, élément principal des feuilles de coca que certaines tribus indiennes mâchent pour résister aux privations et à la misère. Un Allemand en a donné aux soldats (il fait mention des observations du médecin militaire Théodor Aschenbrandt) et rapporte que ce produit augmente la résistance et l'endurance.

Puis il continue en faisant allusion à une éventuelle recherche :

— Tu ne l'ignores pas, un chercheur doit posséder deux qualités essentielles : rester optimiste dans ses recherches et ses essais mais savoir conserver son esprit critique en travaillant.

C'est une des nombreuses lettres écrites à Martha, où il lui fait part de ses projets et de ses espérances.

En l'occurrence, cela va le conduire à un fiasco aux limites du scandale.

Freud essaye d'abord sur lui-même les effets bénéfiques de la cocaïne. Il en est enchanté. Miraculeusement l'anxiété disparaît ; une vigueur intellectuelle nouvelle surgit ; sa force musculaire lui paraît améliorée, à tel point qu'il cherche par un dispositif expérimental — plutôt sommaire — à en mesurer les modifications.

Débordé d'enthousiasme, Freud s'engage — imprudemment — dans un prosélytisme ardent.

Il conseille la cocaïne à ses amis, à ses confrères, à Martha.

Il en ignore les effets de toxicomanie, comme tous ses contemporains. Il en fera — involontairement — la *découverte,* aux dépens de sa réputation et, surtout, à ceux d'un de ses amis très cher, Ernest von Fleischl.

Fleischl, alors qu'il était âgé de vingt-cinq ans (vers 1871), dirigeait certaines recherches d'anatomie-pathologique et contracta une maladie infectieuse. On l'amputa du pouce droit pour éviter les conséquences mortelles de l'infection. (Probablement à la suite d'une plaie septique.) Cette amputation laissa une cicatrice douloureuse, à la suite d'un névrome, qui exigeait des opérations répétées. Pour atténuer ses douleurs, il utilisait la morphine, bientôt engagé dans une toxicomanie de plus en plus contraignante. Pour aider son ami, le sortir de cette toxicomanie et apaiser ses souffrances, Freud lui conseille l'usage de la cocaïne, qu'il considère comme un analgésique, et non comme un anesthésique. (Ce que Koller découvrira un peu plus tard, attachant ainsi son nom à une découverte médicale importante.)

Le malheureux Fleischl est soulagé dans un premier temps, comme c'est souvent le cas quand on change de thérapeutique. Puis, ayant quitté une atoxicomanie sévère, il s'engouffre dans une autre, aux conséquences encore plus néfastes.

Non seulement Freud ignorait les effets toxicomaniaques de la cocaïne mais, comme il l'employait pour son propre compte, qu'elle apaisait ses troubles nerveux, sans pour autant susciter d'accoutumance, il n'avait aucune raison de s'en méfier.

En juin 1884, il publie un article où il met en relief les effets euphorisants, anti-anxieux, et stimulants de la cocaïne, prise à petites doses, surtout sous la forme d'injections hypodermiques. (Dans sa méconnaissance du processus de la toxicomanie, Freud attribuait celle-ci à quelque incident dû aux injections !) Les thérapeutes actuels connaissent bien les effets paradoxaux de certains sédatifs, qui, à fortes doses, calment l'anxiété, ou même peuvent provoquer le sommeil, alors que pris à petites doses, ils produisent de l'euphorie, une sensation de *pleine forme*, de qualité et de durée variables. C'est ce qui explique que, chez certains sujets prédisposés, ces *petites doses* augmentent progressivement, afin d'assurer l'effet apaisant recherché et ainsi, se constitue l'état de toxicomanie.

Durant l'année 1884, Carl Koller, qui travaillait dans un service d'ophtalmologie, était préoccupé essentiellement par le problème de l'anesthésie de la surface de l'œil. Il avait essayé différents produits, sans succès. Alors qu'il expérimentait avec Freud, en se servant d'un dynamomètre, les effets stimulants de la cocaïne sur la force musculaire, il remarque que son absorption produit une sensation d'engourdissement sur la bouche et les lèvres. Ce que les autres participants avaient d'ailleurs également noté. Il prend connaissance du travail de Freud au mois de juillet, et après divers essais sur des animaux et puis sur lui-même, il est en mesure de démontrer le 15 septembre 1884, les effets anesthésiques locaux de la cocaïne.

Cette découverte échappait à Freud qui, durant ce même mois de septembre, était allé rejoindre sa fiancée à Wandsbeck.

En réalité, à ce moment-là, Freud n'était pas en mesure d'apprécier la nature réelle du travail de Koller. Persuadé qu'il était des effets positifs internes de la cocaïne, il considérait son action anesthésique locale comme une application thérapeutique supplémentaire. La cocaïne restait donc son domaine privé et il continuait impertubablement à en prôner l'usage.

Le développement des cas de toxicomanie et d'intoxication commence à soulever une émotion très vive dans les milieux scientifiques. Freud se fait vigoureusement attaquer, déçu, puis interloqué, de ces critiques acerbes. Puis, il est frappé de la façon irrégulière dont agit la cocaïne selon les sujets. En particulier, les résultats concernant son ami Fleischl deviennent de moins en moins probants et de plus en plus inquiétants. Il se rend compte, non sans quelques difficultés et réticence, qu'il a fait erreur.

Néanmoins, durant les années 1885-1886, sa réputation est fort entamée. Il passe pour un illuminé dangereux.

Lorsque, quelques mois plus tard, avec le même enthousiasme énergique, il défendra les idées de Charcot sur l'hystérie, qu'il se fera un apôtre de l'hypnotisme, et que, plus tard encore, il voudra défendre l'idée de l'étiologie sexuelle des névroses, ses contemporains n'auront pas désarmé.

Mais, à ce moment-là, leur méfiance hypocrite et pusillanime n'aura plus de justification.

Dans le courant des années 1883-1884, Freud commence quelques recherches de neurologie.

Selon son habitude, et du fait de sa formation, il s'agit d'abord de recherches anatomiques et d'anatomopathologie.

De l'été 1883 à celui de 1885, il travaille au laboratoire de Meynert : c'est là qu'il fait ses premières armes.

En améliorant les procédés de coloration des coupes histoloqiques, il arrive à une étude plus précise de la moelle épinière, puis du bulbe rachidien.

Parallèlement, il poursuit des travaux cliniques.

C'est au cours de l'année 1884 qu'il fait ses premières observations de clinique neurologique. Il expose trois cas, témoignant alors d'un diagnostic aisé, bien dans l'esprit de Freud, habile dans les démarches intellectuelles déductives.

Ses travaux les plus importants sont alors ceux qu'il consacre à l'anatomie, dans une perspective particulière, celle de l'ontogenèse du système nerveux, c'est-à-dire de son développement de l'embryon à l'âge adulte.

Les travaux de Flechsig avaient montré que les structures nouvelles recouvrent les structures anciennes, qui subsistent toujours, et qui deviennent les structures adultes par la voie d'une complexification continue.

On reconnaît là une démarche évolutionniste d'un type particulier : celle où l'ancien se retrouve dans le nouveau, sous une nouvelle forme. C'est ce qu'on appelle la pensée dialectique. C'est cette forme de pensée-là qui coïncide le mieux avec la tournure d'esprit de Freud, toujours préoccupé de comprendre l'origine des phénomènes et le sens de leurs transformations.

Sa première publication concerne les racines et les connexions du nerf acoustique, et paraît en juin 1885.

Il décrit leur trajet, leur point d'arrivée dans le bulbe et leur modalité d'entrée dans le cervelet, ainsi que leur passage dans la moelle épinière.

Une autre publication date de mars 1886, qui décrit le trajet descendant du pédoncule inférieur du cervelet. Il y démontre comment certaines de ces fibres traversent la ligne médiane, pour y former ce qu'on apelle une *décussation* (c'est-à-dire un lieu d'entrecroisement de fibres).

Un troisième travail paraît en août-septembre 1886.

Il donne une analyse détaillée des origines et des connexions du nerf acoustique : en montrant que certains noyaux des nerfs crâniens sont des homologues de la racine postérieure des ganglions de la moelle épinière, il fait la démonstration de la justesse du point de vue génétique et évolutionniste.

Toute cette période, durant laquelle Freud commence à prendre une place dans la recherche scientifique, est aussi celle de la plus grande pauvreté.

Freud vit chichement. Il a peu de besoins, sinon d'acheter des livres ; quant aux vêtements, tout en attachant une grande importance au fait d'être correctement vêtu, comme signe de respect de soi-même, souvent il lui arrive de refuser des invitations faute d'avoir un habit suffisamment décent, ou bien il emprunte un costume à son ami Fleischl, pour faire des démarches importantes.

Ses revenus, au cours de ces années sont modiques et incertains. A partir d'avril 1883, il vit à l'hôpital, où il est logé et chauffé.

Il a un traitement mensuel d'interne, qui correspond à peu près à la moitié de ce qu'il doit dépenser pour ses repas.

Quelques comptes rendus pour un périodique médical, quelques clients personnels à l'hôpital, quelques élèves que lui envoie son ami Fleischl. Voilà autant de compléments, tout à fait minimes qui permettent, de temps en temps, d'améliorer ses menus.

Son père, son jeune frère et ses trois sœurs vivent encore plus difficilement. L'époque, le milieu, les habitudes d'alors, faisaient qu'il leur était difficile, de chercher du travail.

Quand, en octobre 1883, Eli Bernays épouse Anna, la sœur aînée, il vient alors en aide à sa belle-famille.

En mai 1885, Freud écrivait :

— C'est toujours la même question qui se pose annuellement et quotidiennement, ma chérie, pas d'argent à la maison, pas de feu dans la cheminée, ma mère malade qui a besoin de grand air.

On croirait vivre le pire des mélodrames : c'est malheureusement la simple vérité.

La famille Freud fait partie de la petite bourgeoisie commerçante : les mauvaises affaires, les problèmes financiers et l'inflation la mettent au bord de la misère.

Sigmund n'a d'autres ressources que celles d'un jeune médecin qui poursuit encore des études : un modeste traitement d'interne, quelques remplacements dans une clinique privée, des publications intermittentes.

Les clivages de classes, et la cristallisation des mentalités qu'ils impliquent sont tels, que Freud, sa famille, ses amis, restent enfermés dans leur cercle petit-bourgeois. Il faut conserver certaines apparences dans le mode de vie, dans les relations, c'est une espèce de misère (faussement) dorée qu'il s'agit d'assurer. Très tôt, Breuer, fidèle et généreux, joue le rôle de bienfaiteur. Chaque mois, il fournit à Freud une certaine somme, une sorte de pension en forme de prêt, dont il ne souhaite pas le remboursement. Cette dette impayée aura des répercussions psychologiques ambiguës sur l'évolution de cette amitié.

Fleischl, un autre ami du nom de Joseph Paneth, d'autres amis encore, ceux qui disposaient d'une fortune personnelle viennent en aide à Freud.

L'oncle de Martha, Louis Bernays, verse également une petite pension trimestrielle à sa nièce.

Freud a donc de nombreux amis, qui appartiennent tous au même milieu social et culturel juif. Leur amitié et leur esprit de solidarité ne se démentiront jamais.

C'est surtout la maison de Breuer qui constitue pour lui le foyer le plus accueillant.

Plus tard, quand il en aura la possibilité financière, il va beaucoup voyager, il deviendra amateur d'art et de fouilles archéologiques. Pour l'instant, la lecture des grands classiques est son alimentation culturelle principale. Shakespeare, Homère, Dickens, Schiller, font sédimenter dans son esprit leur influence intellectuelle en relation avec les grandes interrogations philosophiques fondamentales, qui sommeillent au fond de lui, et qu'ils vont contribuer à réactiver. A cette époque, *Don Quichotte,* de Cervantes, et *la Tentation de Saint-Antoine,* de G. Flaubert lui font une très forte impression. Il aime peu la musique. Il préfère *Don Giovani* de Mozart à *la Flûte enchantée.* Et puis, comme tous les Viennois, il va au théâtre. *Le Malade imaginaire,* de Molière, *Œdipe-Roi, Tartuffe, Hernani, le Mariage de Figaro,* sont les spectacles qu'il apprécie le plus.

Ainsi vit Sigmund Freud, jeune intellectuel de la fin du 19e siècle.

Dans un milieu social conformiste, selon une culture traditionnelle, avec des amitiés ardentes, sympathiques, mais n'ayant d'autres liens que ceux de l'affectivité et des affinités intellectuelles, ses préoccupations idéologiques sont celles de son milieu et de son temps : rien ne le prépare à devenir le penseur révolutionnaire qu'il sera.

Les difficultés matérielles qu'il rencontre à Vienne, font surgir parfois dans son esprit des projets d'imigration : l'Angleterre, l'Australie, l'Amérique du Sud. Ses projets prennent parfois plus de consistance : ainsi, il songe plus sérieusement à s'installer en Amérique, où beaucoup de savants allemands s'étaient installés. Puis, quand les espoirs d'accéder au titre de *privat-dozent* se précisent, il change d'idée.

Il changera surtout d'idée quand il pourra, enfin, faire son voyage à Paris, chez Charcot.

La rencontre avec Charcot sera décisive : c'est elle qui va orienter le jeune neurologue Freud, vers l'étude de manifestations qui restent encore, pour l'instant, du domaine du mystère, ou de la mystification. Les névroses, l'hystérie surtout, ne sont pas encore dégagées de leur gangue de préjugés et de craintes.

La difficulté qu'il y a à leur assurer des bases anatomo-physiologiques certaines, leur ôte leur qualité de manifestations pathologiques. La neurologie, on le sait, est le lieu d'élection des corrélations entre la clinique et sa correspondance avec le support anatomo-physiologique.

Longtemps encore, cette problématique artificielle va parasiter la recherche dans le domaine des névroses ; longtemps encore elle va laisser planer son équivoque sur le travail du *neurologue.* Pendant un certain temps encore, en dépit de sa rencontre avec Charcot, malgré qu'un nouvel horizon de recherche semble s'ouvrir, Freud reste neurologue, et poursuit des travaux dans le domaine de la neurologie. Il va mener, en quelque sorte, une double vie scientifique, issue des contraintes techniques et cliniques de sa discipline. Bon clinicien, adroit histologiste, anatomiste précis, Freud ne peut pas, du jour au lendemain abandonner un domaine où il se sent à l'aise, où son esprit avide de rationalité et de démarche déterministe trouve une entière sécurité.

Tout se passe comme si cette double vie scientifique, l'une consacrée à la rigueur objective de la neurologie, et l'autre accordée aux tâtonnements périlleux du traitement des hystériques se complétaient l'une l'autre.

Avec la neurologie, c'est le terrain solide des faits, avec leur objectivité et leur matérialité irrécusables. Avec la psychothérapie des hystériques, c'est le domaine incertain de l'intuition, de l'art thérapeutique, des improvisations, de l'imagination faisant l'école buissonnière.

D'ailleurs, durant son séjour à Paris, Freud continue un certain temps (assez court) à s'intéresser à l'anatomie en relation avec la clinique.

Dans le courant de janvier 1886, il annonce son intention d'écrire un petit volume intitulé *Introduction à la neurologie.*

Avant son départ, le pédiatre Max Kasowitz lui avait procuré un poste de consultation de neurologie dans son service.

Son séjour à l'Institut de pédiatrie de Kasowitz lui est l'occasion de publications importantes dans le domaine neurologique.

En 1888, il publie une observation d'hémianopsie chez deux enfants. Il arrive à localiser les lésions et les range dans le cadre des paralysies infantiles unilatérales dont il commence l'étude.

En 1891, il publie une monographie importante sur ce sujet.

Freud donne une description clinique détaillée de ce type de troubles à partir de laquelle il identifie un syndrome nerveux : la parésie choréatiforme. (C'est-à-dire une maladie où les mouvements anormaux, d'allure choréique, remplacent la paralysie unilatérale.)

En 1893, il publie un article sur le syndrome encore difficile à élucider de l'hypertonie des membres inférieurs.

La même année, il écrit une monographie importante concernant les paralysies infantiles bilatérales.

Ce travail traduit la grande habileté clinique de Freud, et sa faculté de distinguer de nouveaux syndromes spécifiques, du fatras des troubles plus ou moins hétéroclites qu'on rangeait sous la même rubrique symptomatologique.

Pierre Marie, un illustre neurologue français, peut écrire dans la *Revue de neurologie :*

— Cette monographie est sans conteste le travail le plus complet, le plus exact et le mieux pensé qui ait paru jusqu'à présent sur la question si confuse et si peu connue des diplégies cérébrales infantiles.

Freud s'acquiert ainsi une renommée internationale de neurologue. Dans le domaine des paralysies infantiles, il passe, à juste titre, pour le spécialiste le plus sûr et le plus compétent.

Pendant ce temps-là, son tête-à-tête semi-clandestin avec les hystériques consterne ses collègues et amis.

Freud reste encore dans cette ambiguïté : il lui faudra épuiser jusqu'au bout les ressources de la neurologie, par rapport à son état d'esprit du moment pour l'abandonner définitivement, et se jeter définitivement dans l'aventure.

Chemin faisant, il écrit un livre sur *l'aphasie,* en 1891, dont la contexture théorique fait — implicitement — la transition entre les préoccupations neurophysiologiques de Freud et ses futurs intérêts pour la psycho-pathologie.

De l'aphasie est son premier livre. Jusqu'à présent, ses publications avaient été, soit des articles dans des revues spécialisées, soit des communications dans le cadre de Sociétés scientifiques. Qu'il ait consacré un ouvrage aux problèmes complexes de l'aphasie n'est pas indifférent pour comprendre l'itinéraire intellectuel de Freud.

Ce livre est dédié à Breuer.

A l'époque, les conceptions dans le domaine de l'aphasie sont étroitement localisationnistes.

En 1861, Broca découvre une zone du lobe frontal dont la lésion provoque une *aphasie motrice* (trouble de la fonction du langage) ; en 1874, Wernicke découvre une zone du lobe temporal, dont la lésion entraîne une *aphasie sensorielle* (incapacité de la compréhension du langage). Dans un cas, le malade ne peut pas parler, dans l'autre, il ne comprend pas ce qu'on lui dit. Mais il existe toute une série de cas intermédiaires et de cas particuliers d'une complexité et d'une singularité inouïes.

L'incapacité de parler spontanément, de répéter les paroles prononcées par quelqu'un d'autre, de lire des mots sans pouvoir lire les lettres ou vice-versa, de comprendre certains mots dans des langues nouvellement apprises tout en continuant à les comprendre dans la langue maternelle, tout cet ensemble de troubles conduisaient les auteurs à postuler dans les centres découverts des lésions diverses, dont la combinaison était responsable de ces manifestations pathologiques. On pouvait ainsi combiner à l'infini les lésions possibles et expliciter autant de manifestations morbides.

Freud, dans une première étape, s'efforce de démontrer les contradictions internes de ces schémas et le caractère purement artificiel de leurs explications.

Puis, dans un second temps, à la place de ces schémas minutieusement localisationnistes, il élabore une explication fonctionnelle, c'est-à-dire de nature totalement différente.

Freud montre que, si la destruction des trois centres principaux : moteur, auditif et visuel, entraîne respectivement une aphasie motrice et deux variétés d'aphasies sensorielles (l'une où on ne comprend pas les mots parlés et l'autre où on ne comprend pas les mots écrits), il suggère que les autres sous-variétés doivent s'expliquer par des perturbations fonctionnelles variables de la zone atteinte.

Il s'inspire alors des données évolutionnistes de Huglings Jackson, selon lesquelles les fonctions nerveuses les plus tardivement développées sont les premières à être détruites.

Cette thèse enlève aux centres de Broca et de Wernicke leur caractère quasi mystique, en leur accordant une valeur anatomique, mais non physiologique. Ce qui veut dire ceci : s'il est vrai que leur destruction produit tel ou tel trouble, il ne faut pas pour autant en déduire qu'ils sont le *centre* d'élaboration de la fonction ainsi détruite. Ils sont des points nodaux dans un réseau de connexions complexes, dont la totalité du fonctionnement est nécessaire pour assurer le bon état du langage.

Par là, Freud prend ses distances avec les conceptions étroitement mécanicistes de Helmholtz, dont il avait été nourri dans sa jeunesse. Il s'élève contre l'enseignement — naïf — de Meynert, selon lequel les pensées et les souvenirs devaient se rattacher à divers groupements des cellules cérébrales.

Il avance fermement l'idée importante qu'il ne faut pas faire la confusion entre les faits physiologiques et les faits psychologiques. Puis il formule une hypothèse pathogénique fort intéressante, relative au trouble concernant la dénomination des objets : il considère qu'il faut distinguer entre la dénomination, dont le trouble se traduit par l'asymbolie, et la reconnaissance, dont le trouble se traduit par l'agnosie. Il dédouble ainsi le trouble désigné par Wernicke comme l'aphasie sensorielle transcorticale, en une aphasie asymbolique, liée au fait que le matériel linguistique est la donnée la plus récemment acquise, donc la plus fragile, et que de ce fait la dénomination des objets est la plus facile à endommager ; par ailleurs l'agnosie, constitue un trouble différent, qui concerne un trouble plus général de la reconnaissance des objets, inexplicable par le seul déficit sensoriel, et engageant également la sensibilité générale.

Cet ouvrage de Freud n'a pas beaucoup de succès : là aussi il est en avance sur son temps. Par ailleurs, son apport si considérable à la compréhension des problèmes de l'aphasie est totalement négligé par les auteurs ultérieurs.

Ce qui nous intéresse, c'est le cheminement intellectuel de Freud. L'intérêt pour le langage, de la part du neurologue Freud, n'a rien de surprenant.

Tous les neurologues se trouvent confrontés au mystère fascinant, et inquiétant, de l'aphasie, qui, parfois, transforme ses victimes en personnes ayant l'air d'avoir perdu la tête, en *fous,* en *malades mentaux,* alors qu'il s'agit de tout à fait autre chose. On croit saisir sur le vif l'articulation entre le physique et le psychique, entre le corps et l'esprit : en fait, les choses sont beaucoup plus compliquées.

Il est probable que Freud, du fait de sa pratique psychothérapique, du fait que depuis quelques années il s'intéresse à l'hypnose et aux hystériques, arrive à faire — implicitement — une espèce de synthèse entre la rigueur objectiviste du neurologue et le sentiment confus de la complexité des choses de l'esprit.

En dédiant ce livre à Joseph Breuer, il souhaite, par ce geste, signifier symboliquement la réussite de cette synthèse intellectuelle. Il ne semble pas que Breuer l'ait apprécié ainsi.

En tout cas, par cette étude sur le langage, Freud montre, qu'à cette époque, il est loin d'être dégagé des préoccupations relatives à la physiologie. Sans doute espère-t-il tenir là le terrain solide, où l'objectif et le subjectif se confondent, puis se disjoignent, grâce à quoi on peut tenir le *pont* entre le *corporel* et le *spirituel,* puisque c'est le passage de l'un à l'autre qui définit la *nature* de l'être humain, et que cela correspond chez lui, à des intérêts profonds et anciens.

Le livre *De l'aphasie* traduit donc chez Freud, au niveau théorique, une période de transition, où faits physiologiques et faits psychologiques sont distingués dans leur spécificité respective, sans que pour autant les faits psychologiques aient accédé au droit à une interrogation autonome.

Cependant, peu d'années auparavant, il a pu prendre connaissance de manifestations cliniques et de faits thérapeutiques, dont l'élucidation nécessitait de se placer délibérément sur le terrain de la psychologie : c'est-à-dire l'hystérie et l'hypnotisme.

C'est lors de son séjour à la Salpêtrière, chez Charcot, que s'opère pour lui cette prise de conscience.

Freud arrive à Paris le 13 octobre 1885.

Il habite d'abord à l'hôtel de la Paix, 5, impasse Royer-Collard, située rue Gay-Lussac, au cœur du Quartier latin.

Après sa visite à Wandsbeck, pour passer la période de Noël 1885 avec sa fiancée, il habitera à l'hôtel du Brésil, rue Le Goff.

Il a une petite bourse, il vit donc à l'économie. Il est émerveillé par la beauté architecturale de Paris : Le Louvre, Notre-Dame, le Musée de Cluny. Il est affolé par la foule et trouve les Français arrogants et inaccessibles.

De plus :

— Les commerçants vous trompent avec une souriante et froide effronterie.

Quant aux femmes :

— Il serait difficile d'exagérer la laideur des Parisiennes. Pas un visage passable.

Sigmund est plutôt d'humeur sévère.

Il est vrai qu'il continue à avoir des soucis d'argent. Mais il faut dire aussi que Freud, de tout temps, sera un voyageur plutôt intéressé par les pierres que par les hommes.

Celui qui a tant apporté à la connaissance psychologique de l'homme, n'est pas un connaisseur d'hommes.

Voilà pour le tourisme.

Pour ce qui concerne la science, il ne sera pas déçu.

Le contact avec Charcot produit un effet bouleversant. Le 21 octobre 1885, il écrit à Martha :

— Je vois que je suis en train de changer beaucoup. Charcot est à la fois l'un des plus grands médecins et un homme dont le bon sens à quelque chose de génial. Il bouleverse simplement mes opinions et mes desseins. Je sors souvent de l'une de ses conférences comme de Notre-Dame, avec de nouvelles impressions à élaborer. Mais il m'absorbe entièrement. Quand je le quitte, je n'ai plus envie de poursuivre mon propre travail. Mon cerveau est rassasié comme après une soirée au théâtre. J'ignore si la graine germera et aboutira au fruit, mais ce que je sais, c'est que jamais un être humain ne m'a autant impressionné.

C'est par l'intermédiaire de Bénédikt, l'hypnotiseur viennois, que Freud obtient un mot d'introduction auprès de Charcot.

La Salpêtrière apparaît comme le centre international de la neurologie, une sorte de Mecque, où l'on accourt de partout, pour bénéficier de la bonne parole du Maître.

Freud raconte :

— J'entrai comme élève à la Salpêtrière, mais j'y fus, au début, perdu parmi tous les élèves accourus de l'étranger, donc peu considéré.

Puis il explique comment, ultérieurement, il sollicite de Charcot, l'honneur et l'autorisation de traduire ses conférences en langue allemande.

Une lithographie de l'époque, ramenée par Freud, traduit bien l'atmosphère de la Salpêtrière. On y voit Charcot en train de faire une démonstration à ses assistants et à ses élèves.

Babinski entoure de ses bras la taille d'une jeune femme, à demi consciente, qu'il soutient ainsi. La fille aînée de Freud, impressionnée par cette gravure, la décrit ainsi :

— Dans mon enfance, elle exerçait sur moi une étrange attraction et je demandais souvent à mon père de quoi souffrait la malade. Il répondait chaque fois qu'elle était *trop serrée* dans son corset, et faisait ensuite un sermon sur la stupidité de se comprimer ainsi. La façon dont il regardait cette gravure me faisait sentir, même lorsque j'étais encore toute petite, qu'elle évoquait pour lui des souvenirs heureux ou importants, et qu'elle était chère à son cœur.

Apparemment, Freud souhaitait rester discret avec sa fillette, quant à la nature de l'hystérie.

Il est vrai que les souvenirs de cette époque sont lourds de charge émotionnelle : les grandes crises passionnelles des hystériques, pour l'observateur averti, étaient sans équivoque.

On les désignait du nom d'*hystéro-épilepsie.*

Les insuffisances de la compréhension clinique de tous ces troubles, et de leur classification nosographique, faisaient que dans une même salle cohabitaient les malades hystériques et les malades épileptiques. De telle sorte que les jeunes hystériques, du fait de leur suggestibilité et de leur esprit de mimétisme, reproduisaient la crise d'épilepsie, avec ses phases toniques et cloniques.

La phase tonique se traduit par la position du corps, courbé en arrière, cambré en arc de cercle, dans une extrême tension.

La phase clonique s'exprime par des mouvements désordonnés, saccadés, répétés. Puis une phase confuso-stuporeuse lui fait suite. Les hystériques utilisent ce matériel psychomo-moteur à leur manière, et *jouent* la *crise d'épilepsie,* en lui donnant la signification érotique plus ou moins implicite contenue dans sa gestualité, telles qu'elles-mêmes elles l'interprètent.

Tout cet aspect spectaculaire rebutait les médecins, ou même, parfois, donnait lieu à des mystifications.

Charcot décrit la *grande crise,* avec ses diverses *phases.* (On en comptait quatre.) Les grands mouvements en arc de cercle, les contorsions, les phénomènes pseudo-hallucinatoires, il sait leur trouver leur signification profonde.

Il démontre aussi le caractère psychologique des paralysies expérimentales et les hémi-anesthésies expérimentales.

A propos d'une monoplégie hystérique, il dit :

— L'idée me vint alors à l'esprit que peut-être en agissant sur l'esprit du malade par voie de suggestion, même à l'état de veille, on pourrait la reproduire au moins pour quelque temps.

Il fait l'expérience, et il ajoute :

— Je n'étais nullement inquiet sur l'issue de cette paralysie artificiellement reproduite, car je sais par expérience depuis longtemps, qu'en matière de suggestion, ce que l'on a fait, on peut le défaire.

Charcot utilise l'hypnotisme, la suggestion, il étudie la métalloscopie et la métallothérapie.

Cet esprit rationaliste, formé à l'observation rigoureuse des faits concrets, ne recule devant aucune innovation.

Mais il écrit :

— Le psychologue d'autrefois se renfermait dans son cabinet, il se regardait dedans, il était son propre sujet d'observation. C'est une méthode qui pouvait avoir du bon, mais qui était tout à fait insuffisante. Il faut, pour contrôler cette observation de l'homme par lui-même, une observation inverse, et, dans cette observation inverse, la pathologie nerveuse joue un rôle considérable.

C'était donc un homme de science rigoureux.

— ... En résumé, un prêtre laïque dont on perçoit la grande intelligence et qui paraît savoir mener une bonne vie, dit Freud.

Charcot est donc un homme de science rigoureux, qui cherche à mettre de l'ordre, de la rationalité dans ce qui est, apparemment désordre, spectacle, parfois simulation.

L'dmiration éprouvée par Freud est entièrement justifiée : on comprend pourquoi il va opérer, en raccourci, le même itinéraire intellectuel et scientifique que lui.

Quand on se représente Charcot, âgé de cinquante-sept ans, sa haute taille, sa tête léonine rejetée en arrière, son regard gris candide, évoluant souverainement au milieu des cris, des gesticulations, des contorsions, des hystériques, on comprend qu'un jeune neurologue viennois de trente ans ait été impressionné.

Charcot prenait donc l'hystérie au sérieux : mieux encore, il utilisait à son endroit la méthode expérimentale, faisait apparaître et disparaître les symptômes, sous hypnose et par suggestion. Quel que soit le support neurophysiologique éventuel de l'hystérie, la nature des symptômes apparaît comme psychogénétique.

Charcot fait accéder la pathologie nerveuse à la dignité de situation expérimentale, et donnait ainsi à la psychologie les moyens de s'assurer des fondements scientifiques.

Freud quitte Paris, émerveillé, le 28 février 1886.

Certains — des mauvaises langues —, disent que sa chasteté délibérée pouvait difficilement résister aux assauts subis par son inconscient sous l'effet du spectacle particulier provoqué par les grandes crises passionnelles. Il aurait fui Paris, ses rues équivoques, ses femmes laides, mais fascinantes, et les hystériques, aux gestes insoutenables. Peu importe.

Le 15 octobre 1886, il fait une communication à la Société médicale de Vienne, intitulée : *De l'hystérie masculine.*

Charcot avait dit :

— Mettez-vous bien dans l'esprit, et il ne faut pas un grand effort pour cela, qu'en soi le mot *hystérie* ne signifie rien, et peu à peu vous vous habituerez à parler d'hystérie chez l'homme sans songer le moins du monde à l'utérus.

Freud, s'appuyant sur une observation personnelle, expose donc les idées de Charcot, avec l'enthousiasme appliqué et méticuleux qui le caractérise. L'accueil est glacial.

Sans le savoir, il vient de commencer de s'engager sur une voie étroite : il y restera seul longtemps.

IV. Le neurologue et l'hystérique

Le dimanche 25 avril 1886 est le jour de Pâques.

Le journal viennois *Neue Freie Presse* publie l'annonce suivante :

— Le docteur Sigmund Freud, chargé de cours de neurologie à la Faculté de Vienne, est de retour après un séjour de six mois à Paris et habite maintenant Rathaustrasse 7.

Freud va se marier, après ses quatre années de fiançailles tumultueuses. Il s'installe, pour faire de la clientèle, comme on dit, n'ayant pas les moyens de continuer à faire de la recherche. Il est pauvre, la famille de sa fiancée n'est guère plus aisée, son mariage n'est assuré qu'à la condition qu'il puisse gagner sa vie. Après avoir donné quelques consultations chez des amis, il emménage dans un appartement professionnel, séparé de l'appartement familial, qu'il habitera après son mariage, célébré le 13 septembre 1886.

Le psychanalyste américain Eric Fromm, réinterprétant un rêve de Freud, celui de *la monographie botanique,* croit y déceler le conflit fondamental de sa vie : le difficile partage entre l'amour et l'ambition. Freud aurait sacrifié la sexualité, l'amour serait devenu une *fleur séchée,* au bénéfice de l'ambition et de la gloire. En tous les cas, dans ces premiers mois de l'année 1886, c'est l'amour qui est le mobile le plus puissant : pour vivre avec Martha, pour mener à sa réalité ultime, sexuelle, cette passion dévorante, Freud se marie, s'installe, et attend les clients.

Pourquoi choisir *le jour de Pâques ?* Nanny, la vieille nourrice catholique de ses premières années, qui le faisait assister à la messe pascale dans l'église de Freiberg, n'aurait-elle pas assuré à cette journée une charge affective particulière ?

L'appartement professionnel du 7, Rathaustrasse est composé d'une entrée, et de trois pièces : il est loué meublé.

L'appartement familial situé 8, Maria Théresienstrasse, comporte quatre pièces : il sera progressivement aménagé, compte tenu des difficultés financières des jeunes époux Freud.

Trois enfants, une fille et deux garçons naissent dans cet appartement : Mathilde, le 16 octobre 1887, Jean-Martin, le 7 décembre 1889, Olivier, le 19 février 1891.

En avril 1891, la famille grandissant, on déménage au 19, Berggasse, adresse qui allait devenir célèbre. Trois enfants vont naître dans ce nouvel appartement, un garçon et deux filles : Ernest, le 6 avril 1892, Sophie, le 12 avril 1893, Anna, le 3 décembre 1895.

Entre-temps, Freud loue trois pièces au rez-de-chaussée, pour y installer son bureau de travail, son salon d'attente, et son cabinet de consultation.

Le décor est ainsi planté, l'acteur principal est là, entouré de sa famille, qui se développe progressivement, il manque les protagonistes : les malades, encore appelés clients, encore appelés *nègres*, à cause d'une caricature parue dans un journal, représentant un lion affamé qui bâillait en murmurant :

— Déjà midi et pas de nègre.

A cette époque, la consultation de Freud commençait à midi.

Quels vont être ces *nègres* chargés d'assurer l'existence matérielle de la famille Freud ? Quels seront ces *clients*, grâce à quoi un médecin se constitue une *clientèle ?* Qui sont ces *malades* dont le neurologue est chargé de *soigner les nerfs ?*

Freud, neurologue, *médecin des nerfs*, va soigner des *maladies nerveuses*. C'est sur un malentendu et un jeu de mots, un calembour, suscité (involontairement) par l'état précaire des connaissances médicales de l'époque dans le domaine des *névroses*, que va se faire la rencontre de Freud avec certains *malades*, à l'issue de laquelle va naître la psychanalyse.

Comme on le voit, la psychanalyse est d'emblée en proie au glissement de sens, au jeu des significations, avant même d'obtenir son bulletin de naissance !

En effet, le neurologue traite les maladies organiques du système nerveux ; le psychiatre s'occupe, lui, des *maladies mentales*. Il est remarquable d'observer que les préjugés du siècle dernier n'ont guère évolué. On préfère encore être *malade des nerfs*, plutôt que *névrosé ;* on préfère être *névrosé*, plutôt que *fou*. Les *résistances* devant les perturbations psychologiques sont telles que les euphémismes du vocabulaire servent à les rendre plus acceptables, au *malade*... comme au médecin !

En réalité, c'est le regard rétrospectif qui permet de déceler le malentendu, c'est notre mentalité contemporaine qui découvre le jeu de mots : les malades adressés à Freud, en tant que neurologue, souffrent de troubles *neurologiques*, dont certains sont organiques, et d'autres, dont le support organique n'est pas évident, vont nécessiter une exploration clinique et pathogénique particulière.

Cependant, les *maladies nerveuses* existent : l'hystérie, la neurasthénie, sont les entités cliniques de l'époque, qui correspondent aux *névroses* du vocabulaire actuel.

En fait, la démarcation des territoires respectifs du neurologue et du psychiatre reste incertaine : comme sont incertaines la description clinique et la compréhension pathogénique.

L'hystérie, maladie étrange, qui procède par paralysies, anesthésies, troubles sensoriels, peut en imposer comme la manifestation d'un désordre neurologique.

Parfois son expression est spectaculaire, les malades (le plus souvent il s'agissait de femmes) miment des scènes extravagantes, ressemblant à s'y méprendre aux attitudes de la relation sexuelle, ou bien au comportement tendu et violent des situations passionnelles. Tout cet aspect théâtral rend la maladie suspecte : pour les uns, c'est pure simulation, mystification préméditée, mise en scène concertée ; pour les autres, le mal est mystérieux, maléfique, et, pourquoi pas, diabolique. Il y a une hystérie tranquille et modeste, qui s'intègre apparemment dans le cadre de la clinique neurologique ; il y a une hystérie violente et mystérieuse, qui relève soit du coup de pied au derrière, soit de l'intervention agissante d'un prêtre.

Mais, le plus souvent, la même malade présente, simultanément, ou successivement, ces deux genres de manifestations. L'hystérie garde son secret, et la médecine reste impuissante.

La neurasthénie est plus large. Le malade (souvent, il s'agit d'hommes) se plaint de fatigue, de changement d'humeur, mais il est plus souvent en proie à la tristesse qu'à l'euphorie. Il rumine des idées sombres, parfois des pensées absurdes s'imposent à lui, qui assiègent son esprit contre sa volonté devenue impuissante ; il est la victime de peurs immotivées, parfois ridicules, d'autres fois démesurément angoissantes. Il se sent l'organisme détraqué, il digère mal, il respire mal, il dort mal.

Si l'hystérie est un cri plein de fureur et de bruit, la neurasthénie est une longue plainte en sourdine : dans l'un et l'autre cas, il s'agit de signifier à autrui une souffrance, morale et affective, mais personne, à l'époque, ne s'en doutait.

Le médecin, formé à l'austère exploration de la mécanique corporelle, à la discipline de l'objectivité et de la matérialité des déterminations du symptôme, n'est pas préparé à recevoir la plainte de son patient. Il y a *les maladies des nerfs,* qui expriment le désordre d'un appareil précis, ou *les maladies de l'esprit,* qui traduisent d'autres désordres, ceux de *l'âme,* dont le mystère terrifiant est à jamais scellé.

Freud, neurologue, aura donc affaire aux *maladies des nerfs.* Comme pour tout débutant, sa clientèle est instable, irrégulière, il vivote péniblement. Sa réputation de neurologue est internationale, son titre de chargé de cours *(privadozent)* satisfait le snobisme arrogant de la bonne société viennoise, ses maîtres et amis lui envoient des malades : avec un peu de patience et de persévérance son avenir est assuré.

Les malades hystériques, troublantes et provocatrices vont en décider autrement.

Il va être amené, progressivement, à abandonner toutes les méthodes thérapeutiques traditionnelles ; à s'immiscer au plus intime de la vie de ses malades ; à faire état, publiquement, des hypothèses et des conceptions nouvelles que sa pratique lui permet d'élaborer, affirmant, avec une sérénité pleine de naïveté, la place essentielle, prépondérante, déterminante de la sexualité dans l'apparition des manifestations pathologiques.

Sceptiques, scandalisés, effarés, ses contemporains, parfois même ses amis, vont le mettre en quarantaine.

Le neurologue Freud, auteur de nombreuses publications sérieuses, documentées, argumentées, enfin de publications comme on aime en entendre dans les Sociétés scientifiques, celles qui ne vous empêchent pas de dormir, le neurologue Freud court au désastre depuis qu'il a rencontré l'hystérie.

— Le 1er mai 1889, je fus appelé à donner mes soins à une dame d'environ quarante ans, dont la maladie autant que la personnalité m'inspirait tant d'intérêt que je lui consacrai une grande partie de mon temps et que je pris à cœur de la guérir.

Ainsi commence l'observation de Mme Emmy Von N... recueillie dans l'ouvrage *Études sur l'hystérie,* publié en commun avec Breuer en 1895.

De quoi souffre cette malade, que Freud prend *à cœur de guérir ?* Elle présente des troubles de la parole, à type de bégaiement incoercible, des contractures spasmodiques de l'ensemble du corps, et des accès d'agitation anxieuse au cours desquels elle semble mimer une situation de terreur et de dégoût.

L'ensemble de ces manifestations, compte tenu de leur intensité et de leur répétition fréquente lui rendaient la vie fort difficile. Freud entreprend donc de la guérir en usant de la méthode alors en cours, c'est-à-dire l'hypnotisme, méthode cependant aménagée de telle manière qu'elle va ouvrir la voie à des transformations plus décisives.

Jusqu'à présent, le traitement sous hypnose consistait à provoquer une sorte de sommeil artificiel, par divers procédés plus ou moins étranges, pour ensuite utiliser des suggestions verbales, propices à évoquer la suppression des symptômes. Les résultats thérapeutiques étaient incertains : la trouvaille de Breuer, quelques années auparavant, avait été d'utiliser l'hypnotisme pour permettre au patient d'évoquer les événements importants de sa vie, de son passé, de son enfance, avec, au terme de cette évocation la disparition des symptômes, qui paraissaient ainsi plus ou moins rattachés à celle-ci. L'intense décharge émotionnelle et affective, cris, larmes, agitation, qui accompagnaient cette mise en scène imaginaire et cette résurgence des souvenirs enfouis dans le passé, apparaissait comme une sorte de purification de l'âme, délivrée de ses passions, c'est-à-dire un *catharsis.*

Cette méthode hypnotique ainsi aménagée, Breuer l'appela la *méthode cathartique* et Freud, travaillant avec Breuer, l'utilise pour traiter ses patientes.

L'hypnose n'a pas bonne réputation. Il faut se représenter le thérapeute, faisant briller un objet sous le regard fasciné de son malade, utilisant les *passes,* c'est-à-dire des mouvements légers de va-et-vient des mains au-devant des yeux du sujet, prononçant des paroles d'un ton monotone et affirmatif, pour suggérer l'endormissement, la lourdeur des paupières, l'engourdissement du corps, puis le sommeil. Ça ne fait pas sérieux. Même à l'époque, où la thérapeutique médicale, en particulier celle des troubles nerveux et psychiques était rudimentaire, où les malheureuses victimes de l'angoisse et des diverses expressions de la peur étaient prêtes à tout accepter des guérisseurs et des charlatans en tous genres, l'hypnotisme, avec sa mise en scène médiocre pour music-hall provincial passait pour le charlatanisme suprême.

Meynert déclarait que :

— ... l'hypnotisme dégrade l'être humain en en faisant une créature privée de volonté et de raison et qu'il ne peut que hâter sa dégénérescence nerveuse et mentale.

Bien des années auparavant, quand on tenta d'appliquer à l'hôpital général de Vienne, ce qu'on appelait alors le *magnétisme animal,* un des assistants du service mit en garde ses collègues contre ce procédé déshonorant : l'assistant était Joseph Breuer.

Dans les milieux scientifiques, on ne peut même pas dire que l'opinion était partagée : quelques rares esprits, aptes à résister aux préjugés et à faire preuve d'imagination ne redoutaient ni le ridicule ni la calomnie. Les autres, utilisaient des procédés thérapeutiques plus rassurants et, surtout offrant des garanties *scientifiques.* Quels sont ces procédés thérapeutiques, obéissant aux normes *scientifiques* alors en cours ? Entre 1880 et 1900, les traitements électriques, soit par galvanisation, soit par faradisation, sont très en faveur en neurologie. On comprend bien leurs fondements théoriques : l'étude de la physiologie nerveuse met à jour l'existence de manifestations de nature électrique dans le mouvement de l'influx nerveux ; en conséquence, la stimulation électrique du système nerveux, à l'aide de courants identiques ou de nature voisine à ceux découverts dans son propre fonctionnement doit permettre d'en résoudre les perturbations. C'est simple, mais il fallait y penser.

Une grande partie de la thérapeutique médicale est encore fondée, actuellement, sur ces postulats naïfs, issus d'un mécanisme sommaire. La confusion entre les troubles neurologiques et les manifestations hystériques qui leur ressemblaient, justifie l'utilisation de ces mêmes thérapeutiques électriques, avec des succès divers. Quelques médecins, dont Breuer et Freud, se demandaient si ce n'était pas le côté spectaculaire et impressionnant de tout l'appareillage qui produisait l'effet thérapeutique, à moins que ce ne soit le rôle propre du thérapeute, armé de tout cet arsenal. Dans les débuts de son installation, Freud utilisera ces méthodes électriques, assorties de massages, d'hydrothérapie et de bonnes paroles. Il utilise aussi l'hypnose, non par esprit de provocation — ce n'est pas son genre — mais parce qu'il veut rendre service à ses patientes et, comme tout médecin praticien, il fait feu de tout bois.

C'est vers décembre 1887 qu'il se tourne plus systématiquement vers la suggestion hypnotique.

Son ancien maître, Meynert, qui accuse l'hypnotisme *de dégrader l'être humain* (chose étrange : certains critiques contemporains de la psychanalyse, dont le Professeur Baruk, utilisent, textuellement, les mêmes arguments !...) dit encore :

— J'éprouve certes une commisération sympathique à l'égard de ces confrères qui, peut-être par altruisme, et confiants en leurs premiers succès, s'abaissent jusqu'à assumer le rôle de bonnes d'enfants en assommant les gens par la suggestion pour les faire dormir.

Il approchait presque — bien qu'involontairement — la vérité psychologique profonde de l'hypnose : mais, ni lui, ni même Freud, ne pouvaient le savoir.

C'est le caractère monotone et ennuyeux des suggestions répétées qui commence à lasser Freud et qui le pousse à utiliser la méthode cathartique, avec Mme Emmy Von N..., près de dix-huit mois après qu'il eut commencé à la traiter par l'hypnotisme.

Dans les années 1887-1888 il travaille à une étude comparative des caractères distinctifs des paralysies neurologiques et des paralysies hystériques.

— Je voulais y démontrer la thèse que, dans l'hystérie, les paralysies et anesthésies des diverses parties du corps sont délimitées suivant la représentation populaire (non anatomique) que s'en font les hommes.

Ainsi écrit-il, dans son *Autobiographie,* quarante ans plus tard.

En 1891, il a publié un ouvrage, *De l'aphasie,* où il critique les thèses étroitement localisatrices de l'époque et plaide pour une pathogénie fonctionnelle complexe des troubles du langage. Il prend ainsi congé de la neurologie par un travail important qui lui sert de transition entre les recherches neurophysiologiques et ses futures préoccupations en psycho-pathologie. En s'élevant contre la confusion établie entre faits physiologiques et faits psychologiques il introduit une notion importante, celle de la spécificité des niveaux : elle n'est pas ainsi formulée dans son esprit mais elle va lui servir de principe épistémologique implicite dans la suite prochaine de sa réflexion.

Dans les premières années qui suivent son installation comme praticien, Freud se trouve en possession de deux séries de données : d'une part, le caractère psychologique de la détermination des troubles hystériques, d'autre part, la méthode cathartique qui permet, par le moyen de l'expression verbale des émotions, de réduire en partie les symptômes.

Ces données, à la fois pathogéniques et thérapeutiques, vont servir de point de départ à la difficile et longue préhistoire de la psychanalyse.

Comme pour toutes les autres périodes de sa vie, celle-ci va coïncider avec une amitié, celle de sa relation avec Joseph Breuer. Pour des raisons psychologiques que seule la psychanalyse permet d'élucider, dans le contexte objectif de la hiérarchie hospitalière universitaire, Freud se trouve toujours avoir besoin d'un support affectif et intellectuel, d'un maître et d'un ami, avant de devenir définitivement lui-même.

Charcot, rencontré à Paris, est le dernier de la série des maîtres et des modèles. Breuer inaugure la série des amitiés tumultueuses : par son âge, il est l'aîné de Freud de quatorze ans, il fait la transition entre les uns et les autres, la série des modèles et celle des amis, avant que Freud ne devienne lui-même un maître, un modèle, ayant à la fois des amis et des disciples.

Charcot autorise la transition entre la neurologie et la psychopathologie ; avec Breuer, il s'agit d'une collaboration scientifique sur le terrain même des mécanismes de l'hystérie. L'un et l'autre sont porteurs d'un savoir, auquel Freud accède à la fois parce qu'il est animé par des motivations profondes, et parce que l'admiration qu'il porte à l'un et à l'autre (qu'il a besoin de porter), rend leur savoir plus accessible et plus vrai.

Charcot, on l'a vu, donne à l'hystérie sa dignité d'entité clinique à part entière. Breuer, honnête, intelligent et praticien ingénieux, sort l'hypnotisme de l'ornière de la magie à bon marché, pour en faire une thérapeutique organisée, la méthode cathartique.

Dans une lettre du 13 mai 1926, adressée à Mme Breuer en réponse à une lettre de félicitations que celle-ci lui fait parvenir pour son soixante-dixième anniversaire, Freud écrit :

— Le papier à lettre bordé de noir m'a rappelé en un éclair tout ce qui s'est passé depuis le moment où, regardant par la porte entrouverte du cabinet de consultation, je vous ai aperçue pour la première fois, assise à table avec une petite fille à peine âgée de deux ans, toutes les années pendant lesquelles j'ai pu presque me considérer comme un des vôtres, jusqu'à l'existence mouvementée que j'ai vécue ensuite.

Freud a été, effectivement, durant de longues années, un ami intime de la famille Breuer. Durant de longues années, également, Breuer a soutenu Freud, moralement, et financièrement.

La nature de ce soutien, à la fois moral et financier, n'a pas été sans influencer le mouvement de cette amitié, et, d'une certaine manière, les péripéties de leur collaboration scientifique.

Ce que Breuer n'a pas pu assumer dans sa relation avec les hystériques, Freud a su le prendre en charge, à la fois du fait de son génie personnel, et peut-être aussi en réaction à la dette, à jamais impayée, et à jamais inaliénable

C'est à l'Institut de physiologie de Brücke, vers 1880, que Freud fait la connaissance de Breuer. Ils ont respectivement vingt-quatre et trente-huit ans. Breuer est un praticien renommé, il a une formation physiologique brillante, on veut lui offrir une chaire de professeur à la Faculté, mais il préfère se consacrer à sa clientèle privée.

Leurs opinions, leurs goûts communs, le désarroi dans lequel se trouve Freud qui ne sait pas encore quel avenir choisir, tout cet ensemble de circonstances en font rapidement des amis.

On peut dire, à juste titre, que la période de l'amitié entre Breuer et Freud, de 1882 à 1895, est en même temps celle de la préhistoire de la psychanalyse.

Cette préhistoire elle-même, procède d'un événement originel qui est la cure entreprise par Breuer, entre décembre 1880 et juin 1882, sur une jeune hystérique, Bertha Pappenheim, devenue célèbre sous la forme du *cas Anna O.*

Dans le décours d'une maladie de son père, qui va devenir mortelle, cette jeune fille de vingt et un ans présente progressivement les troubles suivants : paralysie de trois membres avec contracture, anesthésie au même niveau, troubles graves de la vue et du langage, incapacité de se nourrir, et toux incoercible.

Elle présente en outre, un cas étrange de *double personnalité :* dans un de ses états de conscience elle est normale et enjouée, dans l'autre, elle est comme une enfant capricieuse et insupportable. Le passage de l'un à l'autre est marqué par un état d'auto-hypnose, dont elle se réveille lucide et intellectuellement normale.

De plus, sous l'effet de la maladie, cette jeune patiente a oublié sa langue maternelle, l'allemand, et ne peut s'exprimer qu'en anglais. C'est lors des phases de lucidité que Breuer vient la voir et s'entretient avec elle des incidents divers ou désagréables de la journée, en même temps qu'elle lui décrit les terribles hallucinations dont elle est la proie, récit après lequel elle se sent soulagée. Un beau jour, elle lui raconte les détails de la première apparition d'un symptôme et ce récit, au grand étonnement de Breuer, fait disparaître le symptôme en question.

— Ma surprise fut grande, la première fois que je vis disparaître un trouble déjà ancien, écrit Breuer dans l'ouvrage *Études sur l'hystérie* publié en 1895 avec Freud.

Il décrit ainsi un symptôme d'hydrophobie (refus de boire) :

— Au bout de six semaines environ, elle se mit un beau jour à me parler, pendant l'hypnose de sa dame de compagnie anglaise qu'elle n'aimait pas et à raconter avec tous les signes de dégoût, qu'étant entrée dans la chambre de cette personne, elle la vit, faisant boire son petit chien, une sale bête, dans un verre par terre. Par politesse, Anna n'avait rien dit. Après m'avoir énergiquement exprimé sa colère rentrée, elle demanda à boire, avala sans peine une grande quantité d'eau et sortit de son état hypnotique, le verre aux lèvres ; après quoi le symptôme ne se manifesta jamais plus.

Plus loin il précise :

— C'est ainsi que furent éliminés, grâce à cette *narration dépuratoire*, les contractures parétiques et les anesthésies, les troubles de la vision, de l'audition, les névralgies, la toux, les tremblements, etc., et finalement les troubles de l'élocution.

La malade, qui avait compris d'elle-même l'importance de cette libération par la parole, avait donné le nom *approprié et sérieux* (dit Breuer) de *talking cure* (cure par la parole), et *le nom humoristique* (toujours Breuer) de *cheminey sweeping* (ramonage de cheminée).

A ce propos, dans une lettre du 22 novembre 1909 adressée à Jung, Freud écrit :

— La raison pour laquelle on suppose que le ramonage d'une cheminée porte bonheur est que ce ramonage constitue un symbole inconscient du coït, fait auquel Breuer n'a certainement jamais songé.

Non, Breuer n'y a jamais songé, et il ne risquait pas de le faire. Il écrit, dans les premières lignes de présentation de ce cas :

— L'élément sexuel était étonnamment peu marqué. Je ne tardai pas à connaître tous les détails de son existence et cela à un degré rarement atteint dans les relations humaines. La malade n'avait jamais eu de relations amoureuses et, parmi ses multiples hallucinations, jamais cet élément de la vie psychique ne se manifestait.

On va voir que c'est sur le chapitre de l'éthiologie sexuelle des névroses que va se produire la brouille entre Freud et Breuer.

C'est d'autant plus intéressant, et la cécité de Breuer est d'autant plus curieuse et incompréhensible (à un certain niveau) que la cure d'Anna O. va connaître un dénouement inattendu.

On imagine la patience, la disponibilité d'esprit et de temps, l'intérêt et la compréhension que pouvait nécessiter une telle entreprise thérapeutique. Breuer avait toutes ces qualités, peut-être même peut-on dire que le charme de sa jeune patiente lui facilitait la tâche.

Toujours est-il que ce cas l'absorbait à un point tel que sa femme, plus ou moins jalouse, finit par lui avouer son inquiétude.

Breuer, effectivement, consacrait plusieurs heures par jour à cette malade, il allait la rejoindre à la campagne lorsqu'elle quittait Vienne, ses conversations familiales n'étaient remplies que de ses problèmes.

Quand il s'aperçut des préoccupations de sa femme, Breuer décida de mettre un terme au traitement, et annonça sa décision à Anna O... dont l'état s'était d'ailleurs beaucoup amélioré.

Le soir même il était rappelé d'urgence : sa malade était en proie aux douleurs d'un accouchement hystérique, suite logique d'une grossesse nerveuse passée inaperçue, que Breuer apaisera par le moyen d'une hypnose.

Bouleversé, couvert de sueurs, se sentant plus ou moins inconsciemment coupable et responsable de cette situation, il s'enfuit définitivement de cette maison. Le lendemain, il partait avec sa femme pour Venise : cette seconde lune de miel devait donner naissance à un enfant, qui, près de soixante ans plus tard se suicidait à Vienne pour échapper aux Nazis.

La sexualité faisait une irruption brutale et tragique aux dépens de Breuer et au bénéfice ultérieur de la psychanalyse.

Quant à Anna O. après des péripéties psychiatriques multiples et variées, elle s'améliore définitivement, et devient, vers la trentaine, la première en date des assistantes sociales et à l'origine du service social en Allemagne, en même temps qu'une militante ardente de l'émancipation des femmes.

E. Jones, qui relate ces faits, termine avec cette curieuse conclusion :

— Restée célibataire, elle ne cesse jamais de croire en Dieu.

Le traitement d'Anna O. est terminé en juin 1882. Freud en prend connaissance en novembre de la même année ; il en discute souvent avec Breuer et, lors de son séjour à Paris (en 1886), fit la relation de ce cas à Charcot, qui ne parut guère intéressé.

Ce document clinique prodigieux n'a été publié qu'au bout de treize ans, grâce aux efforts acharnés de Freud qui souhaitait à tout prix un travail commun avec Breuer.

Freud lui-même est resté plusieurs années avant de reprendre à son compte la méthode cathartique, cette *narration dépuratoire* qu'une jeune malade, intelligente et passionnée avait découverte, pour son propre compte, durant l'été caniculaire de l'année 1881.

C'est en 1893, rédigé en langue française pour les *Archives de neurologie* que paraît l'article de Freud écrit quelques années plus tôt, en 1888, consacré aux paralysies hystériques.

En décembre 1892, Freud et Breuer publient ensemble un article « Les mécanismes psychiques des phénomènes hystériques ». Ces deux séries de travaux inaugurent la recherche théorique de Freud dans le domaine de la psychopathologie.

Cheminant au pas de ses malades, Freud modifie progressivement sa technique thérapeutique, en même temps qu'il en tire des conséquences théoriques nouvelles.

Dans son étude sur les paralysies hystériques, Freud affirme avec force la nature psychologique du trouble moteur, en montrant que la localisation, au lieu d'obéir à la représentation anatomique corticale, comme c'est le cas dans les paralysies d'origine organique, correspond, par une curieuse correspondance, à la représentation mentale du membre intéressé.

Il en déduit que cette représentation mentale se trouve dissociée du reste de la conscience par une sorte de rupture survenue dans les associations psychiques. Il suggère que le symptôme doit être associé à la saturation affective excessive d'une certaine représentation, liée à celle du membre paralysé.

On sent que l'explication, qui cherche à se mouvoir entièrement sur le terrain de la psychologie est, par certains côtés, purement verbale. L'appareillage conceptuel manque à Freud pour penser plus rigoureusement son intuition.

Les considérations théoriques mises en place avec Breuer sont déjà plus élaborées.

Il s'agit d'inscrire les phénomènes psychopathologiques dans un déterminisme rigoureux, selon une causalité linéaire, d'après laquelle tout événement est déterminé par un événement antérieur. Les auteurs y soutienne l'idée (reprise de Charcot) selon laquelle le facteur causal du trouble hystérique serait un traumatisme psychique. On voit là la pensée médicale à l'œuvre, et la notion de traumatisme fonctionne à titre de métaphore.

Cependant, la notion de *traumatisme psychique* est directement empruntée à l'hystérie traumatique où c'est, effectivement, un événement traumatisant, une frayeur, une émotion intense ou inattendue qui est responsable directement, et pour ainsi dire, sur le vif, du trouble qui apparaît aussitôt après.

Les auteurs écrivent :

— Tout incident capable de provoquer des affects pénibles : frayeur, anxiété, honte, peut agir à la façon d'un choc psychologique, et c'est évidemment de la sensibilité du sujet que dépendent les effets du traumatisme.

Mais le problème, par rapport à l'hystérie traumatique, c'est que les manifestations pathologiques apparaissent longtemps après le présumé traumatisme psychologique.

Comme

— ...il s'agit le plus souvent d'un événement dont les malades n'aiment pas parler et surtout parce qu'ils en ont réellement perdu le souvenir... Il est généralement nécessaire d'hypnotiser les malades et d'éveiller ensuite, pendant l'hypnose, les souvenirs de l'époque où le symptôme fit sa première apparition.

En fait, le traumatisme psychique ne joue pas le rôle d'agent provocateur : c'est son souvenir, qui, subsistant dans le psychisme à la manière d'un corps étranger, continue ainsi à y jouer un rôle actif.

Ce texte contient la phrase bien connue (et profonde) :

— Les hystériques souffrent surtout de réminiscences.

Cependant, Freud modifie cette causalité trop linéaire. Le souvenir traumatique *irrite* le psychisme, qui réagit en organisant une espèce de *résistance :* c'est celle-ci qui est à l'origine du symptôme et la méthode cathartique ne pourra la lever qu'à condition d'évoquer un souvenir source d'une abréaction affective intense. C'est l'affect bloqué qui produit le symptôme.

Cet affect bloqué, Freud le dit encore *refoulé.*

C'est la première fois que cette expression — à la fortune inépuisable — fait son apparition.

A ce point où il en est de sa réflexion, et de sa pratique, Freud tient en main un certain nombre d'éléments, qui devront être approfondis pour pouvoir conduire à une élaboration théorique plus cohérente.

Le *traumatisme psychique* agit à distance — dans le temps — par l'intermédiaire de son souvenir. La verbalisation de celui-ci, sous la forme d'une évocation sous hypnose, accompagnée d'une forte décharge affective et émotionnelle, tend à faire disparaître le symptôme.

L'existence de l'état de conscience particulière induit par l'hypnose, état au niveau duquel semble s'opérer l'articulation du *souvenir traumatique* et des éléments du symptôme, oblige à postuler une différence de nature entre les deux états de conscience, celui provoqué par l'hypnose et l'état normal, vigile.

C'est ce que Breuer théorise sous la forme *d'état hypnoïde,* état psychique particulier propre à favoriser l'effet du traumatisme et l'organisation du symptôme névrotique.

Freud, dans une lignée voisine, évoque la notion *d'idées antithétiques* qui gênent les intentions conscientes sans concevoir alors la nature de ces *idées* ni comment elles pouvaient donner naissance à une contre-volonté s'opposant aux intentions conscientes.

La notion de *double personnalité,* de *double conscience* reste encore descriptive, les implications théoriques et pratiques n'en sont pas encore clairement perçues.

Par ailleurs, des difficultés techniques dans le maniement de l'hypnose apparaissent : certains sujets sont moins sensibles que d'autres, les *transes* hypnotiques ne sont pas toujours suffisamment profondes et durables. C'est ce qui décide Freud à parfaire sa connaissance de la pratique hypnotique lors d'un séjour chez Bernheim à Nancy, durant l'été 1889.

Entre 1886 et 1890, environ, du fait de son installation comme praticien et des malades qu'il doit traiter, Freud abandonne donc progressivement son intérêt pour la physiologie pour s'orienter vers des préoccupations psycho-pathologiques.

C'est pour cette raison qu'il prend l'hypnotisme au sérieux, à la fois comme moyen thérapeutique, comme procédé d'investigation psychologique, et comme situation expérimentale.

La méthode cathartique réunit la conjonction de ces trois critères : expérimental, thérapeutique, d'investigation. La portée expérimentale de la méthode cathartique rappelle le temps où Charcot pouvait, par l'hypnotisme, annuler ou faire apparaître les symptômes hystériques. C'est ce qui explique le besoin qu'a Freud de travailler, et, surtout, de publier, avec Breuer.

Celui-ci ne soupçonne pas les potentialités heuristiques considérables de la méthode thérapeutique qu'il a mise au point. C'est Freud qui les met à jour grâce à quoi, il sera amené à la modifier encore.

De plus, il a été fortement impressionné par les idées de Charcot, selon lequel *il faut laisser les faits parler d'eux-mêmes.*

Ces faits, *qui parlent d'eux-mêmes,* c'est la participation active et volontaire d'Anna O. à l'élaboration de sa propre thérapeutique. On le sait, Freud était un piètre expérimentateur. Mais d'avoir manié le microscope pendant de nombreuses années, cela avait entretenu son goût pour l'observation patiente, favorisé par une certaine passivité naturelle. Il n'a aucun mal à se mettre à l'école de ses malades.

Non seulement les cas rebelles à l'hypnotisme contrarient sa recherche, mais son travail avec Mme Emmy N... lui montre le caractère superficiel et transitoire des résultats thérapeutiques ainsi obtenus, qui tiennent pour une bonne part, aux relations personnelles établies entre la malade et son médecin.

Il arriva par exemple qu'une fois une malade, au réveil de l'hypnose, se jette à son cou.

— L'entrée inattendue d'une personne de service nous évita une pénible explication, écrit-il dans *Ma vie et la psychanalyse.* Plus loin, il ajoute :

— J'avais l'esprit assez froid pour ne pas mettre cet événement au compte de mon irrésistibilité personnelle et je pensai maintenant avoir saisi la nature de l'élément mystique agissant derrière l'hypnose.

Cette intuition d'un processus central en matière de thérapeutique psychologique, la relation entre le thérapeute et son patient, qui devait donner lieu à l'élaboration progressive de la notion de *transfert* (beaucoup plus tard) l'amène à comprendre qu'il peut modifier sa technique sans grand danger pour la suite de l'entreprise thérapeutique.

Dans le cas de Mme Elisabeth von R... dont il entreprend le traitement à l'automne 1892 la difficulté à effectuer l'hypnotisme l'amène à renoncer à ce procédé.

Il avait appris chez Bernheim que les souvenirs oubliés, et resurgis sous hypnose, n'étaient oubliés qu'en apparence, et qu'on pouvait faire appel à la mémoire consciente et volontaire du patient.

Il crée alors une *technique de concentration* : la patiente est allongée, les yeux fermés, et il lui demande de concentrer son attention sur un symptôme particulier et de laisser venir à sa mémoire tout ce qui pourrait s'y rapporter. Quand aucune idée ne venait, Freud exerçait une pression sur le front, en affirmant que certains souvenirs ne manqueraient pas de surgir.

Parfois les pressions répétées ne mènent à rien. Puis, tout à coup la patiente affirme qu'elle pensait alors à telle ou telle chose qu'elle aurait pu tout aussi bien exprimer.

Cette méthode, de décomposition successive des différents événements relatifs à l'apparition d'un symptôme, Freud l'appelle *analyse psychique.*

Freud continue à exercer ces pressions, plus ou moins invigoratives qui stimulent certaines patientes, qui en agaçent d'autres. Ainsi, un jour, Mme Emmy Von N... lui reproche d'interrompre le cours libre de ses pensées par ces questionnement trop répétés. Freud, attentif à laisser les faits — et les patientes — parler d'eux-mêmes, se le tient pour dit.

Progressivement, il abandonne l'hypnose, même intermittente. Il renonce aux pressions sur le front, tout en encourageant les malades à se laisser conduire par le libre jeu de leurs pensées. Puis il laisse tomber et les pressions sur le front, et les encouragements : la méthode des *libres associations* est née, mais elle ne porte pas encore de nom de baptême.

Il est intéressant de suivre pas à pas le cheminement de la pensée technique de Freud, parce qu'elle traduit l'évolution de sa pensée théorique à mesure qu'il apprend plus auprès des malades.

La méthode des *libres associations* est en quelque sorte comme une espèce de méthode cathartique au ralenti.

Freud, convaincu du déterminisme inhérent au fonctionnement du psychisme, considère que les diverses associations psychiques, qu'il continue pendant encore un certain temps à faire démarrer d'un symptôme comme point de départ, sont reliées entre elles par un lien de causalité qui contient le mécanisme de la détermination du trouble psychologique.

Patient et curieux, Freud n'a aucune difficulté à laisser parler ses malades. Outre l'hypnose, les méthodes psychotérapiques consistaient à l'époque en des conversations entre le médecin et son patient, conversations au cours desquelles le thérapeute intervenait fréquemment, soit pour donner des explications, soit le plus souvent, pour donner des conseils. Il fallait donc une grande audace d'esprit, une absence totale de préjugés, et un certain courage moral, pour rester passif, sans intervenir, à l'écoute des flots de paroles ininterrompues des malades.

Il fallait aussi que Freud ait, implicitement, une grande foi dans le déterminisme de la vie psychique, et, surtout, et plus encore, une grande confiance dans les effets de la relation entre le médecin et son patient.

Il fallait encore autre chose. Le médecin psychothérapeute, imbu de son pouvoir et de ses responsabilités, se croit nécessairement obligé d'apporter à son patient un bénéfice thérapeutique immédiat : sinon, il a l'impression de faillir à sa tâche et de négliger son malade.

Or, Freud — qui précisément n'avait pas la vocation thérapeutique — reste imperturbablement passif, assuré qu'il est que son attente sera récompensée.

De plus, en déclarant faire confiance à la valeur des associations, Freud ajoute :

— ...qu'il obéissait à une obscure préscience.

Voici ce dont il s'agit. Un écrivain du nom de Ludwig Börne, avait écrit en 1823 un essai portant le titre curieux : *Comment devenir en trois jours un écrivain original.* Dans cet essai, l'auteur développait une technique de liberté d'inspiration, qu'on appellerait maintenant *l'écriture automatique.*

Or, il se trouve que pour son quatorzième anniversaire, on avait offert à Freud les *Œuvres complètes* de cet écrivain, d'inspiration progressiste et contestataire, dont l'esprit, adversaire de tout autoritarisme, avait profondément impressionné le jeune Sigismund. Ludwig Börne écrivait en substance :

— Écrivez n'importe quoi, tout ce qui vous passe par la tête, vous serez surpris du résultat.

Plus de soixante-dix ans plus tard, Freud affirmait à peu près la même chose à ses patients, et depuis, des générations de psychanalystes font de mêmc, incitant leurs patients à dire tout ce qui leur passe par la tête.

Ainsi, la technique des *libres associations* correspondait mieux au tempérament libéral et attentif de Freud, en même temps qu'elle obéissait aux intuitions théoriques suggérées par la pratique. Après l'électrothérapie, thérapeutique mythique, l'hypnotisme, thérapeutique magique, la méthode cathartique, thérapeutique concertée, la technique des *libres associations* paraît plus ou moins improvisée.

En fait, elle est le résultat d'une demi-douzaine d'années de pratique, et de réflexion sur cette pratique.

Il faudra attendre le 30 mars 1896 pour que le mot *psychanalyse* soit employé pour la première fois. Mais il aura fallu encore certaines expériences et certaines épreuves.

Ainsi Freud pense que les *associations*, apparemment accidentelles et dénuées de sens, obéissent à une logique interne qu'il s'agit de découvrir, et qui doit mener à la compréhension du mécanisme du symptôme hystérique.

Il observe que les malades ne révèlent qu'avec répugnance certains souvenirs pénibles ou déplaisants. Les pressions sur le front, qui se font alors plus fortes, révèlent les *résistances* qui bloquent cette évocation des souvenirs, *résistances* issues du *refoulement* grâce auquel certains souvenirs sont remplacés par des symptômes. Le déroulement des *associations* conduit le malade bien au-delà de la période d'apparition du symptôme, il fouille au plus loin de ses souvenirs, jusqu'à son enfance, en procédant par des séries continues dont Freud admet qu'elles se constituent en connexions régulières.

Remontant ainsi le fil chaotique et discontinu des *associations*, à la recherche du *traumatisme* responsable des symptômes, Freud rencontre souvent sur sa route, des évocations relatives à la sexualité.

Il n'était pas préparé, ni par sa formation scientifique, ni par son milieu culturel, encore moins par sa personnalité, à s'intéresser à ces problèmes.

Certes, on s'occupait de sexualité à Vienne vers la fin du 19e siècle. Kraft-Ebing publie en 1886, son volumineux *Psychopathia sexualis ;* d'autres auteurs en Autriche et en Allemagne écrivent sur la pathologie sexuelle.

Mais, ces études avaient un caractère sérieux et austère : c'étaient des descriptions de *troubles* et *déviations ;* cela concernait des *maladies,* de telle sorte qu'il s'agissait plus de la pathologie d'une fonction que de l'étude de la sexualité elle-même.

Comme il s'agissait de *malades,* cela ne concernait pas l'individu présumé normal. Tout se passait comme si la sexualité n'avait d'existence légale (si l'on peut dire) que dans ses *aberrations,* sinon elle restait enfermée dans le mystère ou les romances.

Or, Freud constate que de nombreux souvenirs, surgissant au fil des *associations* se rapportent à des incidents d'ordre sexuel. Comme c'est une chose à laquelle il ne s'attendait pas, il n'y prête d'abord pas attention.

Mais la répétition de ces faits l'intrigue et il se met à explorer systématiquement la vie sexuelle de ses malades. Ce qui eut, dans l'immédiat, comme effet, d'en faire fuir beaucoup, et de diminuer sensiblement sa clientèle !

Progressivement, Freud acquiert la conviction d'être sur la voie d'une découverte essentielle.

D'autres médecins, avant lui, avaient mis en corrélation les troubles hystériques et les événements de la vie sexuelle.

Breuer, faisant allusion aux péripéties du lit conjugal ; Charcot imputant les troubles névrotiques à la *chose génitale ;* Chrobak suggérant d'inscrire sur l'ordonnance prescrite à une malade *des doses répétées de pénis normal.*

Mais, là aussi, comme pour les *perversions* tout à l'heure, la sexualité intervient en quelque sorte, mécaniquement, de l'extérieur, comme un *coup de froid* provoque un rhume. Elle n'est pas intégrée aux mouvements de la vie des patients, encore moins comme constitution de leur vie affective et de leur personnalité.

La notion de *traumatisme* sexuel prend aussi ce caractère de force mécanique extérieure : le grand mérite de Freud aura été d'intégrer la sexualité comme élément normal (voire même moteur) de la vie psychologique. Mais cela ne se fera pas sans peine, comme on le verra.

Ainsi Freud pouvait écrire, en 1896 :

— Je me contenterai de faire remarquer qu'en ce qui me concerne tout au moins, aucune opinion préconçue n'existait chez moi touchant le rôle important du facteur sexuel dans l'étiologie de l'hystérie. Les deux chercheurs dont j'étais l'élève quand je commençai à étudier ce sujet, Charcot et Breuer, ne se livraient à aucune présuppotition ; ce sujet leur inspirait plutôt une répugnance que je partageai d'abord.

Cependant, la relation entre les troubles névrotiques et la sexualité reste encore pour Freud très ambiguë.

D'unc part, une causalité quasi mécanique : ainsi, pour ce qui concerne la *névrose d'angoisse* (entité clinique qu'il dissocie de la neurasthénie), il l'attribue aux effets néfastes du coït interrompu.

D'autre part, une causalité plus dialectique : ainsi Miss Lucy, gouvernante anglaise, présente des manifestations hystériques, dont *l'analyse* permet de les rapporter à un amour refoulé pour son patron. Freud décrit alors comment agit le mécanisme du *refoulement* d'une idée inacceptable, qui donne lieu, par substitution, à une innervation somatique, c'est-à-dire une *conversion,* une dérivation de l'affect refoulé vers les voies motrices.

Au point où il en est de sa recherche, Freud possède ainsi un certain nombre d'hypothèses de travail.

A la notion de *traumatisme* s'est substituée celle de *souvenir,* et le plus souvent il s'agit du souvenir d'un incident d'ordre sexuel. Nous verrons comment plus tard — et à quel prix — le souvenir lui-même va être remplacé par par une notion plus complexe, mais plus décisive, celle de *fantasme.*

Il s'agit là du facteur causal, du commencement de la chaîne en quelque sorte.

Que l'incident soit *d'ordre sexuel,* cela constitue une donnée d'une importance tellement considérable que Freud lui-même, à l'époque n'en mesure pas encore les conséquences.

D'abord, ça le brouille plus ou moins avec Breuer, ce qui est relativement secondaire. Ensuite, dans un premier temps, ça lui enlève des clients, ce qui n'est pas négligeable. Ses collègues le ridiculisent, parfois le diffament, mais on n'en est pas encore aux injures et aux menaces, comme ça va être le cas quelques années plus tard.

Les conséquences plus intéressantes sont de deux ordres. D'abord Freud est amené à s'interroger de plus en plus sur le caractère particulier de sa relation avec ses malades, c'est-à-dire à s'interroger sur lui-même : ainsi, il va, progressivement être conduit à faire son *auto-analyse* et par l'intermédiaire de cette expérience insolite, il va faire des découvertes qui conduiront à des progrès décisifs.

Ensuite, le caractère sexuel des souvenirs ainsi évoqués permet de mieux comprendre pourquoi ils sont ainsi soumis à une sorte de *censure* et que c'est le travail intérieur de cette *censure* qui est responsable de la maladie. Le mécanisme pathogénique permet de ce fait cette allure linéaire et mécanique, et Freud tient aussi à sa disposition, des éléments théoriques propres à aboutir à la notion de *conflit psychique.*

Pour cette même raison, la technique des libres associations, progressivement débarrassée de ses adjuvants, reliquats de la période hypnotique, c'est-à-dire : directives, pressions sur le front, questions, etc., devenue attitude passive devant le discours libre du malade, perd son caractère d'investigation policière à la recherche du traumatisme initial.

Il ne s'agit plus de découvrir ou de résoudre une énigme, au terme de laquelle découverte, le malade serait *guéri* (ce à quoi encore beaucoup de nos contemporains comparent parfois la psychanalyse), il s'agit d'attirer l'attention du patient sur certaines connexions qui lui échappent.

En 1890 et 1896, grâce à la mise en œuvre de ces diverses hypothèses de travail, Freud est en mesure d'élaborer une construction théorique personnelle en psychopathologie.

Le 2 mai 1896, il fait une communication à la Société viennoise de psychiatrie et de neurologie, sur *l'Étiologie de l'hystérie,* où il met en avant avec de nombreux arguments, la notion de la nature sexuelle de l'incident traumatique. Kraft-Ebing, qui présidait cette séance — réputé spécialiste en matière de sexualité (de pathologie sexuelle, comme on l'a vu), dira :

— Ça ressemble à un conte de fées scientifique.

Freud précise ultérieurement qu'il s'agit de *séductions* subies dans l'enfance, le plus souvent sous la forme d'une excitation directe des organes génitaux.

Cette notion de *séduction* va lui causer beaucoup de tracas, et quand il aura résolu cette énigme douloureuse, la *psychanalyse* ne sera pas loin (pas trop loin) d'atteindre son âge adulte.

Parallèlement à ce travail d'élaboration clinique, où Freud accumule minutieusement les faits et leurs diverses corrélations, grâce à l'utilisation patiente de la méthode des libres associations, il procède également à la mise en chantier d'un appareil conceptuel. Les notions de *résistance, défense, refoulement,* qui appartiennent au même registre technique, vont être précisées ; la notion de *transfert,* dont Freud a l'intuition très nette vers juin 1892, reste encore dans l'ombre.

La *résistance,* c'est la difficulté qu'a le patient à évoquer certains souvenirs pénibles. Elle apparaît comme un obstacle à l'élimination du symptôme et à la progression de la cure.

La *défense,* comme son nom l'indique, marque le procédé par lequel le moi, c'est-à-dire la personnalité, se protège contre des idées ou des représentations irrecevables, ce que Freud appelle des *représentations inconciliables.*

Le *refoulement* est une des modalités de cette *défense,* la modalité (pour l'instant) essentielle.

Toutes ces notions ont encore un caractère mixte, à la fois descriptif et explicatif.

Cependant, la notion de *défense,* avec son corollaire le *refoulement,* apparaît pour Freud comme le noyau même du mécanisme psychique des psycho-névroses.

Le travail théorique essentiel de Freud va être de passer du descriptif à l'explicatif : tout processus de théorisation doit, précisément, quitter la paraphrase pseudo-explicative pour aller vers une élucidation réelle du phénomène.

L'observation permet de décrire deux manifestations essentielles : celle du traumatisme psychique dont le souvenir a un effet pathogène et celle du rejet hors du conscient.

Le souvenir traumatique agit à distance (dans le temps) : ce qui est déterminant, comme le montrent les décharges affectives et émotionnelles post-hypnotiques de la méthode cathartique, c'est *l'affect* dont il est responsable. Dans l'hystérie, l'énergie affective ainsi déclenchée et mise en réserve subit une *conversion,* grâce à laquelle elle s'écoule dans les voies de *l'innervation somatique.* Dans la psycho-névrose obsessionnelle, elle subit un *déplacement,* où elle se détache de la représentation originelle pour s'associer à une représentation apparemment indifférente.

Comme on l'a vu, Freud tire son concept de *refoulement* de l'effort que devait faire ses patients pour *résister* à l'évocation de souvenirs ensevelis, l'un étant la contrepartie de l'autre. La notion de *refoulement* — comme beaucoup d'autres concepts freudiens — ne prendra sa consistance théorique que bien plus tard. Pour l'instant, il s'agit de répondre à la question relative aux transformations de *l'affect* et à leur mécanisme pathogène.

Mais tout ce travail théorique ne se faisait pas dans la sérénité scientifique habituelle. Voici comment Freud commente l'accueil plutôt froid réservé à sa communication sur *l'étiologie de l'hystérie :*

— Mais le silence dont fut suivie ma communication, le vide qui se fit autour de moi, les insinuations qui me furent rapportées, me permirent de comprendre, peu à peu que l'exposé du rôle de la sexualité dans l'étiologie des névroses ne pouvait être accueilli de la même façon que les autres communications. Je compris aussi que désormais j'appartiendrais à la catégorie de ceux qui ont *troublé le sommeil du monde,* suivant l'expression de Hebbel, et que je devais cesser de compter sur l'objectivité et sur la tolérance. Et cependant, l'issue n'était pas douteuse, puisque je me sentais de plus en plus convaincu de l'exactitude générale de mes observations et des conclusions tirées de ces dernières. De plus, ma confiance en mon propre jugement, ainsi que mon courage, n'étaient pas ébranlés. Je continuais à penser que j'avais eu de la chance de découvrir des faits connexes particulièrement intéressants et me sentis prêt à accepter le destin auquel sont parfois soumises de pareilles découvertes.

La difficulté pour Freud, de mettre en place sa théorie, tient à la complexité des nouveaux problèmes ainsi soulevés, mais aussi à l'ambiguïté de sa position épistémologique du moment. D'un côté, il veut se tenir fermement sur le terrain de la psychologie ; de l'autre, il reste encore attaché, du fait de sa formation scientifique, aux méthodes de pensée de la physiologie. Toute cette période sera marquée par cette attitude ambivalente. De plus, la sexualité, par sa nature même, se situe sur les deux terrains à la fois, physiologique et psychologique.

De même que lors de son travail sur le langage (rappelons que son livre *De l'aphasie* date de 1891), Freud avait le sentiment de tenir le pont, le maillon intermédiaire entre le physiologique et le psychologique ; de même, avec la sexualité, il est pris par cette même tentation.

En fait, son ambition profonde, c'est de comprendre les relations entre le corps et l'esprit, c'est de comprendre comment de la matérialité physiologique et biologique peut surgir le psychisme. Quelque dix ans auparavant, alors qu'il étudiait l'histologie de la cellule nerveuse, dans son lointain for intérieur, c'est le même genre de préoccupations qui l'animait.

Freud n'a donc pas tout à fait réglé son compte à sa *conscience physiologique,* et de ce fait, son élaboration théorique s'en ressent. Cette ambiguïté persistante sera féconde. Elle va conditionner toute la suite de son œuvre, et poser, dès son origine, le double (et même problème) du statut de l'inconscient freudien et de la nature de la psychanalyse.

Pour l'heure, Freud n'en est pas encore là. Il se débat avec des *résistances,* il constate que la personnalité, ce qu'il appelle du terme encore vague et emprunté à la psychologie traditionnelle de *moi* se défend par certaines mesures de protection contre l'effet néfaste du traumatisme psychique : il en déduit le *refoulement* comme mécanisme de défense, et l'apparition du symptôme comme résultat de cette dialectique.

Dans *Les nouvelles remarques sur les psycho-névroses de défense,* article publié en 1896, Freud amorce quelques modifications et raffinements conceptuels.

Avec l'approfondissement des mécanismes psycho-pathologiques de la névrose obsessionnelle, la notion de *refoulement* accèdes à une nouvelle promotion conceptuelle :

— Les idées obsessionnelles sont invariablement des auto-reproches, resurgis hors du refoulement, sous une forme modifiée. Ces auto-reproches se rapportent toujours à un incident sexuel agréable survenu au cours de l'enfance.

Les souvenirs ainsi réapparus et le sentiment de culpabilité qui les accompagne ont toutefois subi une transformation. Les idées obsessionnelles, les émotions qui les remplacent, sont des *formations de compromis* composés de matériaux empruntés à la fois aux représentations refoulées et aux représentations refoulantes. Les concepts psychanalytiques de *formation de compromis,* et de *retour du refoulé* font leur apparition.

Il est intéressant de rappeler à ce propos que Meynert, le maître de Freud, avait, en son temps, élaboré une théorie pseudo-physiologique, aux intentions morales et moralisantes, selon laquelle il existait dans le cerveau deux zones, la zone corticale, chargée de fonctions de vigilance et de socialité, qui contrôlait, par *inhibition* les zones sous-corticales, sources d'impulsions asociales primitives.

La notion *d'inhibition* est un concept issu de la neuro-physiologie, qui a son correspondant psychologique dans la notion de *refoulement,* de *Verdrängung,* telle que l'avait formulée le psychologue Herbart. Pour ce dernier, une idée pouvait en chasser une autre hors de la conscience, et cette idée chassée pouvait ensuite agir sur l'humeur consciente.

De la même façon, Breuer, s'interrogeant sur les effets pernicieux du caractère trop intense des *affects,* met en circulation le terme de *bewusstseinunfähig,* inadmissibilité dans le conscient, et il qualifie *d'inconscientes* ces idées que le conscient se voit obligé de rejeter.

La notion de *refoulement,* sous sa forme primitive déjà, et à plus forte raison sous sa forme plus élaborée, comporte des conséquences théoriques importantes.

C'est la notion *d'inconscient* qui se profile à l'horizon, qui fera couler (qui fait encore couler) beaucoup d'encre.

Après la défection de Breuer, Freud reste donc tout seul avec la sexualité sur les bras. Il écrit, non sans une pointe d'amertume :

— Au début, je ne perçus pas le caractère particulier de ce que j'avais découvert. Sans m'en rendre compte, je sacrifiai ma renommée en tant que médecin et, en étudiant les facteurs sexuels responsables des troubles névrotiques, je renonçai à m'attirer de nombreux clients.

Dans le courant des années 1895-1896, poursuivant sur sa lancée (et grâce à son *auto-analyse*), Freud, est sur la voie de la découverte de la sexualité infantile.

Quel chemin parcouru en dix ans !

A la fois sur le plan personnel, et sur le plan de la recherche théorique, Freud s'engage dans une voie tout à fait originale. Il se dégage de Charcot, et abandonne la notion trop mécanique de *traumatisme ;* il se dégage de Breuer, et prend en charge, à lui tout seul, toutes les implications relatives à l'étiologie sexuelle des névroses.

Par la technique des *libres associations,* il innove une entreprise thérapeuthique, qui reste encore ingrate quant aux résultats, mais qui sera riche de conséquences théoriques et pratiques.

Mais les ambitions de Freud sont plus hautes. Il veut bien soigner les malades, à la rigueur même les guérir, mais il ne peut en rester à ces mesquines préoccupations. Par l'intermédiaire de la psycho-pathologie, c'est la psychologie que Freud veut atteindre, et au-delà, la compréhension générale de tous les phénomènes humains. Son biographe et ami, Ernest Jones, écrit :

— Je me rappelle que dès 1910, il émettait en soupirant le vœu de cesser d'exercer la médecine pour se consacrer à l'étude des problèmes de civilisation et d'histoire et pour étudier, en fin de compte, la façon dont l'homme est devenu ce qu'il est.

Toute la vie — et l'œuvre — de Freud, est fondée sur cette ambition originelle et sur le malentendu constitutif de la pratique médicale.

La pratique médicale comporte l'illusion d'une connaissance de *l'homme,* parce que le malade offre sa plainte au médecin en même temps qu'il dénude son corps.

Freud, quand il débute comme *médecin des nerfs,* croit pouvoir découvrir, sur ce terrain-là, le secret de l'existence humaine. Pour lui, la psychologie, cette *connaissance de l'âme,* doit ouvrir à la compréhension du mystère de l'existence.

Mais cette compréhension ne doit pas être spéculative, elle ne doit être ni philosophique, ni métaphysique, elle doit être rationnelle et scientifique : c'est ce qu'il appellera la *métapsycholo-*

gie. Ainsi, dans un premier temps, cette *psychologie scientifique,* pour s'assurer de sa rationalité, devra avoir des fondements physiologiques.

Déjà, dans son livre sur le langage, mettant en service les conceptions d'Hugglings Jackson, il écrivait :

— Les processus physiologiques ne cessent pas lorsque les processus psychiques commencent. Au contraire, la chaîne physiologique continue, mais à partir d'un certain moment, il se produit un phénomène psychique correspondant à chacun des chaînons (ou à plusieurs). Ainsi, le processus psychique est parallèle au processus physiologique.

Plus tard, dans la préface à la traduction allemande des *Conférences de Charcot,* il précisera :

— Les cliniciens allemands tendent à expliquer par la physiologie les états morbides et les syndromes. Les observations cliniques des Français gagnent certainement en indépendance du fait qu'elles repoussent au second plan le point de vue physiologique. Il ne s'agit pas là d'une omission, mais d'un fait voulu, délibérément réalisé.

Aussi, durant la période de l'automne 1895, il travaille à une *Psychologie scientifique,* sous-titré à *l'usage des neurologues,* où il cherche à traduire au plus haut niveau d'abstraction les résultats de sa pratique et de ses réflexions théoriques.

Mais, par un étrange paradoxe, toute cette terminologie *physiologique* sonne faux. Nous aurons l'occasion de revenir sur cette ébauche, qui doit son existence à la négligence désinvolte de W. Fliess, à qui elle avait été envoyée grâce à quoi elle nous est conservée.

Freud veut y mettre au point le fonctionnement de ce qu'il appelle *l'appareil psychique,* fiction théorique par l'intermédiaire de laquelle il tente d'opérer la transition, le passage, du physiologique au psychologique.

Ce manuscrit important, étape essentielle dans l'évolution de la pensée freudienne, doit d'avoir survécu à l'indifférence polie de son destinataire, qui l'a laissé dormir dans un tiroir.

Il lui doit également son existence *théorique,* pourrait-on dire, dans la mesure où il se situe comme moment central d'une recherche théorique, dont Wilhem Fliess a été pendant un certain temps, le seul témoin, en même temps que le promoteur involontaire.

A ce titre — entre autres — il mérite qu'on évoque sa mémoire.

V. Une amitié particulière

En 1928, une certaine Madame Fliess, veuve d'un oto-rhino-laryngologiste connu, propose à un libraire berlinois, Reinhold Stahl de lui vendre un paquet de deux cent quatre-vingt-quatre lettres ainsi que des documents, notes et manuscrits adressés par Freud à son mari. Elle ne les cède qu'à la condition expresse que le libraire s'engage à ne pas les communiquer à Freud, dont elle sait bien qu'il les détruirait immédiatement, étant donné le caractère particulièrement intime de cette correspondance.

Stahl ayant fui le régime nazi, se réfugie en France, et lors de son séjour en 1937, offre de vendre ces documents à Madame Marie Bonaparte. Celle-ci les rachète aussitôt, les ramène à Vienne où elle poursuivait son analyse didactique avec Freud, lui fait part de son acquisition, ce qui le met au comble de l'indignation. Elle tient tête, conserve les précieux documents qui, après de multiples péripéties consécutives à la dernière guerre, arrivent à Londres où, quelques années plus tard, en 1950, Marie Bonaparte, Anna Freud, Ernest Kris pourvoiront à leur publication.

La majorité de ces documents est publiée sous le titre légitimement justifié de *la Naissance de la psychanalyse.*

Ils nous content — entre autres — une histoire qui vaut la peine d'être rapportée. Mais que le lecteur ne s'y trompe pas : il ne s'agit pas de la relation d'une vie cachée de Freud. Il s'agit d'une aventure à la fois banale et extraordinaire, commune et singulière, émouvante et parfois dérisoire, pleine des petitesses sournoises et des violences aiguës de la passion : il s'agit d'une amitié, entre deux hommes, Wilhelm Fliess et Sigmund Freud.

C'est Breuer qui permet la rencontre des deux futurs amis, dans le courant de l'année 1887, à Vienne. Freud a trente et un ans, Fliess, plus jeune, en a vingt-neuf.

C'est, en quelque sorte, le coup de foudre.

Dès sa première lettre, datée du 24 novembre 1887, Freud écrit :

— Bien que cette lettre soit une lettre utilitaire, je vous avoue que j'aimerais bien rester en contact avec vous. Vous m'avez fait une profonde impression, capable de m'amener facilement à vous dire franchement dans quelle catégorie d'hommes je vous range.

Quel est cet homme, qui a produit sur Freud, une si *profonde impression ?*

Wilhem Fliess est un oto-rhino-laryngologiste berlinois, cultivé, brillant, exerçant une séduction certaine sur tous ceux qui l'approchaient.

Ce qui le caractérise, c'est une très grande confiance en lui, une certitude absolue dans ses capacités intellectuelles, mises au service de spéculations à prétention scientifique, concernant des domaines allant bien au-delà de la médecine et de la biologie. Cette assurance, cette confiance en soi, sont d'ailleurs directement liées à cette capacité d'échafauder des spéculations gigantesques, qui donnent le sentiment — faussement légitime — d'un grand pouvoir intellectuel.

Cette confiance en soi, ce goût pour les spéculations audacieuses, en rupture avec les conceptions médicales traditionnelles, ont, aussitôt, subjugué Freud, qui ne demandait pas mieux que d'échanger avec un ami les envolées de son imagination.

W. Fliess avait donc la confiance en soi, à la fois mystique et naïve, qui fait la force des guérisseurs, des mages, ou des escrocs. Mais il n'était ni l'un ni l'autre, c'est ce qui fait la complexité et la fascination de son personnage.

Son système était à la fois simple et prodigieux. Il était fondé, d'une part, sur une analogie entre la muqueuse nasale et la muqueuse de voies génitales de la femme, et d'autre part sur la notion de bisexualité, qu'il est ainsi le premier à avoir mise en relief. C'est surtout le phénomène de la menstruation, avec son caractère cyclique, qui avait retenu son attention et mis le feu à son imagination.

En effet, la menstruation se situe entre deux chiffres : 28, qui est la durée du cycle, 23, qui est l'intervalle qui sépare la fin d'une menstruation du début de la suivante.

Avec ces deux chiffres, avec la notion de périodicité et celle de bisexualité, W. Fliess construit un vaste système qui concerne non seulement tous les êtres humains, mais également l'ensemble des activités vitales. Le nombre 28 se rapporte à la composante féminine, le nombre 23 se rapporte à la composante masculine ; à l'aide de ces deux chiffres il est possible de prévoir les *périodes sexuelles* qui déterminent ainsi les stades de l'évolution d'un individu, la date de ses maladies, la date de sa mort.

Cette *périodicité* marque aussi l'évolution de tout l'ensemble du monde organisé, de telle sorte qu'on peut supposer une connexion étroite entre le mouvement des astres et la création et l'évolution des êtres vivants.

W. Fliess, calculateur habile, pouvait, en utilisant les multiples combinaisons réalisables entre le chiffre 28 et le chiffre 23 prévoir n'importe quel événement. Ainsi, il avait annoncé la mort de Freud pour l'année 1907, à l'âge de cinquante et un ans, chiffre résultant de l'addition de 28 et de 23 !...

Ce qui fait problème, ce n'est pas l'imagination extravagante, et aux limites de la psychopathologie, de l'oto-rhino-laryngologiste berlinois. Cela pouvait à la fois amuser et intriguer son public et il est probable qu'à cette époque il n'était pas le seul à exercer son intelligence dans le domaine des spéculations.

Au surplus, la médecine, science empirique, aux assises incertaines, conduisant, du fait de sa pratique, à s'intéresser aux autres individus, comporte, implicitement, une potentialité vers une philosophie naïve, qui est la pensée commune du médecin moyen et qui se constitue en système chez les esprits plus audacieux.

W. Fliess, finalement, n'était qu'un médecin parmi d'autres, à l'imagination un petit peu plus échauffée, à la curiosité intellectuelle plus aiguë, qui avait probablement un besoin profond de se rassurer en exerçant sur autrui les pouvoirs de son intelligence. Ce qui fait problème, c'est (l'apparente) crédulité admirative de Freud face aux constructions quasi-délirantes de son ami.

Comment se constitue une amitié ? En d'autres termes, comment et pourquoi aime-t-on ? Parce que c'est la même question qui se pose à propos de l'amour.

C'est précisément à cette question que l'œuvre ultérieure de Freud va permettre de répondre (en partie), et grâce, entre autres, à cette expérience extraordinaire de cette amitié si passionnée avec W. Fliess.

Une photo de l'époque les montre côte à côte : la ressemblance est frappante. Même visage à l'ovale régulier, avec un front ouvert et haut ; même barbe soigneusement taillée à l'arrondi accordé aux grosses moustaches à la mode ; le nez de Freud est plus aquilin, celui de Fliess est droit ; le regard de Fliess est grave et serein, celui de Freud, plus intériorisé, révèle une sorte de tristesse souriante.

En tout cas, Fliess apparaît bien comme cet *autre moi-même,* dont Freud a le plus urgent besoin.

On peut dire que Freud et Fliess se conviennent bien : ils ont des affinités intellectuelles et culturelles, ils sont l'un et l'autre médecins spécialistes appartenant à la bourgeoisie moyenne juive, ils sont l'un et l'autre soucieux de se constituer une clientèle et de faire vivre leur famille. Mais ce n'est pas suffisant pour assurer une amitié, il faut autre chose. Faut-il dire, selon l'expression consacrée, *qu'ils se plaisent bien ?* Sans doute, puisqu'ils s'envoient mutuellement leur photo, à la demande de Fliess, comme des adolescents qui se découvrent l'un l'autre. Or, ils ont plus de la trentaine !

Les motivations qui sont à l'origine de cette amitié sont sans doute très différentes pour chacun des deux hommes ; on connaît mieux celles de Freud, grâce à sa correspondance, mais on peut assez facilement reconstituer celles de Fliess.

Ils sont l'un et l'autre en période de difficultés psychologiques sérieuses.

Grâce à sa rencontre avec Freud, Fliess pourra contenir ses tendances délirantes et les organiser dans une élaboration théorique d'allure scientifique. C'est ainsi qu'en 1893 il publie un article traitant de *la névrose nasale réflexe,* où il décrit un syndrome s'apparentant à la neurasthénie en lui supposant une pathogénie vaso-motrice d'origine sexuelle. Cette construction théorique est cliniquement fausse, mais elle a l'air de tenir debout.

C'est la grande tolérance et l'admiration inconditionnelle de Freud qui permet à Fliess d'élaborer ses idées délirantes sous forme d'une construction théorique para-logique, grâce à quoi ses difficultés psychologiques sont pour ainsi dire sans effet sur sa vie quotidienne concrète.

Le lien affectif profond qui unit Freud et Fliess joue implicitement un rôle psychothérapique : Fliess peut délirer mais, puisqu'il est accepté tel qu'il est par Freud, ça reste, en quelque sorte, entre tous les deux, et ça n'a pas d'effet sur l'extérieur.

Pour ce qui concerne Freud, c'est différent. Il traverse une crise morale et affective intense, parallèle aux difficultés qu'il rencontre dans sa pratique thérapeutique et, en partie, suscitée par elles. Ce n'est pas sans risque personnel qu'on s'engage dans une relation thérapeutique intime avec les malades hystériques.

Breuer en sait quelque chose, mais il a préféré fuir plutôt que d'affronter la difficulté afin de l'élucider.

Freud peut compter sur Breuer pour ce qui est de l'aide matérielle et financière ; de plus, Breuer lui a mis entre les mains la méthode cathartique, grâce à laquelle sa technique de traitement va faire des progrès considérables et ouvrir des voies absolument inédites. Breuer apporte à Freud l'appui matériel et financier, il le dote d'un savoir clinique et technique, mais il rechigne à une collaboration scientifique suivie.

Ce n'est pas avec lui que Freud peut partager ses préoccupations, ses inquiétudes, ses espérances, et encore moins ses ambitions théoriques.

D'ailleurs, Breuer l'a lui-même écrit à Fliess :

— L'intellect de Freud plane dans les hauteurs. Je me sens devant lui comme une poule devant un aigle.

Ce n'est pas non plus avec Breuer que Freud peut faire état des implications affectives qu'il soupçonne comme étant à l'œuvre dans sa relation avec ses patientes.

Lorsque, dix ans après les dramatiques incidents qui mirent fin au traitement d'Anna O..., Breuer appelle Freud en consultation auprès d'une hystérique dont les symptômes révèlent pour ce dernier un fantasme typique de grossesse, Breuer prend sa canne et son chapeau et s'en retourne épouvanté, ne pouvant supporter la répétition du même événement.

Breuer est résolument bloqué face à tout ce qui évoque la sexualité. Fliess, au contraire, met (en apparence) au centre de son système la vie sexuelle avec toutes ses conséquences psychologiques, voire même métaphysiques.

Fliess est donc le confident idéal. De plus, Fliess a besoin d'être un confident et un conseiller : c'est une nécessité impérieuse pour lui, c'est à ce prix qu'il peut délirer sans danger.

Avoir un tel confident, prêt à tout entendre, prêt à tout recevoir, l'extravagant comme l'inédit, le scabreux comme l'insolite, c'est à cette condition que Freud peut supporter l'affrontement quotidien avec le désir de ses patientes, et la mise à l'épreuve de son propre désir.

C'est ainsi que s'instaure, progressivement, entre ces deux hommes, à la fois si proches et si dissemblables, l'extraordinaire aventure de leur amitié.

On voit bien à quel point ils sont dissemblables : il n'y a rien de commun entre le brillant causeur des salons berlinois, et le timide neurologue malmené par les hystériques.

L'un est dominateur et sûr de lui, l'autre est dans l'incertitude la plus noire, avançant à tâtons, sur un terrain absolument vierge et plein de risques. Mais, ainsi, tels qu'ils se présentent à cette étape de leur vie, ils sont faits pour s'entendre et pour se compléter. Ils se réconfortent mutuellement : Fliess trouve en Freud l'auditeur idéal, grâce à quoi il se trouve confirmé dans sa conviction d'être un génie ; Freud trouve en Fliess le confident absolu, qui admire sans juger, qui conseille avec indulgence, qui, trop imbu de sa propre supériorité peut tout recevoir, assuré qu'il est du caractère définitif de ses propres découvertes, de telle sorte que son indifférence amusée apparaît aux yeux de son interlocuteur comme une approbation sans réserve.

Chacun trouve en l'autre ce qu'il a besoin d'y trouver, chacun s'aime lui-même à travers la propre image de l'autre, à travers l'image idéale que l'autre lui renvoie.

C'est cette nature narcissique de l'attachement de Freud à Fliess qui explique son caractère inconditionnel.

Les deux amis s'écrivent, des lettres fréquentes et longues, où se trouvent mêlées des considérations personnelles intimes et des préoccupations scientifiques plus ou moins élaborées.

En réalité, cette correspondance apparaît comme une longue série de monologues parallèles, comme c'est le cas, d'ailleurs, chez les amoureux.

On y suit, dans un enchevêtrement serré et varié, l'évolution scientifique de Freud, en même temps que son évolution psychologique personnelle.

Fliess, grâce à Freud, peut délirer sous le sceau officiel de la *science ;* Freud, grâce à Fliess, peut, à travers les vicissitudes de cette amitié passionnée faire une expérience affective enrichissante dont il saura, consciemment, tirer tout le profit.

Leur formation scientifique commune, leurs intérêts culturels voisins leur servent, inconsciemment, d'alibis. Là n'est pas l'essentiel des ressorts intimes de leur liaison.

Fliess adresse à Freud comme cadeau de Noël deux volumes des œuvres du physiologiste Helmholtz ? Soit. Ils se recommandent mutuellement des lectures : Freud recommande à son ami Shakespeare et Kipling, et l'autre lui fait prendre connaissance de l'écrivain suisse Conrad Ferdinand Meyer ? Très bien. Les deux amis suivent avec anxiété et passion les péripéties dramatiques et révoltantes de l'affaire Dreyfus en France ? Sans doute. Mais là n'est pas l'essentiel.

L'essentiel est dans l'extrême assujettissement, la dépendance inouïe de Freud à l'endroit de Fliess, éprouvant tous les émois et les inquiétudes de l'adolescence, alors qu'il était un homme mûr et marié, père de six enfants et que toute cette affaire l'a mobilisé entre trente et un et quarante-cinq ans !

Ce qui reste encore à examiner — et c'est cela véritablement *l'essentiel* — c'est comment Freud a pu transformer un événement, après tout banal malgré son intensité, en une extraordinaire aventure spirituelle et intellectuelle.

Pour le comprendre, il faut rassembler toutes les données que nous avons successivement mises à jour.

Freud est désemparé, inquiet de l'avenir. Il doit renoncer à la neurologie, un terrain solide qu'il connaît bien, pour s'engager dans la psychopathologie, un terrain, oh ! combien mouvant et incertain. Son engagement affectif avec ses patientes devient pesant, et quasiment immaîtrisable.

Breuer, sur qui il fonde de grands espoirs, ne peut plus le suivre quand il s'engage dans l'inconnu.

Il se méfie de son imagination, il connaît son goût profond pour la spéculation, en contradiction abrupte avec les exigences de rigueur scientifique auxquelles il a été formé. Il faut qu'il puisse, lui aussi, *délirer* tranquillement et sans danger. Fliess est évidemment le compagnon idéal pour ce délire réciproque.

Il faut bien se réprésenter la situation de Freud, explorant le monde inconnu et périlleux de la vie affective, tout seul, sans prédécesseur, sinon les romanciers et dramaturges, à la caution insuffisante aux yeux du monde scientifique officiel.

Non seulement il lui faut un interlocuteur avec qui parler de son travail, avec qui il peut laisser aller librement son imagination, mais il lui faut aussi un confident disposé à accueillir ses plaintes, ses tourments, ses doutes et surtout, auprès duquel il puisse analyser les mouvements complexes et profonds qui le bouleversent, du fait de la forme de relation engagée avec ses patientes. Si Freud est le thérapeuthe involontaire de Fliess, Fliess est, en quelque sorte, le *psychanalyste,* encore plus involontaire, de Freud.

On comprend alors à quel point l'attachement de Freud à l'endroit de Fliess est vif et profond.

On comprend alors en quoi l'excessive surestimation de Fliess par Freud donne la mesure du besoin d'appui de ce dernier.

Ainsi, dans une lettre datée du 1er janvier 1896, il écrit :

— Des êtres comme toi ne devraient jamais disparaître. Nous manquons trop, nous autres, de gens de ton espèce. Quels remerciements ne te dois-je pas pour la consolation, la compréhension, l'encouragement que tu m'apportes dans ma solitude ; tu m'as fait saisir le sens de l'existence et, dernièrement, tu m'as rendu la santé, ce que nul autre n'aurait pu faire. C'est avant tout ton exemple qui m'a permis d'acquérir la force intellectuelle de me fier à mon propre jugement... et d'affronter, comme toi, avec une résignation voulue, toutes les épreuves que me réserve peut-être la vie. Pour cela, accepte mes simples remerciements.

La gratitude de Freud à l'endroit de Fliess n'est pas simple formule de politesse. Elle exprime le caractère vital, impérieux, de la nécessité pour Freud d'avoir un ami, dans un contexte scientifique et humain dans lequel il se trouve complètement isolé.

Ainsi, dans une lettre du 4 mars 1896, il exprime bien son extrême dénuement moral :

— Tu ne saurais te figurer à quel point je suis isolé... Le vide se fait autour de moi. Jusqu'à présent, je le supporte avec stoïcisme. Ce que je trouve le plus désagréable, c'est de voir, pour la première fois, cette année, ma consultation désertée, de n'avoir aperçu aucun visage nouveau depuis des semaines, de n'avoir commencé aucun traitement et de constater que, parmi ceux qui sont en cours, aucun n'est achevé. Tout est si difficile, si fatigant... Il faut vraiment posséder une forte constitution pour le supporter...

Les lettres, malgré le caractère un peu guindé et solennel du début deviennent très rapidement intimes. On passe très rapidement du *Cher Confrère* à *mon très cher ami*, et encore plus rapidement au tutoiement et à l'emploi familier des prénoms.

Fliess, sans être excessivement passionné par la recherche de son ami, est souvent un correspondant judicieux.

Dans une lettre du 7 février 1894, Freud écrit, par exemple :

— Tu as raison : le lien entre la névrose obsessionnelle et la sexualité n'est pas toujours évident.

Dans une autre lettre, datée du 22 juin 1894, il dit :

— Tu m'as fait plaisir en me disant que mon travail sur l'angoisse ne te paraît pas encore au point, puisque cette opinion fait écho à la mienne.

Dans une lettre du 16 mai 1897, il lui écrit :

— ... Ta lettre m'a permis de voir combien tu étais détendu. J'espère que tu redeviendras maintenant pour longtemps ce que tu as toujours été et que je pourrai continuer de faire de toi mon bienveillant public. Tu sais que, sans cela, je ne serais pas capable de travailler.

La solitude de Freud est telle, il a tellement besoin d'encouragement pour conserver sa confiance en soi, qu'il écrit à Fliess :

— Tes louanges sont pour moi du nectar et de l'ambroisie. *(14 juillet 1894.)*

Fliess est donc bien le support affectif indispensable sans lequel Freud se dit *incapable de travailler.*

Freud écrivait ainsi, plusieurs fois par semaine, des lettres plus nombreuses, plus fréquentes, plus longues, que celles de son ami. Il est vrai aussi qu'il avait des choses plus intéressantes et plus importantes à dire.

En plus des lettres, ce qui était le plus réconfortant pour Freud, c'étaient ses rencontres avec Fliess, qu'il appelait plaisamment des *Congrès.* Parfois, à Vienne, parfois à Berlin, parfois dans d'autres villes de l'Autriche ou de l'Allemagne, les deux amis allaient passer deux ou trois jours ensemble, pour débattre librement du développement de leurs idées.

Dans une du 1er août 1890, Freud explique qu'il ne peut malheureusement pas aller rejoindre Fliess à Berlin car il a des ennuis avec une patiente qui *fait des crises nerveuses* et du tracas avec ses enfants. Puis il ajoute :

— Bien à contrecœur, car j'espérais tirer grand profit de notre rencontre... Je me sens isolé, scientifiquement engourdi, apathique et résigné. Notre conversation, la bonne opinion que vous sembliez avoir de moi m'ont redonné foi en moi-même. La pensée de votre confiante énergie n'a pas laissé que de m'impressionner. J'aurais aussi voulu profiter de notre rencontre au point de vue professionnel et peut-être bénéficier de l'ambiance berlinoise. Depuis des années, je suis privé de tout enseignement.

Comme un amoureux impatient, Freud attend dans une euphorie anxieuse les prochains *Congrès,* et revient de chacune de ces rencontres gonflé à bloc. (Cette formule commune est la meilleure pour rendre compte de l'effet stimulant des rencontres avec Fliess.) Il écrit à son ami :

— Après chacun de nos Congrès, je me sens réconforté pour plusieurs mois, de nouvelles idées ont jailli, mon dur travail m'a été une nouvelle joie et l'espoir intermittent de me frayer un chemin dans la jungle est, lui, affermi et brillant. Cette période d'abstinence ne m'apprend rien que je n'aie toujours su : l'importance pour moi de nos rencontres *(3 avril 1898).*

Il dit encore :

— Sans public, je ne puis rien écrire, mais je ne suis parfaitement satisfait de n'écrire que pour toi *(18 mai 1898).*

Ces rencontres sont aussi l'occasion de discuter des menus faits de la vie, et pour Freud, de faire état de ses plaintes hypocondriaques. Comme en outre il souffre d'un catarrhe nasal chronique, son ami Fliess, spécialiste du nez et de la gorge, le soigne : à plusieurs reprises il lui cautérise les cornets. Parfois, Fliess, lui aussi, a des ennuis avec sa muqueuse nasale. Et voilà nos deux amis de discuter ensemble de leur nez respectif. Ce qui, sans être fin psychanalyste, laisse rêveur !...

La correspondance avec Fliess a donc un caractère mixte : s'épancher auprès de son ami, et, en même temps, exposer le développement et les progrès de ses recherches.

En fait, les deux choses sont liées : faire part de ses difficultés dans sa recherche théorique, c'est pour Freud, faire part également de sa souffrance morale.

On l'a vu, il est isolé, il avance en tâtonnant dans un domaine encore inexploré, et ce domaine — la vie affective — par sa nature même, est source de tourments dès l'instant où on l'approche avec sincérité.

En même temps qu'il va à la découverte d'autrui, Freud est en route vers la découverte de lui-même (et réciproquement), grâce à cet interlocuteur merveilleux qu'est Fliess.

Freud devient progressivement conscient des bénéfices secondaires de ces échanges épistolaires avec Fliess, où contenu scientifique et confidences intimes sont étroitement mêlés. Mais ce n'est que beaucoup plus tard, après coup, qu'il pourra comprendre ce qui s'est exactement passé entre son ami et lui.

Ainsi, dans une lettre du 7 mai 1900, il lui écrit :

— Rien ne saurait pour moi remplacer les contacts avec un ami, c'est un besoin qui répond à quelque chose en moi — peut-être à quelque tendance féminine.

Dans ses lettres, il fait *l'analyse psychologique* de ses états d'âme, sur le mode traditionnel de la littérature. Mais, compte tenu de la matière psychique qu'il manie dans ses entreprises thérapeutiques, et des bouleversements qu'il en subit, d'une part, et parce qu'il s'adresse à un interlocuteur privilégié d'autre part, cette introspection épistolaire va prendre un autre caractère. En effet, c'est une chose que de *s'analyser* pour soi, face à un miroir (fictif), ou à une feuille blanche, et c'est autre chose que de le faire pour quelqu'un, dont on suppose qu'il possède la compréhension absolue.

Ce *sujet-supposé-savoir,* dont Lacan qualifie l'être du psychanalyste contemporain, c'est celui dont la relation avec qui autorise la confiance absolue parce qu'il est doté du savoir absolu.

Freud ne sait pas encore que ce *savoir* dont il crédite son ami Fliess, c'est celui-là même qui est au principe des mouvements affectifs de l'amitié.

C'est parce qu'il aime Fliess et que celui-ci *sait*. (Mais dans l'amitié comme dans l'amour, on vit les choses à l'envers. On dit : « Je l'aime parce... »).

Sous l'effet de cette amitié active, et parce qu'il est en mesure, progressivement, d'en comprendre les conséquences, Freud change, et prend conscience de ce changement.

Ainsi, dans une lettre du 7 juillet 1897, il écrit :

— Je sais que je suis pour le moment, un correspondant impossible auquel doit être refusé tout droit aux réclamations, mais il n'en a pas été et n'en sera toujours ainsi. Je continue à ne pas savoir ce qui m'est arrivé. Quelque chose venu des profondeurs abyssales de ma propre névrose s'est opposé à ce que j'avance encore dans la compréhension des névroses et tu y étais, j'ignore pourquoi, impliqué. L'impossibilité d'écrire qui m'affecte semble avoir pour but de gêner nos relations. De tout cela, je ne possède nulle preuve et il ne s'agit que d'impressions tout à fait obscures. Quelque chose d'analogue s'est-il passé pour toi ? Il me semble, depuis quelques jours, que je suis sur le point de sortir de ces ténèbres. Je constate qu'en attendant, mon travail a bien progressé. De temps en temps aussi, une idée me vient. La chaleur et le surmenage doivent certainement jouer un rôle dans tout cela.

La dernière phrase est intéressante, qui montre l'ambiguïté de Freud, face aux transformations psychologiques profondes qu'il pressent. Il souhaite qu'elles soient durables et continues, et en même temps, il les craint. Alors il préfère les considérer, comme superficielles et accidentelles, comme l'effet du *surmenage et de la chaleur.*

En effet, que se passe-t-il ? Freud sent confusément qu'il se détache de Fliess ou plutôt que son attachement prend un autre caractère. Il prend conscience que sa relation avec Fliess n'est pas innocente ni gratuite : ce qu'il pensait être une amitié, lui apparaît comme quelque chose de beaucoup plus compliqué, une situation dans laquelle il est profondément impliqué et dont il peut, en même temps, prendre ses distances.

Freud, comme beaucoup de futurs psychanalystes qui allaient devenir ses disciples souffrent de troubles névrotiques.

Ce qu'il appelle sa *neurasthénie* consiste en de fréquents changements d'humeur, des alternances de gaieté et d'exubérance, de confiance en soi, d'une part, et de dépression grave, de doute, d'apathie, d'inhibition d'autre part.

Par ailleurs c'est un fumeur intempérant — plus de vingt cigares par jour —, ce qui témoigne d'une grande anxiété. Cette même anxiété se traduit par une crainte aiguë de la mort, et une phobie des voyages, ou plutôt, une espèce d'inquiétude sourde et lancinante toutes les fois où il doit prendre le train.

De plus, toute sa vie il a souffert de migraines, rebelles à toute thérapeutique.

Fliess et le seul avec lequel il puisse se laisser aller à se plaindre, auprès de qui il puisse chercher du réconfort, aussi bien pour ses souffrances psychiques que pour les difficultés morales inhérentes à sa recherche.

Fliess est donc l'ami et le thérapeute que nous avons dit. Or, à mesure que son amitié avec lui s'approfondit, à mesure que son travail thérapeutique évolue, Freud éprouve le besoin d'aller plus loin dans la connaissance de lui-même. C'est ce que Freud appelle la *selbstanalyse,* l'analyse par soi-même et qui, essentiellement, va se fonder sur l'analyse de ses rêves. Nous reprendrons plus loin, dans un autre chapitre, cet événement capital dans la vie de Freud et pour l'avènement de la psychanalyse.

Toujours est-il que, dès le courant de cette *auto-analyse,* le caractère de sa relation avec Fliess change. Freud *s'auto-analyse,* dans et par l'intermédiaire de sa correspondance avec Fliess. L'amitié, irrationnelle et spontanée, s'organise autour de mouvements affectifs, que Freud cherche à élucider, qu'il se doit d'élucider. C'est la mort, à terme, de cette amitié exceptionnelle. Freud le sent confusément, et c'est ce qui fait son malaise.

Dès lors qu'on s'interroge sur le pourquoi d'une amitié (ou d'un amour), c'est un risque qui est engagé ; à moins de penser que le questionnement est lui-même déjà le symptôme d'un problème.

Dans une lettre du 14 août 1897, Freud fait part de ses nouvelles préoccupations :

— ... Après une période de bonne humeur, je suis maintenant en proie à une crise de morosité. Celui de mes malades qui me préoccupe le plus, c'est moi-même. Ma petite hystérie, très aggravée par le travail, s'est un peu atténuée. Le reste persiste encore et c'est de cela que dépend en premier lieu mon état d'âme. Cette analyse est plus malaisée que n'importe quelle autre et c'est elle aussi qui paralyse mon pouvoir d'exposer et de communiquer les notions déjà acquises. Malgré tout, je crois qu'il faut la continuer et qu'elle constitue, dans mon travail, une indispensable pièce intermédiaire.

Cette *auto-analyse,* que Freud poursuit dans et par sa correspondance avec Fliess, lui permet de prendre conscience de sa dépendance d'avec lui, et d'essayer de s'en libérer.

Ainsi, dans un lettre du 23 mars 1900, il décrit cette nouvelle — et décisive — phase de son évolution :

— Je n'ai jamais éprouvé aussi profondément ni avec autant de persistance que pendant ces six derniers mois le besoin de vivre dans le même endroit que toi et les tiens. J'ai traversé, tu le sais, une crise intérieure profonde et, quand nous nous rencontrerons, tu pourras voir combien elle m'a fait vieillir. C'est pourquoi j'ai été très ému en apprenant que tu proposais une rencontre à Pâques. Quelqu'un qui ignorerait l'art d'interpréter avec subtilité les contradictions trouverait incompréhensible que je n'accepte pas d'emblée cette proposition. En réalité, tout permet de supposer que je veux t'éviter. Il ne s'agit pas seulement de ma nostalgie presque enfantine du printemps, d'une nature plus belle, tout cela je le sacrifierais bien au plaisir de t'avoir trois jours auprès de moi ; mais il y a d'autres motifs intérieurs faits d'un agrégat d'impondérables qui pèsent lourdement sur moi... Je me sens intérieurement très appauvri. J'ai été obligé de démolir tous mes châteaux en Espagne et c'est maintenant seulement que je récupère un peu de courage pour les reconstruire. Tu m'aurais été un inappréciable secours pendant cet écroulement catastrophique ; au stade actuel, je serais à peine capable de me faire comprendre de toi. Grâce à une certaine diète d'ordre intellectuel, j'ai pu vaincre cet état de dépression qui est maintenant en voie de lente guérison du fait même de la diversion. En ta compagnie, j'essaierais inévitablement de tout rassembler pour te l'exposer, nous parlerions science et raison ; et tes découvertes biologiques si belles, si positives, éveilleraient au plus profond de moi-même un sentiment (impersonnel) de jalousie. En fin de compte, je passerais cinq jours entiers à me plaindre, et c'est dans un état de trouble et d'insatisfaction que j'aborderais l'été, pendant lequel j'aurai vraisemblablement besoin d'être bien maître de moi. Nul ne peut alléger mon fardeau, c'est ma croix, il faut que je la porte, et Dieu sait que mon dos s'en est bien courbé...

Comme on le voit, le charme est rompu.

Toute une période de malentendus, dont est responsable en grande partie la susceptibilité pathologique de Fliess qui ne supportait pas les critiques relatives à *ses découvertes,* va précéder le choc final, qui a lieu durant l'été 1900, lors de leur ultime *Congrès.*

Selon le témoignage de Fliess, Freud l'aurait attaqué violemment, on ne sait plus à quel propos, probablement sous la forme de critiques ironiques concernant les lois de périodicité, mises au point par Fliess.

Ce dernier répond qu'il n'accepte pas les reproches de ce *liseur de pensée,* qu'il accuse en outre de *ne lire chez ses malades que ses propres pensées.*

Cette remarque (acerbe) de Fliess est intéressante : d'une part elle traduit bien sa sensibilité particulière de paranoïaque ; d'autre part elle signifie, qu'ayant perdu son rôle dominant et possessif, Fliess n'est plus en mesure d'assumer son amitié avec Freud.

C'est effectivement ce qui se produit : Freud veut préserver quelque chose de ces décombres, mais Fliess décide de rompre définitivement.

Le 10 septembre 1902, Freud envoie une carte postale d'Italie, libellée d'une seule ligne :

— Amitiés du point culminant de mon voyage.

C'est le dernier vestige de cette passion.

Quelques années plus tard, vers 1905-1906, une querelle de priorité relative à la notion de bisexualité rallume les cendres, sous la forme d'une polémique publique, violente et lamentable.

C'est dans la dérision que s'éteint cette amitié exceptionnelle. Bien des années plus tard encore, Freud devait tirer la leçon de cette époque intense.

Il répond à un jeune et fervent disciple, Ferenczi, qui lui reproche d'être trop discret sur son propre compte, dans une lettre datée d'octobre 1910 :

— Vous avez non seulement observé mais également compris que *je n'éprouve plus* le besoin de révéler complètement ma personnalité et vous l'avez fort justement attribué à une raison traumatisante. Depuis l'affaire Fliess que j'ai dû récemment m'occuper à liquider, comme vous le savez, le besoin en question n'existe plus pour moi. Une partie de l'investissement homosexuel a disparu et je m'en suis servi pour élargir mon propre moi. J'ai réussi là où le paranoïaque échoue.

Il faudra aller plus avant dans la connaissance de l'œuvre de Freud pour bien comprendre le sens de cette énigmatique dernière phrase.

VI. La mort du père et *l'analyse originelle*

Dans la préface à la deuxième édition de *l'Interprétation des rêves,* en date de l'année 1908, Freud écrit :

— Pour moi, ce livre a une autre signification, une signification subjective, que je n'ai saisie qu'une fois l'ouvrage terminé. J'ai compris qu'il était un morceau de mon auto-analyse, ma réaction à la mort de mon père, l'événement le plus important, la perte la plus déchirante d'une vie d'homme ; ayant découvert qu'il en était ainsi, je me sentis incapable d'effacer les traces de cette expérience.

Le père de Freud, Jakob Freud, âgé de quatre-vingt-un ans, meurt en octobre 1896. C'est dans le courant de l'été 1897 que Sigmund Freud décide d'entreprendre son *auto-analyse.*

La relation entre ces deux événements importants de sa vie, il ne la fera qu'après coup, une fois que les processus psychologiques mis ainsi en mouvement seront arrivés à leur terme.

C'est ainsi, qu'au cours d'une psychanalyse personnelle, c'est le regard rétrospectif, parfois longtemps en arrière, qui permet de ressaisir la signification des événements et des situations affectives et émotionnelles surgies dans le courant de cette expérience.

Dans une lettre du 2 novembre 1896, adressée à W. Fliess, Freud fait part à son ami du désarroi dans lequel le plonge la mort de son vieux père. Il écrit :

— Prendre la plume me coûte en ce moment de grands efforts et c'est pourquoi j'ai tant tardé à te remercier des paroles si touchantes que tu m'as adressées. Par l'une des voies obscures situées à l'arrière-plan du conscient officiel, la mort de mon vieux père m'a profondément affecté. Je l'estimais fort et le comprenais tout à fait bien et, grâce au mélange chez lui, de profonde sagesse et de fantaisie légère, il a joué un grand rôle dans ma vie. Il se survivait depuis longtemps, mais, du fait de la mort, tout le passé resurgit.

Je me sens actuellement tout désemparé.

Tout le passé resurgit, constate douloureusement Freud.

Ce *passé resurgit* d'autant plus que dans son tête-à-tête avec ses patients, Freud se trouve confronté à l'évocation de leur propre passé, où se mêlent indifféremment des souvenirs d'ordre sexuel et la relation de rêves.

Or, à l'étape où il en est de sa recherche, Freud, on l'a vu, reste bloqué dans une sorte d'impasse : celle de scènes de *séduction* sexuelle dont ses patientes font état, mettant le plus souvent leur père en cause.

Freud se trouve ainsi impliqué de trois manières : en tant que père dans sa relation avec ses enfants, en tant que fils dans sa relation à son père, en tant que thérapeute dans sa relation à ses malades. En outre, il souffre de différents malaises psychiques dont nous avons déjà parlé, et toute cette situation conflictuelle complexe s'inscrit dans les mouvements plus profonds de la relation d'amitié passionnée avec Fliess.

Ne l'oublions pas, Freud est médecin. La mentalité du thérapeute est implicitement *expérimentaliste :* non pas que tous les médecins ingurgitent à titre *expérimental* tous les médicaments qu'ils prescrivent à leurs malades, mais disons que la pratique thérapeutique est en quelque sorte *expérimentale* par essence, du fait de son caractère empirique.

Ce qu'il constate chez ses patientes, Freud va chercher à le comprendre sur lui-même. La pratique psychothérapique comporte implicitement cette identification au malade.

C'est à partir de la compréhension de ses propres mécanismes psychologiques que le psychothérapeute accède à la compréhension de ce qui se passe dans la tête de ses patients. D'ailleurs, la vie quotidienne est faite de ces processus d'identification réciproque : quand on écoute ou que l'on conseille un ami dans le désarroi, c'est spontanément, à partir de ses propres problèmes qu'on intervient. (Les conséquences et l'efficacité d'une telle attitude, cela est une autre histoire !)

D'une façon générale, on peut dire que la pratique médicale dans son ensemble comporte une tendance vers l'identification aux malades, qui parfois confine à l'hypocondrie ! Cette tendance est encore plus nette dans la pratique psychiatrique et psychothérapique, la relation avec le patient mettant nécessairement en mouvement les propres problèmes du thérapeute.

C'est ainsi que Freud, lors de son séjour à la Salpêtrière chez Charcot, n'eut aucune peine à s'identifier aux hystériques. Et durant sa correspondance avec Fliess, du fait de cette correspondance, il procédait à une sorte *d'auto-psychothérapie* dont il espérait qu'elle apaiserait les souffrances morales suscitées par sa *neurasthénie.*

Ainsi, tout le contexte personnel et professionnel de Freud le porte vers un examen psychologique de ses propres problèmes, en relation avec ceux qu'il observe chez ses malades.

L'idée d'une *auto-analyse* est contenue, implicitement, dans sa pratique thérapeutique, du fait de son implication de plus en plus profonde dans sa relation avec ses patientes.

Le fait que les malades hystériques soient, dans leur grande majorité, des femmes, que leur vie sexuelle s'étale complaisamment sous le regard intrigué et un peu inquiet de Freud, qu'elles annoncent régulièrement avoir été *séduites* dans leur enfance par leur père, tout cet ensemble de considérations a de quoi émouvoir, même lorsqu'on veut garder la tête froide et se poser en homme de science serein.

Le grand mérite de Freud, c'est d'avoir tenu bon.

Quelque vingt ans plus tard, dans son essai autobiographique intitulé : *Ma vie et la psychanalyse* il écrira :

— ...on avait appris que la relation affective personnelle était plus puissante que tout travail cathartique et justement ce facteur se soustrayait à notre maîtrise.

Lorsqu'au réveil de l'hypnose, une malade se jeta à son cou, ayant aussitôt compris que son *irresponsabilité personnelle* n'était pas en jeu, Freud eut la certitude que ces relations d'un caractère si particulier et thérapeutiquement si importantes comportaient un fondement érotique — caché ou non.

Plus tard, il pourra affirmer qu'il avait toujours considéré le transfert comme la preuve indéniable de l'origine sexuelle des névroses.

Il faut avoir toutes ces considérations à l'esprit pour comprendre comment a pu naître, peu à peu, progressivement, sous la poussée des faits et des contraintes de son inconscient, l'idée chez Freud, de pratiquer sur lui-même, *l'analyse psychologique.*

Le *Connais-toi toi-même* est un impératif éthique, issu des grandes philosophies traditionnelles.

La philosophie classique se veut une réflexion sur *l'homme,* son *origine,* son *destin.* Elle exprime, en termes laïques, les préoccupations qui alimentent toutes les religions.

Le penseur isolé — ou qui se croit tel — constitue en système, plus ou moins élaboré, plus ou moins cohérent, les préoccupations relatives à sa propre destinée. La philosophie est ainsi spontanément idéaliste et subjectiviste, à plus forte raison quand elle cherche à fonder une éthique.

C'est par une sorte de retournement sur soi que le penseur solitaire cherche à résoudre les grandes énigmes de la condition humaine : il se trouve alors confronté à la nécessité d'élaborer une ligne de conduite, issue de cette auto-connaissance de soi.

Or, Freud, on le sait, n'a pas précisément la vocation médicale. Ce qui l'intéresse, c'est *l'origine et la nature de l'humanité, la façon dont les êtres humains sont devenus ce qu'ils sont, ce qu'ils font vraiment.*

Dans une lettre du 1er janvier 1896, il écrit à W. Fliess :

— L'idée qu'un même travail pourrait nous occuper tous les deux est la plus agréable que je puisse avoir. Je constate que, par le détour de la médecine, tu atteins ton premier idéal qui est de comprendre la physiologie humaine. Pour moi, je nourris dans le tréfonds de moi-même l'espoir d'atteindre par la même voie, mon premier but : la philosophie. C'est à quoi j'espérais originellement avant d'avoir bien compris pourquoi j'étais au monde.

Ces quelques lignes, non seulement nous confirment les raisons profondes de l'attachement de Freud envers Fliess, mais elles mettent en lumière la signification réelle de sa recherche théorique. Plus tard, le 12 décembre 1896, il dira :

— Bien au-delà de ces considérations (relatives à la psychopathologie), se dissimule mon enfant idéal, mon enfant-problème : la métapsychologie. Par *métapsychologie,* il faut entendre un *au-delà* de la psychologie, grâce à quoi on accède aux vérités essentielles de l'être humain. (Nous verrons comment plus tard, beaucoup plus tard, il va résoudre ce problème.)

Tel est l'homme qui va entreprendre sur lui-même cette expérience inédite de la *selbstanalyse,* telles sont les circonstances qui vont présider aux nécessités de cet événement prodigieux.

Le psychanalyste contemporain, par la pratique de sa psychanalyse personnelle, fait l'expérience du transfert, qui le mène à l'exploration de son inconscient. Dans un de ses derniers écrits, qui date de 1939, *l'abrégé de psychanalyse,* Freud affirme avec force :

— Car un patient n'oublie jamais ce qu'il a découvert dans le transfert. Cette découverte a une force de conviction plus forte que tout ce qu'il peut acquérir par d'autres moyens.

Quand il entreprend son *auto-analyse,* Freud est animé par plusieurs préoccupations, apparemment disparates. D'abord tirer au clair cette *histoire de séduction* par le père, qui le tracasse depuis un certain temps ; ensuite se libérer de ses implications personnelles avec ses patientes, pour pouvoir prendre plus de distance ; enfin mettre au point sa technique d'interprétation des rêves, qu'il vient de découvrir.

Freud se rend compte très rapidement des limites de son entreprise et de son caractère, d'une certaine manière, illusoire.

Le 14 novembre 1897, il écrit à Fliess :

— Mon auto-analyse reste toujours en plan. J'en ai maintenant compris la raison. C'est parce que je ne puis m'analyser moi-même qu'en me servant de connaissances objectivement acquises (comme pour un étranger). Une vraie auto-analyse est réellement impossible, sans quoi il n'y aurait plus de maladie. Comme mes cas me posent encore certains autres problèmes, je me vois forcé d'arrêter ma propre analyse.

Ce qu'il ne fera pas, loin de là, puisque longtemps après le développement de ses découvertes, il continuera à s'analyser, y consacrant la dernière demi-heure de la journée.

L'auto-analyse de Freud peut se concevoir comme le pendant, progressivement systématisé, du discours par *libres associations* articulé par ses patients. (C'est ce qui se passe d'ailleurs, actuellement, où, au discours libre du patient se trouve disposé la libre écoute, *l'attention flottante* de l'analyste.)

Ces *libres associations* sont souvent emmêlées à des récits de rêves ou de fragments de rêves, qui donnent lieu à d'autres *associations.* La ferme conviction de l'existence d'une logique interne qui unit associations et rêves, associations et symptômes, fondée sur la croyance en un déterminisme des faits psychologiques, conduit Freud à accorder au rêve une place privilégiée.

Son expérience psychiatrique des états hallucinatoires l'a convaincu de la relation entre ceux-ci et la réalisation du désir. C'est ce qu'avait noté Meynert dans sa description de la psychose hallucinatoire aiguë. C'est ce qu'avait suggéré Griesinger, qui faisait une analogie entre le rêve et la psychose, analyse déjà ancienne, reprise du psychiatre français Moreau de Tours.

Freud a donc de bonnes raisons de s'intéresser au rêve, et la technique des *libres associations* le mène sur la voie de son interprétation.

Dans une lettre du 15 mai 1897, il écrit à Fliess :

— Tout bouillonne et tout fermente en moi et je ne fais qu'attendre de nouvelles poussées. Je ne me décide pas à écrire l'exposé général préliminaire que tu réclames ; je crois bien que ce qui m'en empêche est l'obscure prescience que quelque chose d'essentiel va bientôt s'y ajouter. D'autre part, je me suis senti obligé de travailler la question des rêves ; là je me sens très sûr de moi, d'autant plus que tu m'y encourages.

Il se trouve donc spontanément conduit à analyser ses propres rêves, afin de *travailler la question des rêves,* entreprise pour laquelle il est assuré du soutien actif de Fliess, en même temps que c'est la seule méthode dont il dispose pour mettre en route son *auto-analyse.*

Faire son *auto-analyse,* c'est procéder à l'instar de ses patients : mais comme il ne peut pas se coucher sur un divan pour laisser aller sa pensée à haute voix, n'ayant pas d'interlocuteur valable, le seul moyen qui lui reste, c'est le rêve. Plus tard ayant une meilleure maîtrise du nouvel instrument intellectuel qu'il est en train de créer, Freud pourra en user de même — c'est-à-dire avec *l'interprétation* — pour les oublis, lapsus, actes manqués, etc. Mais nous n'en sommes pas encore là.

Il faut beaucoup de patience, de courage, de persévérance à Freud (et à tous ceux qui se lancent dans la même entreprise) pour mener à bien l'analyse de ses rêves. Mais ses motivations sont solides.

La première est d'ordre thérapeutique. Freud en a assez de ses sautes d'humeur, des moments d'impuissance intellectuelle, de l'anxiété qui le dévore. Il est persuadé de l'efficacité de la méthode qu'il met en œuvre, bien que ses patients soient loin de lui donner toute satisfaction.

Dans une lettre à Fliess du 12 juin 1897, il décrit bien son malaire moral, et l'espoir qu'il a d'en bientôt sortir :

— ...D'ailleurs, j'ai subi une sorte de névrose. Drôle d'état, que le conscient ne saurait saisir : pensée nébuleuse, doutes voilés et à peine, de temps en temps, un rayon lumineux...

Puis il continue sur l'exposé de cas qui le préoccupent et conclut ainsi :

— A part cela, je me sens abruti et me recommande à ton indulgence. Il me semble être dans un cocon. Dieu sait quelle bête en sortira.

Dans une lettre du 2 mai 1897, il avait écrit :

— Mon rétablissement ne se réalisera que par un travail à l'intérieur de l'inconscient ; je n'y puis parvenir par mes seuls efforts conscients.

Cependant, à travers l'analyse de ses rêves, on sent chez Freud, inextricablement mêlées les préoccupations personnelles et celles relatives à son travail thérapeutique. D'ailleurs, une telle formulation n'a pas de sens : ces deux ordres de préoccupations ne sont pas *inextricablement mêlés,* il s'agit d'un seul et même phénomène, à savoir l'évolution intérieure de Freud.

Préoccupé qu'il est par le problème de la *séduction* des petites filles par leur père, Freud fait le rêve suivant, dont il fait état dans une lettre à Fliess, en date du 31 mai 1897 :

— Récemment, j'ai rêvé de sentiments hypertendres pour Mathilde, mais elle se prénommait *Hella* et j'ai ensuite vu devant moi le mot *Hella* tracé en gros caractères. Explication : une nièce américaine dont nous avons reçu la photographie porte ce nom. Mathilde aurait dû s'appeler *Hella* puisqu'elle a récemment versé tant de larmes amères à propos de défaites grecques. Elle a la passion de la mythologie et de la Grèce antique et considère naturellement tous les Hellènes comme des héros. Le rêve montre évidemment la réalisation de mon désir, celui de constater que c'est bien le père qui est le promoteur de la névrose. Voilà qui met fin à mes doutes encore persistants...

Freud rêve donc de désirs incestueux à l'endroit de sa fille Mathilde, et il y trouve la confirmation de sa théorie par la *séduction* paternelle. En réalité, ce rêve va *mettre fin à des doutes persistants,* mais pas dans le sens affirmé consciemment par Freud.

En effet, s'il a besoin de rêver que sa théorie est juste, c'est que, sur le fond, il n'en est pas très sûr ! C'est bien ce dont il sera obligé de convenir ultérieurement.

Dans la même lettre, il fait état d'un autre rêve :

— Une autre fois, j'ai rêvé que, sommairement vêtu, je montais très lestement un escalier, comme le fait ressortir ce songe (donc cœur en bon état) ; soudain, je remarque qu'une bonne femme me suit et alors, comme il arrive si souvent dans les rêves, je reste cloué sur place, comme frappé de paralysie. Le sentiment alors éprouvé n'est pas de l'angoisse, mais une excitation érotique. Tu vois par là comment la sensation de paralysie propre au rêve peut servir à la réalisation d'un désir d'exhibition. J'avais réellement gravi, ce soir-là un étage sans avoir mis de faux-col et m'étais dit que je risquais de rencontrer un voisin dans l'escalier.

Parallèlement à sa visée thérapeutique, *l'auto-analyse* conduit Freud à introduire des modifications dans sa théorie. Ainsi, le privilège accordé au rêve introduit, comme dimension essentielle du psychisme, l'imaginaire. L'imaginaire va conduire à la notion de *fantasme,* comme se substituant, progressivement, à celle de *souvenirs.* La filiation est progressive, du souvenir, au souvenir imaginé, puis au fantasme. La conséquence en sera l'abandon — ultérieur — de la théorie de la *séduction,* non sans une grande déception et une crise morale douloureuse.

Cependant, les doutes persistants, et devenant de plus en plus aigus relatifs à ses élaborations théoriques, ces quelques analyses de rêves tentées à titre expérimental, qui mettent Freud face à des vérités inquiétantes, ravivent son anxiété et accroissent ses troubles névrotiques. Ses sentiments d'impuissance, d'échec, de culpabilité, s'aiguisent. Quand il dit :

— J'ai une sorte de névrose

ou encore :

— Après une période de bonne humeur, je suis maintenant en proie à une crise de morosité. Celui de mes malades qui me préoccupe le plus, c'est moi-même, Freud ne plaisante pas.

On ne s'attaque pas impunément à ses propres problèmes, on ne badine pas avec l'inconscient.

Dans la nuit qui a suivi l'enterrement de son père, Freud fait un rêve particulièrement significatif, qu'il relate dans cette même lettre du 2 novembre 1896, où il remercie Fliess des *paroles si touchantes qu'il lui a adressées.* Il décrit ce rêve dans les termes suivants :

— Il faut que je te raconte un joli rêve que j'ai fait pendant la nuit qui a suivi l'enterrement. Je me trouvais dans une boutique où je lisais l'inscription suivante :

On est prié
De fermer les yeux

J'ai tout de suite reconnu l'endroit, c'était la boutique du coiffeur chez qui je vais tous les jours. Le jour de l'enterrement, j'avais dû attendre mon tour, et à cause de cela, arriver un peu en retard à la maison mortuaire. La famille m'en voulait beaucoup d'avoir décidé que les obsèques se feraient sans bruit, simplement, ce qu'elle devait, par la suite, approuver. Ils prirent très mal mon retard. La phrase de l'écriteau a un double sens. Elle signifie : *Il faut faire son devoir envers les morts.* (Il s'agit donc d'une excuse, comme si j'avais manqué à mes devoirs et que j'eusse besoin d'indulgence et *devoir* est pris dans un sens littéral.) Le rêve émane donc d'une tendance au sentiment de culpabilité, tendance très générale chez les survivants...

Ce rêve, qui opère par une sorte de jeu de mots macabre sur le double sens de l'expression *fermer les yeux*, malgré l'apparente sérénité *scientifique* qu'il met à l'analyser, bouleverse Freud en faisant remonter à la surface de sa mémoire le sentiment profond et aigu de sa culpabilité envers son père.

Mais cette émotion se trouve en partie désamorcée, par le fait de sa relation épistolaire à son ami Fliess, ce qui marque à la fois sa confiance en lui et un renforcement de son attachement envers lui.

Cette lettre montre bien également la fonction qui est assignée à Fliess, quand Freud, reconstitue pour lui, l'analyse de ses rêves. Il est à la fois le témoin, en même temps que l'acteur implicite du grand débat intérieur que mène Freud avec son inconscient, c'est-à-dire avec les figures parentales qui en constituent la trame. Cela, Freud ne le sait pas encore. Mais, ce qu'il sent confusément, c'est qu'il a besoin de régler ses comptes avec lui-même par l'intermédiaire d'un autre réglement de comptes, avec un ami, qui sert, à l'insu de l'un comme de l'autre, de support à une figure transférentielle.

Ainsi, dans une lettre du 2 février 1897, il fait part à Fliess des démarches qu'il a entreprises pour être nommé au professorat. De grands *patrons*, Nothnagel, Kraft-Ebing, sont prêts à proposer au ministre sa nomination. Mais celui-ci est farouchement antisémite et Freud sait bien au fond de lui-même, que toutes ces démarches sont vouées à l'échec.

C'est dans ces circonstances qu'il rencontre ses amis N. et R., Juifs comme lui, qui briguent comme lui un poste de professeur, et dont les espérances sont incertaines.

Sur ces entrefaites, il fait le rêve suivant :

— 1) Mon ami R. est mon oncle. J'ai pour lui une grande tendresse.

2) Je vois son visage devant moi, un peu changé. Il paraît allongé, on voit nettement une barbe jaune qui l'encadre.

Freud éprouve une vive résistance à analyser ce rêve, résistance dont la signification apparaît dès lors qu'il l'a élucidé. En réalité, dans ce rêve, il s'agit de ses deux amis, auxquels il aboutit par toute une série d'associations, et qui par l'intermédiaire d'un vieil oncle ayant mal réussi dans les affaires sont transformés en chenapans et en imbéciles.

Ce rêve signifie que, si les deux amis, Juifs, ne sont pas nommés professeurs, cela n'aura rien à voir avec l'antisémitisme.

Freud considère qu'il s'agit là d'un rêve d'ambition et que pour satisfaire cette ambition, il est prêt à sacrifier ses deux amis en leur prêtant les plus sombres desseins.

Cette révélation, concernant les aspects noirs de son âme, n'est pas très réjouissante pour Freud !

Cette animosité envers des amis très proches lui semble de mauvais présage. Il a le sentiment qu'elle sert de couverture à autre chose et que c'est, en réalité un autre ami, encore plus cher, qui en est la cause.

Dans une lettre datée du 28 avril 1897, il fait part à Fliess d'un rêve, dans lequel ce dernier est directement concerné.

Après leur *Congrès* de Pâques, tenu le 18 avril à Nuremberg, Fliess est parti pour Venise. Freud rêve donc qu'il reçoit un télégramme lui donnant l'adresse de Fliess à Venise, d'une façon à la fois ambiguë et incertaine.

Via
(Venise) Via Casa Secerno)
Villa

Puis il précise :

— La présentation de cette adresse montrait ce qui était obscur et ce qui pouvait comporter plusieurs significations. Le mot *Secerno* était le plus net. Je me sentais contrarié de ce que tu ne fusses pas allé à l'adresse que je t'avais recommandée : la Casa Kirsch.

Ce rêve témoigne donc d'une certaine hostilité de Freud, à l'endroit de Fliess. Il fait allusion à une conversation tenue la veille par Freud, qui ajoute :

— Cette conversation ravive mon regret récent d'ignorer ton adresse et d'être sans nouvelles de toi. J'aurais voulu que tu sois mon public pour te communiquer quelques-unes de mes idées ainsi que le résultat de mes récentes recherches. Mais je ne pouvais risquer de t'envoyer ces notes à l'aveuglette ; je désirais te demander de me conserver ces précieux matériaux. Ainsi, c'était bien un de mes désirs que tu réalisais en me télégraphiant ton adresse.

Les reproches de Freud à l'endroit de Fliess sont explicites, et, d'une certaine manière, légitimes. Ils confirment l'idée que l'œuvre de Freud se développe au rythme de son rapport transférentiel avec lui. Mais il y a plus, plus profond et plus intéressant, qui montre en quoi cette relation transférentielle mobilise des mouvements affectifs plus essentiels. Freud rajoute :

— L'interprétation complète (de son rêve) ne m'est venue à l'esprit que ce matin, après qu'un heureux hasard m'eût apporté une confirmation nouvelle de l'étiologie paternelle.

Il fait alors état de la consultation d'une jeune hystérique, qui a fini par lui avouer avoir été, entre neuf et treize ans, l'objet de tentatives sexuelles répétées de la part de son père. Ainsi se trouve confirmée *l'étiologie paternelle,* en même temps que derrière cette motivation *scientifique,* Freud découvre que ses sentiments de culpabilité sont issus de son hostilité envers son père.

Paradoxalement, comme on l'a vu avec le rêve *Hella,* relatif à la nièce américaine se doublant avec sa fille Mathilde, les rêves confirmant la théorie de la *séduction* conduisent en même temps à l'infirmer, puisque leur moteur profond est l'hostilité de Freud envers son père.

Dans cette lettre du 28 avril, Freud précise :

— Et j'apprends alors que ce soi-disant noble et respectable père avait pris l'habitude de la faire venir dans son lit (la jeune malade hystérique), pour se livrer sur elle à des éjaculations externes — il la mouillait. Cela s'était passé entre sa neuvième et sa treizième année.

Ah ! Comme les pères sont odieux : ceux des malades hystériques certes, mais pour ce qui concerne son propre père, Freud reste encore dans l'expectative.

Son hostilité exprimée envers Fliess, sert de paravent et de soupape de sécurité à celle, inconsciente encore, envers son propre père. Une grande partie de la correspondance avec W. Fliess est consacrée à cette élucidation de *l'étiologie paternelle* de la névrose hystérique, dans sa relation avec — l'éventuelle — vie sexuelle des enfants. Étant donnée la réprobation dans laquelle il se trouve en ce qui concerne ce genre d'investigation, Fliess reste son seul interlocuteur.

Le 17 novembre 1893, il lui écrit :

— ...La question sexuelle s'affirme de plus en plus, les contradicteurs se taisent mais les matériaux nouveaux sont bien peu nombreux, vu le nombre anormalement faible des patients.

Pendant près de quatre années, il va essayer d'accumuler les preuves et les faits relatifs à cette *séduction* paternelle et, chose intéressante, son hypothèse d'une sexualité infantile reste encore fragile. Il suggère que les zones buccale et anale, aussi bien que les parties sexuelles peuvent être la source de ces excitations. Il se sert du terme de *zone érogène* et, dans une lettre du 6 décembre

1896 et une autre du 3 janvier 1897, il qualifie la bouche *d'organe sexuel oral.*

Mais, tant qu'il en reste à la thèse de la *séduction* paternelle, la voie d'une compréhension réelle de la sexualité infantile lui reste bouchée.

C'est le caractère transférentiel de plus en plus nettement marqué dc la relation avec Fliess, qui va permettre un renversement décisif de la situation.

C'est au moment-même où Freud fait des rêves qui prétendent à justifier son point de vue théorique, que s'opère ce retournement. Dans un premier temps, ces rêves ont une fonction de protection : si Freud rêve que les pères sont d'ignobles séducteurs, il se rassure quant à la *justesse* de sa théorie ; mais en même temps il se met hors de cause quant à ses problèmes avec son propre père. Il peut, en toute impunité, rêver du *mal* de tous les pères (et par conséquent du sien) sous le couvert de la justification théorique. Mais, c'est trop beau pour que ça dure.

Et c'est là qu'on voit opérer, en quelque sorte à vif, les mécanismes de l'auto-analyse.

De mai 1893 où il en parle pour la première fois à Fliess, à septembre 1897, où il reconnaît (péniblement) son erreur, Freud est convaincu qu'une séduction sexuelle a été exercée sur un enfant innocent par un parent adulte.

De plus, d'après des symptômes qu'il aurait pu observer chez son frère ou chez ses sœurs, il pense que son père lui-même pourrait être incriminé. E. Jones, qui rapporte cette lettre du 11 février 1897, qui relate ces données, fait remarquer judicieusement que Freud, pour sa part, se met hors de cause.

Dans un manuscrit daté du 31 mai 1897, Freud avance cependant une hypothèse intéressante.

— Les pulsions hostiles à l'endroit des parents (désir de leur mort) sont également partie intégrante des névroses... Il semble que chez les fils les désirs de mort soient dirigés contre le père, et chez les filles, contre la mère. Une jeune domestique reporte ce désir sur sa patronne dont elle souhaite la mort pour pouvoir épouser le patron.

Plus loin, il écrit encore :

— L'horreur qu'inspire l'inceste (acte impie) repose sur le fait que, par suite d'une vie sexuelle commune (même à l'époque de l'enfance), les membres d'une famille sont en permanence solidaires et demeurent incapables de se lier à des étrangers. Ainsi, l'inceste est un fait antisocial auquel, pour exister, la civilisation a dû peu à peu renoncer.

Il est vrai que ces désirs de mort, du fils envers son père, de la fille envers sa mère, Freud les découvre, essentiellement, chez les *névrosés.* Mais ses préoccupations relatives à la signification culturelle de la prohibition de l'inceste, montrent bien qu'il est sur la voie d'un renversement de causalité : l'inceste est sans doute probable de la part des parents (du père) sur les enfants, mais le contraire ne serait-il pas également possible ?

Freud va être conduit à vérifier cette hypothèse — ingénieuse, mais à caractère de pure déduction logique — sur lui-même.

C'est à ce niveau que le mouvement transférentiel de sa relation avec Fliess joue un rôle décisif. S'il n'avait pas été engagé dans une amitié passionnée — donc ambivalente — avec un homme, Freud n'aurait pas pu mettre au clair la nature réelle de sa relation avec son père.

Dans une lettre du 21 septembre 1897, Freud fait état de sa déception, suscitée par la découverte du caractère erroné de sa théorie de la *séduction.* Tout son système s'effondre. Mais, en même temps qu'il accepte — courageusement — de renoncer à une hypothèse qu'il avait pourtant solidement étayée par de multiples faits, il accepte aussi autre chose. Il écrit :

— Il faut que je te confie tout de suite le grand secret qui, au cours de ces derniers mois, s'est lentement révélé. Je ne crois plus à ma *neurotica,* ce qui ne saurait être compris sans explication ; tu avais toi-même trouvé plausible ce que je t'avais dit. Je vais donc commencer par le commencement et t'exposer la façon dont se sont présentées les raisons de ne plus y croire. Il y eut d'abord les déceptions répétées que je subis lors de mes tentatives pour pousser mes analyses jusqu'à leur véritable achèvement, la fuite des gens dont les cas semblaient le mieux se prêter à ce traitement, l'absence du succès total que j'escomptais et la possibilité de m'expliquer autrement, plus simplement, ces succès partiels, tout cela constituant un premier groupe de raisons. Mais aussi, la surprise de constater que, dans chacun des cas, il fallait accuser le père de perversion..., la notion de la fréquence inattendue de l'hystérie où se retrouve chaque fois la même cause déterminante, alors qu'une telle généralisation des actes pervers commis envers des enfants semblait peu croyable.

Puis il continue la série d'arguments qui vont à l'encontre de la théorie de la séduction :

— ...La perversion, en ce cas, devrait être infiniment plus fréquente que l'hystérie puisque cette maladie n'apparaît que lorsque les incidents se sont multipliés et qu'un facteur affaiblissant la défense est survenu. En troisième lieu, la conviction qu'il n'existe dans l'inconscient aucun *indice de réalité* de telle sorte qu'il est impossible de distinguer l'une de l'autre la réalité et la fiction investie d'affect. (C'est pourquoi, une solution reste possible, elle est fournie par le fait que le fantasme sexuel se joue autour du thème des parents.) Quatrièmement, j'ai été amené à constater que dans les psychoses plus avancées, le souvenir inconscient ne jaillit pas, de sorte que le secret de l'incident de jeunesse, même dans les états les plus délirants, ne se révèle pas. Quand on constate que l'inconscient n'arrive jamais à vaincre la résistance du conscient, on cesse d'espérer que, pendant l'analyse, le processus inverse puisse se produire et aboutir à une domination complète de l'inconscient sur le conscient.

Puis Freud, amer et déconfit, ajoute :

— Sous l'influence de ces considérations, j'étais prêt à renoncer à deux choses — à la totale liquidation d'une névrose et à la connaissance exacte de son étiologie dans l'enfance. Maintenant, je ne sais plus où j'en suis, car je n'ai encore acquis de compréhension théorique ni du refoulement ni du jeu des forces qui s'y manifestent.

Rappelons que dans une lettre du 7 juillet 1897, Freud disait à Fliess :

— L'impossibilité d'écrire qui m'affecte, semble avoir pour but de gêner nos relations.

Il faisait état d'une sorte de malaise psychique :

— Je continue à ne pas savoir ce qui m'est arrivé.

Le 14 août 1897, il dit encore :

— ...je suis maintenant en proie à une crise de morosité. Celui de mes malades qui me préoccupe le plus c'est moi-même.

Durant toute cette période de l'été 1897, Freud ne tourne pas bien rond. Ses soucis ne sont pas seulement d'ordre théorique.

Cependant, l'étude des rêves (de ses propres rêves, à partir de l'intérêt porté à ceux de ses patients) a été féconde. Elle l'a mis sur la voie de la découverte de l'importance des fantasmes. Dans un manuscrit du 25 mai 1897, voici comment il décrit la constitution et la formation du fantasme :

— Les fantasmes se produisent par une combinaison inconsciente de choses vécues et de choses entendues, suivant certaines tendances. Ces tendances visent à rendre inaccessibles les souvenirs qui ont pu ou pourraient donner naissance à un symptôme.

La notion de l'existence des *fantasmes,* et l'idée — logique — que tous les pères ne peuvent pas être systématiquement des *séducteurs* de leurs enfants, la combinaison de ces deux séries de faits conduit à battre en brèche l'hypothèse du *souvenir traumatique.* Et la question se pose, en sourdine :

— Et si les prétendus faits de *séduction* avaient été inventés — plus ou moins volontairement — par les patientes hystériques ?

Une lettre du 3 octobre 1897 permet de montrer comment s'opère cette transition, et comment Freud s'appuie constamment sur les éléments de son *auto-analyse,* pour avancer dans sa recherche théorique. Il écrit :

— Fort peu de choses à te dire touchant mes relations avec l'extérieur, mais en moi-même quelque chose de très intéressant se passe. Depuis quatre jours, mon auto-analyse, que je considère comme indispensable à la compréhension de tout ce problème (il faut noter le caractère vigoureusement affirmatif de cette proposition avancée par Freud), se poursuit dans mes rêves et m'a fourni les preuves et les renseignements les plus précieux. En certains endroits, j'ai l'impression d'avoir abouti et, jusqu'ici j'ai toujours prévu le joint où allaient repartir les rêves de la nuit suivante. Ce qui me semble le plus difficile, c'est d'exposer tout cela par écrit, le sujet est bien trop vaste. Il faut que je me contente d'indiquer :

1) que, dans mon cas, le père n'a joué aucun rôle actif, encore que j'aie trouvé une analogie entre lui et moi ;

2) que ma *première génératrice* (de névrose) a été une femme âgée et laide, mais intelligente, qui m'a beaucoup parlé de Dieu et de l'enfer et m'a donné une haute idée de mes propres facultés.

Puis il ajoute des éléments, qui sont très importants, à la fois du point de sa recherche théorique, à l'étape où il se trouve, et du point de vue des données biographiques. Il dit :

— J'ai découvert aussi que, plus tard (entre deux ans et deux ans et demi), ma libido s'était éveillée et tournée vers *matrem,* cela à l'occasion d'un voyage de Leipzig à Vienne que je fis avec elle et au cours duquel je pus sans doute, ayant dormi dans sa chambre, la voir toute nue. (Une de tes observations m'a révélé que tu avais depuis longtemps, tiré, pour ton propre fils, la conclusion d'un fait analogue.) Tout me fait croire que la naissance d'un frère d'un an plus jeune que moi avait suscité en moi de méchants souhaits et une véritable jalousie enfantine et quc sa mort (survenue quelques mois plus tard) avait laissé en moi le germe d'un remords.

Puis il fait état de ses jeux d'enfant avec son neveu John, de leur taquinerie cruelle à l'endroit de sa nièce Pauline, et il continue :

— Ce neveu et ce frère cadet ont déterminé le caractère névrotique mais aussi l'intensité de toutes mes amitiés. Tu as pu voir, dans toute sa splendeur, ma peur des voyages.

Dans cette lettre, le renversement de causalité commence à s'amorcer : ce n'est plus le père qui pratique la *séduction,* c'est le tout petit garçon qui prend plaisir à regarder sa mère nue, et qui vit une intense jalousie, quasi mortelle, à l'endroit d'un rival. Durant le temps qu'il fait ces *découvertes,* Freud vit l'expérience intense d'une amitié passionnée. C'est bien à Fliess, qu'il écrit pour énoncer le *caractère névrotique mais aussi toute l'intensité de mes amitiés.*

Le 16 octobre 1897, la lettre qu'il écrit à Fliess comporte la mention du tournant décisif, la découverte du *complexe d'Œdipe.* Mais ce mois d'octobre 1897 est aussi l'anniversaire de la mort de son père, il y a déjà un an.

Cette lettre débute ainsi :

— Mon auto-analyse est réellement ce qu'il y a, pour le moment, de plus essentiel et promet d'avoir pour moi la plus grande importance si je parviens à l'achever. Elle a, soudain, subi un arrêt de trois jours pendant lesquels j'ai eu cette impression de sujétion intérieure dont mes patients se plaignent si fort et j'étais désemparé...

Puis il raconte la façon dont il a questionné sa mère à propos de sa petite enfance, afin de pouvoir se faire confirmer, objectivement, ses découvertes analytiques.

Plus loin, il continue ainsi :

— Si l'analyse tient ce qu'elle promet, j'en coucherai systématiquement tous les détails par écrit et t'en soumettrai ensuite les résultats. Jusqu'à présent, je n'ai encore rien trouvé de complètement nouveau, mais seulement toutes les complexités auxquelles je suis habitué. La chose n'est guère facile. C'est un bon exercice que d'être tout à fait sincère envers soi-même. Il ne m'est venu à l'esprit qu'une seule idée ayant valeur générale. J'ai trouvé en moi comme partout ailleurs, des sentiments d'amour envers ma mère, et de jalousie envers mon père, sentiments qui sont, je pense, communs à tous les jeunes enfants, même quand leur apparition n'est pas aussi précoce que chez les enfants rendus hystériques (d'une façon analogue à celle de la *romantisation* de l'origine chez les paranoïaques — héros fondateurs de religion). S'il en est bien ainsi, on comprend en dépit de toutes les objections rationnelles qui s'opposent à l'hypothèse d'une inexorable fatalité, l'effet saisissant d'Œdipe-Roi... Chaque auditeur fut un jour en germe, en imagination, un Œdipe, et s'épouvante devant la réalisation de son rêve transposé dans la réalité, il frémit suivant toute la mesure du refoulement qui sépare son état infantile de son état actuel.

Plus loin, il commente Hamlet, de Shakespeare et, à propos de ce héros qui hésitant à venger son père par le meurtre de son oncle, profère la phrase célèbre : *C'est ainsi que la conscience fait de nous tous des lâches,* il dit :

— Tout s'éclaire mieux lorsqu'on songe au tourment que provoque en lui le vague souvenir d'avoir souhaité, par passion pour sa mère, de perpétrer envers son père le même forfait.

Avec la découverte du *complexe d'Œdipe, l'auto-analyse,* change si l'on peut dire, de vitesse, et les découvertes théoriques, en particulier celles relatives à la sexualité infantile, changent de nature.

L'expression *complexe d'Œdipe* ne sera utilisée qu'en 1910, à l'incitation des psychanalystes suisses, dont Jung, qui a mis en circulation le mot *complexe.*

Mais la notion d'une structure stable (d'un invariant structural) qui conditionne le développement psycho-sexuel de l'individu est déjà là. Ainsi, dans une lettre du 27 octobre 1897, douze jours après celle que nous venons de citer, et qui fait état de la signification existentielle du mythe œdipien, il écrit :

— Je vis moi-même tout ce que j'ai pu observer en tant qu'auditeur, chez mes patients : certains jours, j'erre accablé, parce que je ne comprends rien aux rêves, rien aux fantasmes, aux états d'âme de la journée, d'autres jours, un rayon de lumière vient éclairer le tableau, je vois comment les faits passés ont préparé le présent.

Puis, il ajoute, ce qui est important à ce niveau de notre étude :

— Je commence à pressentir l'existence de facteurs généraux, de facteurs-cadres (c'est le nom que j'aimerais leur donner), qui déterminent le développement et d'autres encore, secondaires, qui complètent le tableau, et varient suivant les incidents vécus par le sujet.

Ces *facteurs-cadres,* qui *déterminent le développement,* n'est-ce pas la notion de structure organisatrice qui se trouve ainsi mise en relief.

La sexualité perd son caractère biologique pour s'installer sur un autre terrain. Avec le *mythe d'Œdipe,* c'est le problème de la filiation qui entre en scène. La sexualité, ce n'est ni les secrets d'alcôve comme dans les vaudevilles, ni les *déviations* sexuelles comme chez Kraft-Ebing, ni les testicules de l'anguille, comme aux tout premiers temps de ses études. C'est tout à fait autre chose.

Cela renvoie à un problème plus fondamental : qui suis-je, de qui suis-je le fils ? Question philosophique qui fait écho aux curiosités sexuelles infantiles : d'où viennent les enfants ? Question dont l'écho est répercuté par ses interrogations liées à la complexité de sa structure familiale. Question peut-être encore plus personnelle : qui sommes-nous, nous Juifs, pour être ainsi mis à part, écho d'une question plus grave : d'où vient l'homme ?

Questions et questionnements en chaînes constitutifs de la personnalité de Freud et de ses intérêts profonds.

La sexualité signifie pour lui un type de rapports humains qui met en jeu l'ordre des sexes et celui des générations, et qui se développe selon certaines structures précises, par exemple triangulaire. On est le fils de son père et de sa mère, parce que chez l'être humain la sexualité échappe à l'ordre naturel pour entrer dans l'ordre culturel, de nature symbolique, parce que chaque société possède une système qui fixe le rapports de parenté. Freud ne formule pas tout à fait de cette manière sa problématique : il étudie les répercussions psychologiques des problèmes sexuels, non sous l'aspect du plaisir ou de la stratégie galante (il n'est pas *sexologue* ni *érotologue*), mais pour comprendre comment, chez l'enfant, se développe une vie sexuelle individualisée et quelles en sont les conséquences.

La théorie de la *séduction* s'étant avérée intenable, il lui apparaît, à travers ses observations cliniques et son auto-observation — surtout grâce à l'analyse de ses rêves —, que ce sont les désirs des enfants sur les parents qui s'expriment sous forme de fantasmes. D'où son intérêt pour *Hamlet et Œdipe-Roi,* qui lui paraissent réaliser, sous la forme de l'intuition dramatique, ses propres découvertes scientifiques.

Dans une lettre du 5 novembre 1897, Freud se plaint à Fliess de l'indifférence de ce dernier face à cette découverte essentielle, dont Freud pressent les difficultés qu'elle va soulever. Il lui dit :

— Tu ne me parles pas de mon explication d'*Œdipe-Roi* et d'*Hamlet.* Je ne l'ai encore soumise à personne d'autre parce que j'imagine facilement l'accueil hostile qu'elle recevra.

Avec la découverte de l'Œdipe, Freud est en mesure d'aller plus loin quant à ses idées sur la sexualité infantile, en même temps qu'il va pouvoir se dégager progressivement de l'emprise de Fliess. De plus en plus, *l'auto-analyse* progresse parallèlement, intimement liée au travail théorique. Dans sa lettre du 27 octobre 1897, Freud fait également état de son manque de clients :

— Les affaires sont désespérément mauvaises, dit-il, et il ajoute :

— C'est pourquoi je ne vis que de travail *intérieur.* Celui-ci me tient et me harcèle, me faisant, par une rapide association d'idées, parcourir le passé ; mon humeur change comme le paysage vu par le voyageur assis dans son compartiment.

Plus bas, il exprime comment, il a pu expérimenter sur lui-même le caractère spécifique de la *résistance,* et comprendre en quoi elle n'est plus un obstacle au traitement, et que la compréhension de ses mécanismes doit au contraire aider celui-ci. Il affirme d'une part :

— La résistance constitue, en fin de compte, ce qui entrave le traitement, et n'est rien d'autre que le caractère infantile du sujet...

Et plus bas il précise :

— Grâce à mon travail, je le déterre, il se rebiffe et le sujet, jusqu'alors si bon, si loyal, devient grossier, faux ou révolté, simulateur, jusqu'au moment où je lui fais voir et où je parviens ainsi à faire plier son caractère. La résistance est alors devenue pour moi une chose objective tangible, et il ne me reste plus qu'à souhaiter découvrir aussi ce qui se cache derrière elle.

Le 31 octobre 1897, il écrit encore :

— Ma propre analyse se poursuit et c'est toujours à elle que je m'intéresse le plus. Tout reste encore obscur, y compris la nature même des problèmes, mais j'ai l'impression rassurante qu'il suffirait de fouiller dans l'armoire aux provisions pour en tirer, au moment voulu, ce dont on aurait besoin. Ce qui est le plus désagréable, ce sont les états d'âme qui souvent dissimulent totalement la réalité.

Fouillant l'armoire aux provisions, Freud y fait des découvertes intéressantes. Dans cette lettre du 14 novembre 1897, où il affirme, désabusé :

— Mon auto-analyse reste toujours en plan, il fait une très longue étude sur les problèmes du développement de la libido, évoquant l'idée de zones sexuelles pré-génitales, *anales, buccales et pharyngiennes* qui se désexualisent au cours de l'évolution normale mais auxquelles le névrosé régresse.

Freud distingue refoulement normal et refoulement névrotique, et part d'une *zone génitale mâle* — à savoir le clitoris, chez la femme — et relie le choix de la névrose au stade de l'évolution où s'est effectué le refoulement.

Le travail clinique, on le voit, enrichit l'élaboration conceptuelle, le tout opéré sur le fond de *l'auto-analyse.*

A partir de février 1898, Freud envisage d'écrire un livre sur les rêves. A partir de ce moment-là, sa correspondance avec Fliess change de caractère. L'ouvrage sur les rêves aura — implicitement — un double objectif : poursuivre *l'auto-analyse* de façon encore plus systématique, mais, en même temps, en rationaliser les thèmes, ce qui veut dire, à plus ou moins court terme, faire évoluer cette *auto-analyse* vers sa fin.

En effet, en se plaçant sur le terrain de la terminologie moderne, telle qu'elle est ressortie des travaux de Freud et de ses successeurs, on pourrait dire que *l'auto-analyse* a fait le chemin d'une véritable psychanalyse : à partir de la phase œdipienne, Freud fait le chemin régressif vers les étapes prégénitales.

Mais, cette appréciation, c'est nous qui la donnons, rétrospectivement. En même temps qu'il explore plus systématiquement ses rêves, en vue d'écrire son livre, Freud n'a pas le sentiment très net de ce cheminement intérieur.

Tout ce qu'il sait, c'est qu'il change. Dans une lettre du 9 octobre 1899, il écrit :

— Mon humeur continue à être bonne. Le fait d'avoir mis dans le livre des rêves toute ma pensée, m'a sans doute apporté un soulagement.

Il est vrai que son livre sera terminé en novembre 1899, pour paraître en la nouvelle année 1900 et, ainsi, ouvrir le siècle. Freud a le pressentiment aigu du sens profond de sa découverte : malheureusement, ses contemporains seront beaucoup plus négligents. Le 9 février 1898, Freud écrit, étrangement :

— J'abandonne l'auto-analyse pour me consacrer au livre sur les rêves. Cette année-là, le matériau en patients va me manquer.

En écrivant *j'abandonne l'auto-analyse,* Freud exprime, sans encore s'en rendre compte, que va s'amorcer en lui le détachement d'envers Fliess. Il ne lui rapporte plus de récit de rêves, c'est-à-dire qu'il n'aura, bientôt, plus besoin de lui comme figure transférentielle.

Plus tard, dans une lettre du 16 avril 1900 il écrit, à propos d'une difficulté dans son travail thérapeutique :

— Je commence à comprendre que l'apparente durée infinie de son traitement est quelque chose de normal qui tient au transfert.

Freud est loin du compte, pour ce qui est de l'élucidation du transfert, mais cette perception plus fine de sa relation avec une patiente montre qu'il s'est libéré de son engagement transférentiel avec Fliess. Le 12 février 1900, il lui écrit :

— Si j'étouffe en moi, actuellement, le besoin d'échanger plus souvent mes pensées avec toi, c'est pour n'avoir pas à geindre, chose que je voudrais t'épargner alors que tu es encore éprouvé par la tenace maladie de ta mère... Je me reproche de ne te parler que de moi. Il y a tant de choses que l'on peut dire et non écrire...

Pour employer la terminologie classique, on peut dire que Freud *liquide son transfert.* On a vu comment, malgré la lucidité et le tact dont il fait preuve, pour faire admettre à W. Fliess cette évolution de leur amitié, les choses vont prendre une tournure plus pénible.

On peut dire que l'amitié avec Fliess a mobilisé en Freud ce qu'on appellerait maintenant le *processus analytique.* Une fois mis en route, ce procès évolue — quasi indéfiniment — ce que Freud appellera plus tard, beaucoup plus tard, *l'analyse interminable.*

Rétrospectivement, en examinant l'ordre des rêves et leur signification, en les replaçant par rapport à l'évolution intérieure de Freud telle qu'elle apparaît à travers ses lettres à Fliess, *l'auto-analyse* donne toute la mesure de son importance.

C'est une aventure intellectuelle et spirituelle extraordinaire, qui témoigne d'un courage moral et d'une persévérance inouïs. A ce titre, comme on a pu le dire, Freud réalise la forme spécifiquement moderne du héros.

Qui a vécu l'expérience difficile d'une psychanalyse personnelle, comprendra qu'on ne fait pas impunément ce voyage aux origines.

Par l'analyse de ses rêves, en relation avec les observations qu'il fait auprès de ses patients, Freud est amené à s'installer dans un territoire où les conflits fondamentaux de l'être humain ont pris naissance : l'enfance.

L'exploration systématique de ces souvenirs infantiles, en même temps qu'elle lui apprend les mécanismes de constitution de la personnalité, contribue à mettre la sienne en péril. La reviviscence des émois érotiques et agressifs passés n'est pas une expérience anodine. Freud est soutenu par l'intensité de sa curiosité intellectuelle et par la puissance de sa relation transférentielle avec W. Fliess : c'est ce dernier, qui, en quelque sorte, fait plus ou moins directement les frais des bouleversements émotionnels et affectifs qui agitent son ami.

L'auto-analyse évolue ainsi, simultanément, sur deux plans, légèrement décalés l'un par rapport à l'autre.

Dans un premier plan, Freud analyse ses rêves, ses souvenirs, il situe les découvertes qu'il en retire en relation avec les problèmes que lui posent ses patients. Il met ainsi en mouvement, progressivement, une élaboration théorique.

Dans un autre plan, Freud subit le contrecoup, les conséquences de ce travail sur lui-même : c'est ainsi que la découverte de la situation œdipienne, qui traduit en termes théoriques un conflit affectif, c'est-à-dire la curiosité incestueuse envers sa mère et l'ambivalence des sentiments envers son père, va dégager la voie pour donner libre cours au processus régressif vers les périodes pré-génitales.

Cette découverte de la *sexualité infantile,* en même temps qu'elle traduit l'évolution intérieure de Freud, se rationalise en une construction théorique qui lui permet d'en mieux supporter les incidences affectives.

En outre, en se dégageant de son amitié névrotique avec W. Fliess, Freud renonce à s'appuyer sur la biologie (ou la physiologie) pour justifier théoriquement ses découvertes.

En même temps qu'il accède lui-même à l'autonomie personnelle, il devient en mesure d'assumer la psychanalyse comme science autonome, donnant au processus psychiques leur spécificité.

Dès lors sa recherche théorique, progressivement dégagée de ses implications personnelles, va pouvoir évoluer pour son propre compte.

L'auto-analyse aura permis deux choses :

1) De libérer Freud de ses contraintes intérieures.

2) De donner à la psychanalyse son statut de science indépendante.

Désormais, engagé dans cette pratique thérapeutique singulière, Freud n'aura plus que des problèmes théoriques, ou techniques à régler.

Mais est-ce aussi simple ? Peut-on absolument assurer que la théorisation en matière de psychanalyse est totalement indépendante des problèmes personnels du chercheur ?

Toute l'histoire du mouvement psychanalytique témoigne au contraire. Tout ce qu'on peut dire, c'est qu'à l'entrée du 20e siècle, Freud est en mesure de donner à la psychanalyse les moyens de son armature théorique.

Les fondations sont au point, elles tiennent bon : il ne reste plus qu'à construire l'édifice.

VII. De *l'interprétation des rêves* à la psychanalyse

Durant les années qui vont de 1895 à 1900, Freud élabore progressivement les différents éléments conceptuels qui vont contribuer à constituer la théorie psychanalytique.

Freud le neurologue est définitivement disparu de l'horizon. Le *jeune Freud,* celui qui se cherche entre la méthode cathartique et celles des *libres associations,* qui travaille avec Breuer et entretient avec Fliess une amitié passionnée, entre enfin dans la maturité psychologique et intellectuelle.

Cette évolution va se produire entre quarante et quarante-cinq ans !

A quarante ans, neurologue réputé, ayant un passé de chercheur et de savant, Freud opère un tournant radical dans sa carrière. Ce n'est pas tant sa rencontre avec l'hystérie et la névrose qui est responsable de cette mutation : c'est qu'il n'avait pas encore trouvé sa voie.

Il est curieux de constater à quel point Freud est sensibilisé par ses amitiés. Quand son ami Nathan Weiss, brillant neurologue, se pend, rappelons-le, en 1883, cet événement dramatique est, semble-t-il, décisif, quant à son orientation vers la neurologie. Quand il rencontre Breuer, il fait un grand bout de chemin avec lui, dans le domaine de l'hystérie et des névroses. Son amitié avec Fliess est pour lui l'occasion d'aborder la sexualité, et d'explorer avec cet ami, riche en imagination et apparemment libre de tout préjugé, une terre tout à fait inconnue.

Est-ce à dire que Freud n'est pas en mesure de choisir lui-même une voie ? Oui, on peut le dire. Il espérait, dans le meilleur des cas, être un *nouveau Charcot.* L'Histoire en a décidé autrement : cela, il ne pouvait pas le savoir.

Pendant qu'il entreprend la mise au point d'une nouvelle thérapeutique des névroses, qu'il accède à la compréhension du mécanisme des psycho-névroses, qu'il élabore une nouvelle théorie du psychisme, Freud ne sait pas qu'il est sur le chemin d'une découverte radicalement nouvelle. Il est novateur sans le savoir : le silence, puis l'hostilité de ses contemporains auront tôt fait de l'éclairer.

C'est avant tout — en tout cas à cette étape essentielle de sa vie — un praticien. Il rencontre en cours de route des obstacles, qui l'obligent à modifier sa pratique : il en déduit des considérations théoriques qui, en retour, vont faire évoluer cette pratique. Apparemment, il reste fidèle à l'esprit expérimental de la pratique médicale, il est dans la droite ligne d'un Claude Bernard, c'est la dialectique pratique-théorie (et réciproquement) qui anime sa pensée. Mais la nature même du champ expérimental qu'il occupe, où il se trouve lui-même engagé comme élément de cette expérience, va nécessiter des procédures d'investigation insolites et comporter des conséquences théoriques inédites.

C'est, en quelque sorte, parce qu'il ne connaît pas encore sa voie, qu'il la trouve.

Les amitiés servent de catalyseurs : tous ces bouleversements émotionnels et affectifs qui le secouent, Freud cherche bien entendu à les comprendre, d'abord parce que c'est là son centre d'intérêt réel — comprendre *l'âme humaine* — ensuite parce qu'il a l'intuition confuse de leur interférence avec son travail thérapeutique.

C'est à l'entrecroisement des mouvements affectifs de l'amitié et de ceux issus de la relation avec ses patientes, qui constitue une situation psychologique explosive, que s'impose la nécessité vitale pour Freud, de faire son *auto-analyse.*

Au terme de cette expérience, il aura gagné en maturité, il se sera dégagé de la nécessité d'avoir un appui ou un confident, d'être soutenu ou encouragé, il aura définitivement confiance en lui et acquis la conviction du caractère novateur de ses découvertes.

Il est sur le point de devenir Freud.

Parallèlement à cette évolution personnelle, et en partie, grâce à elle, la théorie psychanalytique se constitue.

Elle se développe sur trois plans : une technique psychothérapique, une conception générale des névroses, une théorie du psychisme. La théorie du psychisme est l'élément privilégié. Elle se présente comme le niveau d'abstraction le plus général, issu des données de la pratique thérapeutique et de la clinique. C'est elle qui va devenir ce qu'il est convenu d'appeler *la psychanalyse,* c'est-à-dire la science nouvelle mise au point par Freud.

A cette étape de sa pensée, la *psychanalyse* comporte déjà la structure formelle d'une science. Elle se compose :

1) d'une pratique (la cure analytique) ;

2) d'une technique (la méthode de la cure) qui donne lieu à une exposition abstraite ;

3) d'une théorie, qui est en rapport avec la pratique et la technique. Cet ensemble organique : pratique-technique-théorique, rappelle bien la structure de toute discipline scientifique.

En 1922, Freud donne la définition suivante :

— *La psychanalyse* est le nom :

1) d'un procédé pour l'investigation de processus mentaux à peu près inaccessibles autrement ;

2) d'une méthode fondée sur cette investigation pour le traitement des troubles névrotiques ;

3) d'une série de conceptions psychologiques acquises par ce moyen et qui s'accroissent ensemble pour former progressivement une nouvelle discipline scientifique.

Comme toute science — mais, par sa nature, plus que toute science — la psychanalyse est en perpétuel mouvement.

Dans cette période de la fin du 19e siècle et à l'approche du 20e siècle, elle vient tout juste de sortir de sa préhistoire et d'accéder à une existence autonome.

En tout cas, Freud possède déjà à ce moment-là, les trois données fondamentales sur quoi travailler pour élaborer cette nouvelle conception théorique. A partir de la pratique thérapeutique concernant les névroses, il lui apparaît la nécessité de porter, simultanément, son investigation, dans trois domaines empiriquement différents, le rêve, la sexualité, la relation thérapeutique, comportant une liaison interne, une sorte de dénominateur commun qu'il est important de mettre à jour. Ce *dénominateur commun,* c'est le Désir, mais Freud ne le sait pas encore (pas tout à fait encore). Ce qui l'intéresse pour l'instant, c'est d'explorer à fond, ces trois domaines, en liaison directe avec sa pratique et de ce qu'il a appris de son *auto-analyse :* il en sortira bien quelque chose.

Ainsi, à cette phase de son développement — elle vient tout juste de naître — la *psychanalyse* est bien, plus que jamais, *une science en formation.* Elle est loin de posséder cette cohésion interne, cette homogénéité d'une science *mûre :* en particulier, la pratique est très en avance sur sa théorie ; ou plutôt, dans le courant de la pratique, il va apparaître un certain nombre de difficultés et de problèmes, dont Freud saisit plus ou moins l'importance, sur lesquels il mettra — ou ne mettra pas — de nom ; Freud ne sera pas encore en mesure de comprendre toutes les implications des difficultés pratiques qu'il rencontre. La psychanalyse en tant que science, est un projet en cours d'élaboration qui est loin de son équilibre : toutes les données sont là, mais inégalement explorées et exploitées.

En particulier, le moteur de la relation thérapeutique, c'est-à-dire le *transfert,* n'est pas encore saisi dans toutes ses implications pratiques et théoriques, et encore moins conceptualisé.

Ce qui intéresse Freud, dans un premier temps, c'est l'analogie du rêve avec le symptôme névrotique, c'est de découvrir les mécanismes de leur structure commune.

La logique interne de cette recherche va le conduire à approfondir les problèmes de la sexualité pour aboutir à une élaboration théorique aux conséquences incalculables.

Porté par le double mouvement de cette élaboration théorique et des vicissitudes de sa pratique, Freud va pouvoir comprendre plus à fond les mécanismes des processus à l'œuvre dans la relation thérapeutique. Tout ce travail, décisif et gigantesque, va se dérouler sur une période d'environ dix années.

Dans le courant des péripéties de cette histoire, Freud sera amené à une certitude : il a ouvert une nouvelle brèche dans l'ignorance, il a ouvert un nouveau *continent* à la connaissance humaine.

L'exploration du rêve s'avère la tâche immédiate. Par l'expérience de son *auto-analyse,* Freud s'ouvre à la compréhension des implications et pratiques du phénomène onirique :

1) Le rêve a une signification.

2) Le rêve est construit selon la même organisation que le symptôme névrotique.

3) La constitution hallucinatoire du rêve est corrélative de l'expression du désir.

Durant son travail thérapeutique, et durant son *auto-analyse* où il se perçoit de plus en plus dans la position du patient, Freud a le pressentiment de l'horizon vertigineux que doit ouvrir l'exploration du monde onirique.

Mais, il s'agit là d'un travail d'envergure : par l'étude des mécanismes de la production onirique, c'est droit au secret de la vie psychique que Freud compte accéder.

En effet, le rêve présente cette particularité de raconter une histoire, plus ou moins confuse ou claire, plus ou moins cohérente ou saugrenue, plus ou moins chargée d'émotion ou d'anxiété, dont *l'analyse* démontre qu'elle s'articule autour d'un certain nombre de *significations* dans lesquelles le sujet se trouve engagé en personne.

Le rêve, qui peut apparaître comme le déchet plus ou moins poétique ou sordide de notre vie nocturne, est en réalité un scénario, monté de toutes pièces, par un metteur en scène invisible, qui cherche à dire quelque chose, qui, dans la vie diurne, n'aurait, apparemment, pas droit à l'expression.

Le rêve est donc une mine inépuisable pour la recherche psychologique. L'étrangeté ou le caractère dramatique de ses scénarios, la complexité des mécanismes qu'il doit mettre en jeu, le fait qu'il se produit dans l'état physiologique particulier constitué par le sommeil, tout porte à penser qu'il doit détenir vraiment le secret de la vie psychologique.

Freud s'attaque donc au rêve, avec cette ambition clairement affirmée. *Le rêve est la voie royale pour la connaissance de l'inconscient.* Cette formule connue va plus loin qu'on ne le croit.

Il faut remarquer que toutes les fois que Freud veut donner un exposé systématique ou pédagogique, de la psychanalyse, comme dans ses Conférences américaines de septembre 1909, ou dans les Conférences des années 1915-1916-1917, publiées sous le titre *Introduction à la psychanalyse,* le souci d'efficacité pédagogique le conduit toujours à commencer par l'étude des lapsus, des actes manqués, et du rêve.

Sans doute peut-on penser que c'est pour lui un moyen pratique de faire accéder l'auditeur à l'existence de *l'inconscient,* et de le mettre ainsi, en quelque sorte, dans une ambiance *psychanalytique.* C'est vrai. Mais le rêve, non seulement *prouve* l'existence de l'inconscient, non seulement il est le moyen d'en pénétrer les mystères, il permet aussi d'affirmer que la connaissance des *lois* de l'inconscient est connaissance du fonctionnement du psychisme.

Dans la préface à la première édition de *l'Interprétation des rêves,* il dit :

— Le rêve est le premier membre d'une série de formations psychiques normales parmi lesquelles la phobie hystérique, les obsessions, les idées délirantes, doivent, pour des motifs pratiques, intéresser le médecin. Comme on va le voir, le rêve ne prétend pas une importance de cette sorte. Mais sa valeur théorique en tant que *modèle* n'en est que plus grand. Quiconque n'a pas réussi à expliquer l'origine des images du rêve cherchera vainement à comprendre les phobies, les obsessions, les idées délirantes, et à exercer sur elles une influence thérapeutique.

Ainsi, le rêve est un *modèle* théorique, c'est-à-dire que son fonctionnement servira à la compréhension du mécanisme des symptômes névrotiques.

Mais dans une lettre datée du 3 janvier 1899, qu'il adresse à W. Fliess, évoquant ce travail considérable qu'il est en train de mener à son terme, il dira :

— La structure du rêve est susceptible d'application universelle.

Et le dernier chapitre du livre, intitulé *psychologie des processus du rêve* aura bien l'ambition d'être théorie du fonctionnement de l'*appareil* psychique.

Le premier rêve qui donne lieu à une interprétation systématique est celui connu sous le nom de *Le rêve de l'injection faite à Irma.* Il date de la nuit du 23 au 24 juillet 1895, à Bellevue, dans la banlieue de Vienne, où Freud passe ses vacances en période de difficultés financières.

Plus tard, dans une lettre à W. Fliess du 12 juin 1900, il lui dit :

— Crois-tu vraiment qu'il y aura, un jour sur la maison, une plaque de marbre sur laquelle on pourra lire :

C'est dans cette maison
Que le 24 juillet 1895
Le mystère du rêve fut révélé
Au Docteur Sigmund Freud.

Voici ce rêve, tel que Freud le relate, et nous allons essayer d'en résumer son interprétation, qui montre comment l'agencement des éléments du rêve — apparemment peu cohérents — obéit à une organisation rigoureuse.

Un grand hall — beaucoup d'invités, nous recevons — parmi ces invités, Irma, que je prends tout de suite à part, pour lui reprocher, en réponse à sa lettre, de ne pas encore avoir accepté ma *solution.* Je lui dis :

— Si tu as encore des douleurs, c'est réellement de ta faute.

Elle répond :

— Si tu savais comment j'ai mal à la gorge, à l'estomac et au ventre, cela m'étrangle.

je prends peur et je la regarde. Elle a un air pâle et bouffi ; je me dis : N'ai-je pas laissé échapper quelque symptôme organique ?

Je l'amène près de la fenêtre et j'examine sa gorge. Elle manifeste une certaine résistance comme les femmes qui portent un dentier. Je me dis : pourtant elle n'en a pas besoin.

Alors elle ouvre bien la bouche, et je constate, à droite, une grande tache blanche, et d'autre part j'aperçois d'extraordinaires formations contournées qui ont l'apparence des cornets du nez, et sur elles, de larges escarres blanc-grisâtres.

J'appelle aussitôt le Docteur M..., qui à son tour examine la malade et confirme... Le Docteur M... n'est pas comme d'habitude, il est très pâle, il boite, il n'a pas de barbe... Mon ami Otto est également là, à côté d'elle, et mon ami Léopold la percute par-dessus le corset ; il dit :

— Elle a une matité à la base gauche, et il indique aussi une région infiltrée de la peau au niveau de l'épaule gauche (fait que je constate comme lui, malgré les vêtements)... M... dit :

— Il n'y pas de doute, c'est une infection, mais ça ne fait rien ; il va s'y ajouter de la dysenterie et le poison va s'éliminer.

Nous savons également, d'une manière directe, d'où vient l'infection. Mon ami Otto lui a fait récemment, un jour où elle s'était sentie souffrante, une injection avec une préparation de propyle, propylène... acide propionique... *Trimethylamine* (dont je vois la formule devant mes yeux, imprimée en caractères gras)... Ces injections ne sont pas faciles à faire... il est probable aussi que la seringue n'était pas propre.

Ce rêve, dont Freud fait le récit, il le rattache sans difficultés aux préoccupations de la veille : soucis de santé, de métier, de famille. En particulier, préoccupation relatives au traitement d'une patiente, dont l'évolution n'est pas très positive.

Ces préoccupations sont d'autant plus vives que cette patiente, que Freud affuble du prénom de *Irma,* est une amie de la famille, avec tous les problèmes complexes et inquiétants suscités par une telle situation.

Comme il l'a appris auprès de ses malades, tels qu'ils le pratiquent dans le cours de leurs *libres associations,* Freud décompose le rêve en divers éléments, à partir desquels il se laisse aller à *associer.*

Il dit :

— La plupart de mes malades y arrivent dès le premier essai, moi-même je le fais facilement, surtout si j'écris toutes les idées qui me viennent, ce qui est un grand secours.

Freud décompose donc le rêve selon les thèmes suivants, en mentionnant les diverses évocations qui lui viennent à l'esprit *Le hall, beaucoup d'invités, nous recevons ;* le rêve anticipe sur un événement qui est l'anniversaire de sa femme. Parmi les invités, il y aura *Irma.*

— Je reproche à Irma de n'avois pas encore accepté la solution ; je lui dis :

— Si tu as encore des douleurs, c'est de ta faute.

Freud pense qu'il cherche à se disculper des douleurs dont *Irma* fait état :

— Si c'est de la faute d'Irma, ce ne peut être de la mienne.

Et il se demande si ce n'est pas là, le sens profond du rêve.

Plaintes d'Irma ; maux de gorge, de ventre et d'estomac, sensation de constriction. Freud est surpris par ce choix des symptômes, qui existent dans la réalité, mais en intensité sensiblement moindre.

— *Elle a un air pâle et bouffi.* Sa malade est plutôt d'un teint rose. Freud suppose qu'une autre personne s'est substituée à elle. Il touche déjà là à l'un des mécanismes particuliers du rêve.

— Je m'effraie à l'idée que j'aie pu négliger une affection organique.

C'est un souci légitime chez un médecin qui s'occupe du psychisme. Mais en même temps, compte tenu de l'insuccès de sa thérapeutique, Freud se demande s'il ne souhaite pas une erreur de diagnostic.

— Je l'amène près de la fenêtre, pour examiner sa gorge : Elle manifeste une certaine résistance comme les femmes qui ont de fausses dents. Je me dis : elle n'en a pourtant pas besoin.

Par une série d'associations, Freud en vient à penser que dans son rêve, *Irma* condense plusieurs femmes : une gouvernante, une amie d'*Irma*, et sa propre femme.

— Ce que je vois dans la gorge : une tache blanche et des cavités couvertes d'escarres. Cela renvoie Freud à ses préoccupations relatives à ses troubles de rhinite, à l'usage de la cocaïne, aux problèmes, reproches et culpabilité qui en ont été la conséquence.

— J'apelle vite le Docteur M... qui à son tour examine la malade.

Il s'ensuit l'évocation d'une erreur de Freud lors d'un traitement, et l'appel à l'aide au M... comme à un aîné plus expérimenté.

— Le Docteur M... est pâle, imberbe, il boite.

Certains traits de ce Docteur M... appartiennent également à son frère aîné.

— Mon ami Otto est à présent à côté de la malade et mon ami Léopold l'examine et trouve une matité à la base gauche.

Léopold et Otto sont médecins, de la même spécialité, ils ont été des assistants de Freud quand il dirigeait une consultation publique pour maladies nerveuses. L'un est brillant et rapide, l'autre, lent et réfléchi.

Une région infiltrée de la peau au niveau de l'épaule gauche.

Cela évoque son propre rhumatisme à l'épaule gauche. *Malgré les vêtements :* Il s'agit du fait que les malades sont parfois déshabillés, ce qui n'est pas le cas dans son type de pratique professionnelle. Mais Freud ajoute :

— A franchement parler, je n'ai pas envie de l'approfondir.

Le Docteur M... dit :

— C'est une infection, mais ça ne fait rien. Il va s'y ajouter de la dysenterie et le poison va s'éliminer.

Cette formulation apparemment absurde, lui évoque les discussions entre médecins concernant les problèmes de diagnostic. *Cela ne fait rien :* C'est la consolation de penser qu'on ne peut demander à un traitement psychique d'agir sur une affection organique comme l'angine diphtérique.

Dysenterie C'est une raillerie à l'endroit du Docteur M... qui connaît mal les symptômes de l'hystérie.

A ce point de l'analyse de son rêve, Freud constate qu'il met à mal déjà au moins deux personnes : *Irma,* qui continue de souffrir parce qu'elle n'a pas accepté *sa solution* (à lui Freud), et le Docteur M... à qui il fait tenir des propos niaisement consolateurs.

Nous savons d'une manière immédiate d'où vient l'infection : Ce savoir *immédiat* du rêve porte Freud à l'ironie.

— Mon ami Otto lui a fait, un jour où elle s'était sentie souffrante une injection sous-cutanée.

Freud n'est pas très à son aise avec les histoires de piqûres, depuis qu'il a eu des mésaventures sérieuses à propos de la cocaïne.

Avec une préparation de propyle... propylène... acide propionique : Il s'agit en réalité d'une odeur d'amyle, en relation avec un cadeau de parfum fait à sa femme, par son ami Otto.

Triméthylamine : Freud voit la formule chimique en grosses lettres, et tout tourne autour de son amitié avec Fliess ; qui aurait découvert la présence de triméthylamine dans les produits du métabolisme sexuel ; qui s'occupe des affections des voies nasales dans leur retentissement avec la sexualité. Or, il se trouve que *Irma* est une jeune veuve, ainsi que son amie.

Pour excuser l'échec de son traitement, Freud met donc ses difficultés au compte des effets sexuels néfastes du veuvage chez les femmes.

Ces injections ne sont pas à faire : C'est un reproche indirect envers Otto, et c'était aussi une évocation de l'ami mort du fait des piqûres de cocaïne (Fleischl).

Il est probable aussi que la seringue n'était pas propre Encore un reproche à l'endroit de l'ami Otto.

Une autre série d'associations conduit Freud à penser que sa femme, *Irma,* Mathilde (sa fille) se trouvent substituées les unes aux autres.

En découpant son rêve en une série de petites séquences, en rapportant pour chacune d'entre elles les diverses associations qui lui viennent à l'esprit (enfin celles qu'il peut expliciter sans trop nuire à la discrétion et sa vie personnelle intime), Freud découvre de quel désir le rêve est l'accomplissement.

Le rêve le venge des remarques faites la veille par Otto, relatives à l'état précaire d'*Irma.*

— Otto m'avait agacé par ses remarques au sujet de la guérison incomplète d'Irma ; le rêve me venge : il lui renvoie le reproche. Il m'enlève la responsabilité de la maladie d'Irma qu'il rapporte à d'autres... La conclusion du rêve est que je ne suis pas responsable de la persistance de l'affection d'Irma et que c'est Otto le coupable.

Puis Freud exprime alors sa découverte décisive :

— Le rêve expose les faits tels que j'aurais souhaité qu'ils se fussent passés ; son contenu et l'accomplissement d'un désir, son motif un désir.

Dans cette première analyse systématique d'un rêve, Freud aboutit à cette conclusion capitale du *rêve comme accomplissement d'un désir.*

L'idée lui en était déjà familière, empruntée à divers auteurs. Mais il fallait en faire la démonstration, et, surtout, se donner les moyens techniques et théoriques de cette démonstration.

Dès ce moment, Freud entre dans un domaine tout à fait inexploré : celui du *désir,* et celui des *significations.* Toute la psychanalyse est là. Dans les derniers chapitres, plus théoriques de *L'interprétation des rêves,* Freud va tenter une élucidation de la nature du *désir.*

Mais, dès le *rêve de l'injection à Irma,* l'analyse de la structure du rêve permet déjà une compréhension du fonctionnement des processus de *l'inconscient.*

Un auteur contemporain, le psychanalyste français Didier Anzieu montre toutes les implications de l'organisation structurale de ce rêve.

Les personnages féminins entre les premiers en scène.

C'est le trio des femmes : Irma, son amie, Martha. Ce sont les malades récalcitrantes. Puis c'est l'entrée des personnages masculins. Le premier trio : Fleischl, Breuer, Emmanuel ; c'est celui des aînés, porteurs de reproches. C'est là le premier acte, clos par l'irruption d'un nouveau trio féminin : une malade mal soignée par la cocaïne, une autre du nom de Mathilde, et Mathilde, la fille aînée de Freud.

Les reproches relatifs aux erreurs de diagnostic et de traitement commis par Freud, redoublés par l'apparition des malades qui en ont été les victimes, créent un sentiment d'inéluctable culpabilité.

Dans un troisième acte, apparaissent les deux membres d'un second trio masculin, Otto et Léopold, qui sont des alter ego de Freud, à peu près du même âge que lui.

Le troisième personnage, c'est l'ami Fliess qui est au centre de la vie affective de Freud, qui est au centre de ses intérêts pour la sexualité, l'importance se traduit par l'expression de la formule chimique de la triméthylamine.

L'intérêt de ce découpage dramatique du rêve, en trois actes, comportant chacun trois personnages, par rapport auxquels Freud se trouve impliqué, est de montrer la logique de son organisation interne.

Il y a ainsi toute une série de trios de personnages, qui se font, se défont, se substituent les uns aux autres (comme le dit Freud, en commentant dans le même rêve le passage de l'amyle au propyle : *une substitution de celles qui sont permises en chimie organique*), toute cette organisation scénique se joue selon une structure ternaire qui est coiffée par la structure ternaire de la formule chimique de la triméthylamine.

La triméthylamine, qui concentre le dénouement du drame qui permet à Freud de se disculper.

Cette logique de l'organisation interne du rêve, c'est celle-là même qu'on appellera plus tard les *lois* du fonctionnement de *l'inconscient.* Le *désir* ne peut parler que par l'intermédiaire de cette logique : *l'inconscient* n'est pas un chaos anarchique, il est un lieu *structuré,* il est lui-même *structure.*

Ces développements, qui sont contenus implicitement dans cette première analyse détaillée du rêve, Freud n'est pas encore en mesure de les conduire à leur terme.

Freud n'a pas encore fait le rapprochement entre l'organisation triangulaire de la structure œdipienne et ses nécessaires incidences quant à une organisation de *l'inconscient.*

La notion *d'inconscient* elle-même reste d'ailleurs encore à l'état d'une problématique incertaine.

Pour l'instant, il en est à approcher le monde des *significations :* le rêve a un *sens,* le symptôme a un *sens.* Il est à mi-chemin entre l'observation empirique et l'élaboration théorique.

En même temps, il est préoccupé par la mise au point conceptuelle de ce qu'il appelle *l'appareil psychique.*

Toutes ses préoccupations théoriques, d'allure plus ou moins disparates convergent vers cette préoccupation théorique centrale.

Dans une lettre à W. Fliess du 3 janvier 1899, Freud exprime bien tous les espoirs qu'il met dans la compréhension du fonctionnement du rêve :

— Je ne te révélerai qu'une chose, c'est que le schéma du rêve peut avoir une utilisation très générale et que la clé de l'hystérie se trouve vraiment incluse dans le rêve. Je comprends aussi maintenant pourquoi, malgré tous mes efforts, je n'ai pu donner de solution à la question du rêve. Si j'attends encore un peut, j'arriverai à décrire le processus psychique des rêves, de façon qu'y soit inclus le processus de la formation du symptôme hystérique. Donc, attendons.

A cette date, Freud n'a pas encore mis au point le Chapitre VII de son livre, le chapitre théroque, qui reprend, approfondit et transforme les éléments conceptuels déjà utilisés dans *L'esquisse pour une psychologie scientifique,* ceux qui concernent précisément *l'appareil psychique.*

La préoccupation majeure, sous-jacente à sa recherche psychopathologique, mais de plus en plus explicite, c'est bien d'élaborer une *psychologie scientifique : la psychanalyse,* pour lui — et pour ses futurs adeptes — c'est bien *psychologie,* celle qui manque pour comprendre et traiter les troubles névrotiques, celle qui doit permettre d'unifier le fonctionnement normal et pathologique du psychisme. Ce n'est que progressivement, et beaucoup plus tard, qu'il comprendra qu'il a créé une science radicalement nouvelle.

A cette toute première étape, le rêve, phénomène *normal,* doit lui permettre de comprendre l'hystérie, phénomène *pathologique,* comme plus tard le deuil, l'amour, le sommeil lui permettront — en tant que *modèles théoriques* — de comprendre d'autres phénomènes pathologiques et d'autres mécanismes du fonctionnement psychique.

Le rêve et l'hystérie ont en commun leur structure signifiante. C'est à l'univers de la signification que Freud accède, et il s'agit de comprendre son fonctionnement.

Il y a ainsi décalage au niveau de l'élaboration théorique entre la compréhension des processus du rêve, dont Freud fournit dans son livre un examen détaillé, et la compréhension du rôle de la *sexualité* qui reste, à ce moment-là à l'état d'élément brut dans une chaîne causale.

Ultérieurement, il aura à fournir le même effort théorique, pour que la *sexualité* puisse accéder à la même qualité de compréhension.

Entre-temps, toujours sous l'effet de surprise et d'émerveillement suscité par l'étude du rêve, il aborde l'examen des lapsus, oublis, actes manqués, etc., ce qu'il appellera la *psychopathologie de la vie quotidienne,* et qui se meuvent sur le même registre de la signification.

Observons cependant que c'est l'approfondissement des mécanismes de la *fonction signifiante* qui oblige Freud à un examen théorique plus approfondi et plus rigoureux de la *sexualité.*

Quand ces deux éléments centraux, qui sont les piliers de l'édifice, *fonction signifiante* et *sexualité* auront atteint le même degré de théorisation, quand ils pourront être accordés dans une construction théorique cohérente et homogène, la psychanalyse ne sera pas loin de sa pleine maturité.

Le rêve de la *monographie botanique* donne encore d'autres aperçus sur les mécanismes de son fonctionnement.

Voici son texte :

— J'ai écrit la monographie d'une certaine plante. Le livre est devant moi, je tourne précisément une page où est encarté un tableau en couleurs. Chaque exemplaire contient un spécimen de la plante séchée, comme un herbier.

Voici l'analyse de Freud.

Une certaine plante : L'espèce cyclamen (dont Freud a vu le matin même un livre en vitrine qui porte ce titre) est la fleur préférée de sa femme. Comme le mari d'une de ses patientes, Freud oublie d'apporter des fleurs à Martha pour son anniversaire.

Monographie : Freud a écrit autrefois une monographie sur la cocaïne. C'est Koller qui en a découvert les propriétés anesthésiques, avec un autre ophtalmologiste, Koenigstein, il a opéré le père de Freud d'un glaucome.

Koenigstein : Présent implicitement dans le rêve. La veille, il a eu une conversation avec lui, durant laquelle il rencontre le Professeur Gartner et sa jeune femme, qu'il trouve florissante.

Plante séchée, herbier : L'herbier est une collection de plantes séchées dont usait Freud quand il était lycéen. L'herbier était endommagé par de petits vers *Bücherwurm.* Lors de son examen de botanique, il a à reconnaître un crucifère. Cela le conduit à l'artichaut, fleur *composée,* que Martha lui rapporte du marché, comme étant sa *fleur préférée.*

Je vois devant moi. C'est une allusion à son livre *la Science des rêves* dont son ami (W. Fliess) lui a écrit qu'il le voyait devant lui comme s'il était achevé.

Le tableau en couleurs qui est encarté : Cela évoque les dessins médicaux, les tableaux d'un livre sur la Perse que Freud et sa sœur déchirent avec délectation, feuille à feuille ; plus tard Freud deviendra un rat de bibliothèque (un amateur de livres) qui en allemand se dit *vers de livre,* c'est-à-dire *Bücherwurm.*

Les trois éléments du rêve sont : Fleurs — Livre — Cocaïne.

Les fleurs font référence à Martha, à l'amour et à la sexualité. Les livres à ses préoccupations intellectuelles particulièrement aiguës à l'époque.

La cocaïne est une allusion à une péripétie plutôt noire de sa vie.

Le sens du rêve est que Freud a envie de faire ce qui lui plaît : d'écrire un livre (une monographie), d'aimer les livres comme il l'entend (et que son père lui avait donné à déchirer feuille à feuille comme un *artichaut,* quand il avait cinq ans, avec sa sœur), de poursuivre le travail théorique qu'il a entrepris.

— Ce rêve, dit-il, a de nouveau, comme celui de l'injection faite à Irma, le caractère d'une justification, d'un plaidoyer.

Sur le plan de la compréhension théorique des mécanismes du rêve, il apporte trois éléments importants :

1) Le jeu sur les mots : *Bücherwurm* vers de livre et rat de bibliothèque, grâce à quoi le rêve exprime une intention cachée : aimer les livres, dévorer des livres.

2) La structure en rosace, liée à la notion *d'effeuiller,* et qui confirme la notion de la *surdétermination* des éléments du rêve, les uns emboîtés sur les autres, comme les feuilles de l'artichaut.

3) La constitution génétique de la vie onirique, qui procède des résidus d'une *époque préhistorique,* c'est ce qu'écrit Freud à Fliess dans une lettre du 10 mars 1898 (alors que le rêve est de la nuit du 9 au 10 mars). Il dit :

— Au point de vue biologique, la vie onirique me semble procéder directement des résidus d'une époque préhistorique de l'existence (de un à trois ans). C'est à cette époque que naît l'inconscient et que se forme l'éthiologie de toutes les psychonévroses et c'est la période que vient normalement dissimuler une amnésie comparable à celle de l'hystérie. Je commence à soupçonner que les rêves résultent de choses *vues* à la période préhistorique, les fantasmes, de choses *entendues ; les psycho-*

névroses émanent, elles, de *scènes sexuelles vécues* à la même époque. La répétition des incidents vécus serait essentiellement une réalisation de désir. Un désir récent n'aboutit au rêve que s'il est associé à des matériaux de cette époque préhistorique ; si le désir récent dérive d'un désir remontant à cette même période ou s'il peut être adopté par ce dernier.

J'ignore encore à quel point je dois m'en tenir à cette théorie qui puise jusqu'aux profondeurs abyssales et ne sais si je peux déjà la faire connaître dans mon livre sur les rêves.

Cette longue citation montre que la préoccupation de Freud de rattacher l'organisation signifiante (du rêve ou du symptôme) aux avatars de la vie sexuelle est une constante chez lui : mais il y a dissymétrie entre les deux registres d'élaboration théorique. La *réalisation du désir* sert de moyen d'articulation : à ce niveau, il s'agit plus de la description d'un mécanisme que de son élucidation.

Pour l'instant, Freud s'attache à approfondir la structure de cette organisation signifiante afin d'en comprendre les mécanismes de fonctionnement.

Empiriquement, le rêve se trouve constitué de deux séries de matériaux.

1) Un récit, celui que fait le rêveur, qui comporte déjà — malgré lui — une de réélaboration secondaire.

2) Un *contenu,* que l'analyse met à jour, qui, au terme de cette *analyse,* complexe et longue, aboutit à une *réalisation de désir.*

Le problème, encore actuel, du rapport entre le *récit* et le *contenu* comporte, dans son examen, et dans sa solution, les éléments de compréhension quant au statut et au fonctionnement de *l'inconscient.* C'est dans ce sens que le *rêve est la voie royale.*

Freud est déjà en droit de décrire les phénomènes qu'il observe : la *condensation,* procédé grâce auquel le rêve font plusieurs personnages en un seul. (*Irma,* par exemple, qui représente une amie, la femme de Freud, une patiente, etc.) ; le *déplacement,* permet au rêve, en quelque sorte de tromper son spectateur (comme le font d'ailleurs les prestidigitateurs), en décentrant l'accent sur un thème secondaire, au profit du thème principal.

Ainsi, dans le rêve sur la *monographie botanique,* le centre est visiblement le mot *botanique,* alors que les pensées du rêve tournent autour d'un autre problème : les difficultés entre collègues, l'idée de trop sacrifier à ses fantaisies, etc., enfin rien qui ne soit en relation réelle avec la botanique.

Autre exemple, des mêmes processus, utilisés par le rêve. *Le rêve de l'oncle Joseph.* (Dont nous avons déjà parlé plus haut en relation avec les préoccupations de Freud qui a posé sa candidature comme professeur.)

1) Mon ami R... est mon oncle. J'ai pour lui une grande tendresse.

2) Je vois son visage devant moi, un peu changé. Il paraît allongé. On voit nettement une barbe jaune qui l'encadre.

La combinaison du visage du rêve et de la couleur de la barbe réalise la *condensation* de l'ami R... et de l'oncle Joseph. L'importance prise par la couleur de la barbe, sa clarté, en particulier, constitue un *déplacement.*

La *grande tendresse* est aussi une autre forme de *déplacement d'accent :* l'analyse du rêve montre à Freud que l'oncle Joseph et ses amis sont, par lui, traînés dans la boue.

Cette calomnie est hypocritement masquée par son contraire : un intense sentiment d'affection.

La *condensation* et le *déplacement* sont donc deux procédés à l'œuvre dans le rêve.

Empiriquement encore, Freud peut comparer le texte du récit (manifeste) du rêve et le texte de son contenu (latent), comme deux versions d'un même sujet en deux langues différentes.

Mais c'est là analogie, manière de parler. Le rêve se présente comme scénario constitué par des éléments très disparates : des images, des idées, des sentiments, sensations, affects, etc. Celui qui en fait le récit cherche à cerner au plus près, des paroles, ce qu'il a vécu durant cette expérience onirique. Les *associations,* portant sur chacun des fragments du rêve, s'organisent autour de *pensées* très diverses : souvenirs, sentiments, idées, qui toutes convergent pour produire la *réalisation de désir.*

Il y a donc deux systèmes de *pensées* du rêve : le système manifeste, tel qu'il exprime dans le récit : le système latent, c'est-à-dire le *contenu,* découvert par le travail d'analyse. *(L'interprétation.)* Pour Freud :

— ...le contenu du rêve ressemble à la transcription de la pensée du rêve dans un autre mode d'expression dont les caractéristiques et les lois syntaxiques sont à découvrir par nous, en comparant l'original et la traduction.

Il continue, en précisant :

— Nous comprenons les pensées du rêve d'une manière immédiate dès qu'elles nous apparaissent. Le contenu du rêve nous est donné sous la forme d'hiéroglyphes, dont les signes doivent être successivement traduits dans la langue des pensées du rêve.

Il ajoute encore :

— On se trompera évidemment si on veut lire ces signes comme des images, et non selon leur signification conventionnelle.

Puis il compare le rêve à un rébus.

— Le rêve est un rébus, nos prédécesseurs ont commis la faute de vouloir l'interpréter en tant que dessin. C'est pourquoi il leur a paru absurde et sans valeur.

Mais là aussi, il s'agit d'une analogie. Avec le rébus, Freud veut exprimer deux notions importantes pour lui : d'une part, le rêve a une signification, mais qui n'est pas issue d'une *traduction* terme à terme (comme dans une sorte de clé des songes) ; d'autre part le rêve fonctionne selon la pensée imageante, suscitée par la *régression* liée au sommeil.

Le rêve est la *réalisation hallucinatoire* du désir : Freud a bien en main ce principe quand il se livre à l'étude des mécanismes du phénomène onirique.

Le *travail du rêve,* dont la *condensation,* le *déplacement,* la *figurabilité* (c'est-à-dire la transformation des mots en images), le *symbolisme* etc. sont les éléments principaux, c'est ce qu'il appelle le *processus primaire,* c'est-à-dire les modalités spécifiques du fonctionnement de l'inconscient. L'interprétation du rêve refait, en quelque sorte, ce même *travail,* à l'envers.

A cette époque où il en est de sa recherche, Freud se trouve confronté alors au statut de *l'inconscient.*

Dans son livre inoubliable *Critique des fondements de la psychologie,* Georges Politzer a très bien posé les éléments de ce dilemme, concernant le rapport entre *récit* (manifeste) et *contenu* (latent).

Pour lui, il n'y a pas deux *systèmes,* ou deux *lieux :* le *récit* est l'expression directe du *contenu :* il s'agit simplement d'en connaître les règles — la syntaxe — du *récit,* pour mettre à jour le *contenu.* Le *contenu* est immédiatement appréhendable dans le *récit,* moyennant les clefs de la traduction. L'analyse du rêve donne l'impression qu'on passe d'un contenu manifeste à un contenu latent. Or, *à parler plus exactement, le rêve n'a qu'un seul contenu, le contenu latent,* comme il n'y a qu'un seul récit, le récit manifeste : le texte du rêve ne fait qu'exprimer dans un langage non conventionnel des intentions significatives qui n'ont pas trouvé leur signe adéquat.

Cette problématique reste encore actuelle.

Cependant, pour Freud, opérant selon une démarche déductive, *l'inconscient* apparaît comme un *lieu* doué d'une structure autonome, dont il lui est nécessaire de postuler l'existence. Ce n'est pas la nécessité d'une *profondeur abyssale* mythique qui fait obligation à Freud de penser l'inconscient comme système autonome, c'est la distance, à la fois temporelle (l'enfance) et *topique* (le passage à l'état de sommeil), qui sépare le *contenu* du rêve de son *récit.*

Pour rêver, il faut dormir, et c'est l'état de sommeil qui favorise la mise en forme hallucinatoire de certaines pensées. La régression *topique* est aussi régression *temporelle.*

L'inconscient est constitué par *les résidus d'une époque préhistorique de l'existence* qui continuent à agir, dès l'instant où un *désir récent* s'associe *à des matériaux de cette époque préhistorique.*

Dans son livre, il dira :

— Une suite normale de pensées n'est soumise à un traitement anormal (tel que celui du rêve ou de l'hystérie), que si un désir inconscient, dérivé de l'enfance et en état de refoulement, lui a été transféré.

Ainsi, le rêve puise ses matériaux dans ces *résidus d'une époque préhistorique,* il les *travaille* à sa manière et en exprime les éléments, dès l'instant où l'un d'entre eux entre en connexion avec un *désir actuel.*

Avec le rêve, Freud possède le *modèle* du fonctionnement de la structure signifiante.

Mais, comme on le voit, ce fonctionnement est complexe, et ses lois, encore incertaines.

Ce fonctionnement opère à deux niveaux :

1) un niveau qu'on pourrait dire *synchronique,* où les différents éléments de la structure signifiante procèdent par diverses transformations qui parfois s'apparentent à des jeux de mots, des calembours etc., qui témoignent de l'intervention des structures du langage ;

2) un niveau qu'on pourrait dire *diachronique* qui est l'intervention du passé (infantile) dans le présent, sous la forme de différents déguisements ou distorsions.

Le passé infantile n'accède pas directement à l'état brut dans le rêve ou dans le symptôme : sauf chez les enfants qui rêvent qu'ils boivent de la limonade, s'ils désirent de la limonade, qui se mettent à pisser au lit comme des bébés, s'ils ont l'impression qu'on les abandonne et qu'ils souhaitent qu'on s'occupe d'eux.

Chez l'adulte, la structure signifiante utilise les procédés du langage (métaphores, métonymies etc.) pour faire passer des intentions puisant leur origine dans les *résidus préhistoriques,* dont une certaine partie d'entre eux ont subi des transformations ultérieures, et d'autres sont restés ainsi, dans leur état originel.

Pousuivant l'approfondissement des mécanismes du processus onirique, Freud, toujours sur la lancée de ses intentions profondes, élabore, par l'intermédiaire d'une étude de la *psychologie du rêve,* une théorie du fonctionnement de *l'appareil psychique* et fait une première ébauche des mécanimes de constitution du *désir.* Nous y reviendrons plus loin.

En effet, une fois élucidée l'organisation de la structure signifiante, c'est-à-dire les différents éléments ce avec quoi le rêve *travaille* pour opérer ses divers — et nécessaires — déguisements, Freud tombe toujours sur le même butoir : les désirs infantiles.

Pour lui, c'est une chose que d'expliciter les mécanismes de constitution du désir (ce que nous retrouverons plus loin) et c'est une autre chose que d'en élucider les implications sexuelles.

Dans ses commentaires relatifs au rêve de la *monographie botanique,* Freud conclut :

— Je peux garantir de plus, que le sens ultime du rêve, que je n'ai pas rapporté ici, était en relation étroite avec le contenu de cette scène de mon enfant. (Celle où son père le laisse déchirer un livre feuille à feuille.)

Plus bas, il ajoute :

— L'analyse d'une autre série de rêves nous montre que le souhait même qui les a provoqués, et que le rêve accomplit, provient de notre enfance, si bien que nous avons la surprise de retrouver *dans le rêve l'enfant qui survit, avec ses impulsions.*

Aussi, comme suite logique à ces considérations, et dans la foulée des des conséquences de la découverte de la sexualité infantile, Freud opère un déplacement de ses intérêts de l'univers de la signification vers le monde de la sexualité infantile.

Dans une lettre du 11 octobre 1899, il écrit à W. Fliess :

— Un travail étrange ce fait aux étages inférieurs. Une théorie de la sexualité va immédiatement succéder au livre sur les rêves.

Le 26 janvier 1900, il lui affirme encore :

— En ce qui concerne la théorie de la sexualité, j'attends et je rassemble les matériaux, jusqu'à ce qu'une étincelle y mette le feu.

Le feu sera long à prendre, puisqu'il faudra l'année 1905, pour que Freud publie son livre *Trois essais sur la théorie de la sexualité.*

A la même époque, il travaille à son livre *le Mot d'esprit dans son rapport avec l'inconscient,* qui constitue une forme particulière de l'approche de la fonction signifiante, dont il a inauguré l'étude dans son livre sur le rêve, et qu'il aborde également dans *Psychopathologie de la vie quotidienne.* Il semble qu'avant d'aborder de front le domaine de la sexualité, Freud veuille exploiter jusqu'au bout l'univers de la signification.

C'est dans une lettre à Fliess du 26 août 1898, qu'il fait état des problèmes posés par l'oubli des noms. Il mentionne également qu'il est plongé dans la lecture d'un ouvrage du philosophe et psychologue Théodore Lipps. Celui-ci, dans une œuvre intitulée *les Faits fondamentaux de la vie psychique,* (paru en 1883), mentionne les notions *d'inconscient et de conscient,* en en faisant un usage descriptif. C'est la lecture d'un autre livre du même auteur *le Comique et l'humour* (paru en 1898) qui donne à Freud le courage de s'attaquer au problème du *mot d'esprit,* ce qui pouvait paraître frivole pour les hommes de science de ce temps. (C'est Fliess, en reprochant à Freud d'illustrer ses expériences psychanalytiques d'un trop grand nombre de plaisanteries et de jeux de mots, tirés surtout des rêves, qui suggère l'idée de ce travail sur le *mot d'esprit.*)

On le voit, l'orientation de la recherche de Freud reste longtemps à approfondir ce domaine des significations.

On comprend cette insistance. Quelle est la découverte fondamentale de Freud, en rupture avec les conceptions psychopathologiques de l'époque ? C'est que les symptômes ont un sens, et que ce sens renvoie à l'histoire du malade.

Signification et *histoire* sont les deux données fondamentales de la psychanalyse, celles dont Freud est le plus assuré à l'époque.

On est loin du *traumatisme* de Charcot, qui agit à l'instar du coup de froid qui fait attraper une bronchite ; on est loin des *états hypnoïdes* de Breuer, qui traduisent en une paraphrase pseudo-physiologique les descriptions de l'état post-hypnotique ; on est loin des conceptions de Pierre Janet *(l'automatisme psychologique)* qui reste au niveau de la description pseudo-explicative des mécanismes psychopathologiques.

On comprend que Freud ait à cœur d'exploiter un filon théorique aussi important.

Dans sa lettre à Fliess, il lui raconte comment il lui a été impossible de se rappeler le nom de Julius Mosen, auteur d'un poème connu. Une analyse de l'oubli lui montre :

1) qu'il avait des raisons personnelles de refouler le nom de Mosen ;

2) que le refoulement avait été déterminé par des matériaux infantiles ;

3) que les noms qui lui étaient venus à l'esprit émanaient de deux groupes de matériaux, tout à fait à la manière d'un symptôme névrotique, constituant un compromis entre les facteurs refoulants et refoulés. Il lui dit que depuis longtemps il soupçonnait l'existence du mécanisme de l'oubli des noms, sans être en mesure de l'expliciter complètement.

Dans une lettre du 22 septembre 1898 (un mois plus tard), il lui fait état de son élucidation d'un nouvel oubli de nom. Mentionnons que dans cette même lettre, il souligne son accord de principe avec W. Fliess sur les *fondements organiques* éventuels du psychologique, dont *il est loin de penser qu'il flotte dans l'air* et il ajoute :

— Néanmoins, tout en étant convaincu de l'existence de ces fondements, mais n'en sachant pas d'avantage ni en théorie, ni en thérapeutique, je me vois contraint de me comporter comme si je n'avais affaire qu'à des facteurs psychologiques.

Et il lui fait le récit de son oubli de nom.

— Il m'était impossible de retrouver le nom du grand peintre et qui est dû le *Jugement dernier* d'Orvieto, le plus grandiose que j'ai jamais vu. A la place de ce nom me sont venus ceux de Botticelli, de Boltraffio, mais je me rendais compte que c'était inexact. Enfin, le nom me revint à l'esprit : Signorelli et, tout de suite après, le prénom : Luca, preuve qu'il s'agissait non d'un oubli véritable, mais d'un refoulement. Je vis clairement pourquoi le nom de Botticelli s'était imposé à moi ; c'était le mot *signor* qui se trouvait refoulé. Le Bo dans les deux noms substitués s'explique par le souvenir responsable du refoulement. Ce dernier affectait un certain incident survenu en *Bosnie* et au début duquel se trouve la phrase suivante : *Herr (Monsieur, Signor) qu'y faire ?*

J'oubliais le nom de Signorelli au cours d'une petite excursion que je fis en *Herzégovine,* à partir de Raguse, en compagnie d'un avocat berlinois (Freyhau). Notre entretien, en cours de route, porta sur la peinture et la question de la mort et de la sexualité fut abordée dans la conversation qui a fourni le souvenir sous-jacent et refoulant. Les syllabes Traffio constituent probablement une réminiscence de Trafoï, visité lors de mon premier voyage ! Mais comment, et à qui rendre tout cela plausible ?

La conversation relative à la sexualité et à la mort, à laquelle Freud fait allusion dans sa lettre, concerne les mœurs des Turcs, qui accordent une grande importance à la chose sexuelle, à tel point qu'en cas de difficultés, la vie, pour eux ne vaut pas la peine d'être vécue.

En outre, durant son passage à Trafoï, Freud avait reçu une mauvaise nouvelle : un malade, traité par lui, qui souffrait d'un trouble sexuel incurable, s'était suicidé.

Freud, dans son commentaire qui ouvre la *Psychopathologie de la vie quotidienne,* précise :

— Je voulais donc oublier quelque chose ; j'ai *refoulé* quelque chose. Je voulais, il est vrai, oublier autre chose que le nom du maître d'Orvieto ; mais il s'est établi entre cet *autre chose* et le nom, un lien associatif, de sorte que mon acte de volonté a manqué son but et que j'ai, *malgré moi,* oublié le nom, alors que je voulais oublier *intentionnellement autre chose.*

(Probablement le suicide du malade impuissant.)

Il ajoute encore :

— Le désir de ne pas se souvenir portait sur un contenu, l'impossibilité de se souvenir s'est manifestée par rapport à une autre.

Ainsi le nom du peintre italien, associé à certaines idées de mort et de sexualité *refoulées* a été entraîné avec elles dans l'inconscient.

Freud généralise alors ce mécanisme en ces termes :

— Par la biais d'associations superficielles, une chaîne de pensées refoulées s'empare d'une impression innocente récente et l'entraîne avec elle dans le refoulement. Le même mécanisme qui provoque la substitution des noms de Botticelli et de Boltraffio (à celui de Signorelli) régit aussi la formation des pensées obsessionnelles et des paramnésies paranoïaques.

Ainsi, de quelque côté qu'il se tourne, dans l'univers des significations, c'est toujours la sexualité qu'il rencontre. (Nous la retrouverons encore à l'œuvre, plus loin, dans *le Mot d'esprit dans ses rapports avec l'inconscient.*) En 1905, donc Freud publie son ouvrage capital *les Trois essais sur la théorie de la sexualité.*

Rappelons que c'est dans le courant de l'année 1898, après avoir abandonné la théorie de *la séduction,* que Freud approche de la sexualité infantile.

C'est après avoir terminé son livre sur les rêves qu'il projette d'écrire un travail sur la théorie de la sexualité.

Étant donné le délai — près de cinq ans — on ne peut pas dire qu'il se soit jeté frénétiquement sur ce thème.

C'est, en quelque sorte, contraint et forcé, en homme de science soumis à la logique des faits, que Freud aborde l'étude de la sexualité. On en est d'autant plus perplexe, devant les réactions de violence inouïe qu'il déchaîne contre lui. La structure de l'ouvrage est intéressante. Il se compose de trois parties :

la première, traitant des *aberrations* sexuelles ;

la seconde, *la sexualité infantile ;*

la troisième, les *transformations de la puberté.*

Cette organisation du livre à elle-même une signification :

1) montrer que les déviations ne sont que des formes d'excroissance unilatérale et de fixation d'éléments qui existent nécessairement chez des gens *normaux ;*

2) rattacher ces éléments aux phases de développement de la sexualité infantile.

3) mettre en relief la distinction entre la sexualité et la *génitalité.*

L'importance attachée par Freud à ce travail est témoignée par la multiplicité des rééditions : 1905, 1910, 1915, 1920, 1924-1925, révisées chaque fois dans le détail, avec des ajouts substantiels en relation avec les découvertes successives. Avec la théorie de la sexualité, ce n'est pas d'un nouveau recentrement de la psychanalyse qu'il s'agit, le déplacement de la *signification* vers la *pulsion,* c'est l'approfondissement du champ ouvert par la *signification* et ses avatars.

Pour comprendre l'étude systématique de la sexualité, entreprise par Freud, il faut se rappeler ses périodes de recherches fiévreuses, où, par l'intermédiaire de sa correspondance avec W. Fliess il travaille sur trois registres :

1) Un registre personnel, qui est son *auto-analyse ;*

2) L'examen systématique des rêves ;

3) Un registre théorique, où il cherche à conceptualiser ses découvertes quant à l'étiologie de l'hystérie.

Or, dans un manuscrit du 25 mai 1897, relatif à la *structure de l'hystérie,* il propose une version nouvelle des notions de *refoulement,* des *fantasmes,* du *refoulement dans l'inconscient.* Il fait état *d'impulsions* responsables de la formation des symptômes. Dans son manuscrit du 31 mai 1897, il mentionne les *pulsions hostiles* à l'endroit des parents. Plus loin, il étudie les relations entre les *pulsions et les fantasmes;* plus loin, réfléchissant sur l'inceste, il le caractérise comme un *fait antisocial.*

Rappelons qu'à cette période, il reste encore (plus ou moins) convaincu de la *séduction* de l'enfant par les parents (notamment le père). Il se pose des questions quant à l'aptitude des enfants aux *excitations sexuelles,* puis, ayant renoncé à sa *théorie de la séduction* (sa *neurotica,* comme il dit), il débouche sur la découverte du *complexe d'Œdipe,* qui lui ouvre la voie à l'existence d'une sexualité infantile. Tous les textes de cette époque sont en priorité marqués par ces préoccupations relatives à la sexualité.

Mais on comprend que l'étude des rêves soit la première à être mise en route : toute *l'auto-analyse* de Freud s'appuie sur eux ; il s'ensuit que d'autres phénomènes où est à l'œuvre la *fonction signifiante* vont être étudiés :

D'où la *Psychopathologie de la vie quotidienne.* En outre, Freud ne parle pas de la *fonction signifiante :* il dit que les rêves ont un *sens,* que le symptôme a un *sens,* il en déduit une structure qui conditionne l'existence et l'organisation du *sens, l'inconscient,* constitué des *résidus d'une époque préhistorique de l'existence.*

D'ailleurs, dans cette même lettre du 10 mars 1898, où il utilise cette formulation, il écrit encore :

— Il me semble que l'explication par la réalisation d'un désir donne bien une solution psychologique...

Plus loin, il interroge Fliess :

— D'ailleurs, il faut que tu me dises sérieusement si je puis donner à ma psychologie, qui aboutit à l'arrière-plan du conscient, le nom de métapsychologie.

C'est donc toute la problématique de la *réalisation du désir* que Freud cherche à expliciter, en abordant de front, et à fond, les problèmes de la sexualité.

Si l'étude du rêve accorde une promotion conceptuelle à la notion de *fantasme,* l'étude de la sexualité va permettre la mise au point d'un concept central en psychanalyse : la *pulsion.*

Nous avons déjà vu plus haut les *impulsions,* les *pulsions* mises en service, nous avons vu Freud dire sa surprise de *retrouver dans le rêve de l'enfant qui survit, avec ses impulsions* (c'est lui qui souligne), il s'agit maintenant d'aller voir la *pulsion* au plus près de son fonctionnement.

C'est l'étude des *déviations* sexuelles qui permet d'opérer la distinction entre *instinct* et *pulsion* (Triebe). *L'instinct* est un montage préformé, qui travaille de façon stéréotypée chez l'animal, ayant une finalité précise : la perpétuation de l'espèce.

La pulsion, c'est autre chose. Les *perversions,* au niveau descriptif, montrent que les *déviations* du présumé *instinct* sexuel peuvent être de deux ordres :

1) déviations quant à *l'objet ;*

2) déviations quant au *but.*

Le premier a trait à une modification dans le choix de l'objet par rapport au sexe, à l'âge, voire même à l'espèce. Pour ce qui concerne l'homosexualité, Freud discute le problème des différents facteurs possibles (congénitaux, acquis etc.). Il admet l'idée (qu'il tient de W. Fliess) d'une bisexualité innée. Il suggère la possibilité, dans certains cas d'homosexualité, d'un stade très précoce de fixation à la mère qui, ensuite, permet une identification à elle. De ce fait, les objets dont ils tirent, par la suite, leur satisfaction sont des miroirs narcissiques d'eux-mêmes, aimés alors comme ils auraient souhaité que leur mère les aime.

La déviation quant au but s'exprime soit par des transgressions anatomiques (bouche, anus, vêtements dans le fétichisme), qui remplacent les organes génitaux, soit par des fixations à des stades préliminaires qui, au lieu de contribuer à conduire à l'acte final, en prennent la place : voyeurisme, exhibitionnisme, sadomasochisme.

Quand il écrit ainsi les *déviations* sexuelles, Freud n'est pas un sexologue. Avant lui Kraft-Ebing, Havellock Ellis, Moll (à qui il emprunte la notion de *libido*), avaient dressé le catalogue de ce qu'ils appelaient les *perversions,* par référence à une sexualité liée au présupposé de l'existence d'un *instinct sexuel* naturel.

Étant donné ce qu'il a appris par l'étude des névroses et l'exploration du rêve, les notions de *normal* et de *pathologique* n'ont plus de sens pour lui. Ou, plutôt :

— ...le *pathologique* est l'excroissance unilatérale d'un des éléments qui comprennent l'ensemble *de la normalité.* Le *pathologique,* c'est l'un des éléments de la *normalité* comme vu au microscope.

Il adopte ce même raisonnement quant à la compréhension des *aberrations* sexuelles : ce sont des excroissances unilatérales d'éléments, subissant une *fixation,* et qui existent à l'état atténué chez l'être *normal.*

Ces éléments, dont la fixation et l'excroissance unilatérale provoquent les *déviations,* c'est ce que Freud appelle les *pulsions partielles.*

Il est ainsi conduit à l'examen de la sexualité infantile.

Durant le temps où il est aux prises avec la théorie de la *séduction,* Freud fait l'hypothèse d'une sexualité infantile, de l'aptitude du tout jeune enfant à ressentir des excitations au niveau de zones privilégiées (les zones sexuelles, ou *zones érogènes*) : la bouche, l'anus, peut-être le corps tout entier.

Sa démarche actuelle est tout autre : il s'agit de systématiser et d'approfondir ces découvertes et de les coordonner dans une totalité théorique.

Les excitations qui proviennent des zones sexuelles privilégiées, ce sont celles-là mêmes qu'il désigne du nom de *pulsions.*

La *zone érogène* (calquée sur l'expression zone *hystérogène*) est source d'excitations particulières c'est-à-dire source de la *pulsion ; cette pulsion* vise un *but,* qui est l'apaisement de cette excitation, c'est sur le trajet de l'apaisement que se situe *l'objet.*

Dans des écrits théoriques ultérieurs, Freud tentera de donner à la *pulsion* son statut théorique le plus élaboré.

Après quelques considérations sur les causes relatives à l'ignorance de cette sexualité infantile, ignorance qu'il met au compte de *l'amnésie* qui recouvre ces toutes premières années, Freud entre dans le vif de la description.

Il prend comme modèle des manifestations sexuelles de l'enfance : la *succion,* en rappelant que le pédiatre hongrois Lindner, lui avait (dès 1879) consacré *une excellente étude.*

— Lindner, dit Freud, a clairement reconnu la nature sexuelle de cet acte.

Il ajoute :

— Les mères assimilent souvent le suçotement aux mauvaises manières de l'enfant.

La succion (le suçotement) va donc servir de *modèle* théorique à l'étude de la sexualité infantile, et par là-même à celle de la sexualité humaine.

Freud écrit :

— Il me semble que l'enchaînement des phénomènes, qu'éclaire la psychanalyse, nous permet de dire que le suçotement est un acte sexuel, et d'étudier en lui la principale forme de la sexualité infantile.

Freud met alors en avant une notion capitale : *l'auto-érotisme.* Il précise ainsi :

— Ce qui nous semble être le caractère le plus frappant de cette activité sexuelle, c'est qu'elle n'est pas dirigée vers une autre personne. L'enfant se satisfait de son propre corps ; son attitude est auto-érotique, pour employer un terme de Havellock Ellis.

Par le suçotement, l'enfant recherche, et se procure un *plaisir,* qu'il a déjà éprouvé, dans d'autres circonstances, et qu'il cherche à renouveler.

Quelles sont ces circonstances ? Voici ce que répond Freud.

— C'est l'activité initiale et essentielle à la vie de l'enfant qui le lui a appris, la succion du sein maternel, ou de ce qui le remplace. Nous dirons que les lèvres de l'enfant ont joué le rôle de zone érogène et que l'excitation causée par l'afflux du lait chaud a provoqué le plaisir. Au début, la satisfaction de la zone érogène fut étroitement liée à l'apaisement de la faim. L'activité sexuelle s'est tout d'abord étayée sur une fonction servant à conserver la vie, dont elle s'est rendue indépendante plus tard. Quand on a vu l'enfant rassasié abandonner le sein, retomber dans les bras de sa mère, et les joues rouges, avec un sourire heureux s'endormir, on ne peut manquer de dire que cette image reste le modèle de l'expression de la satisfaction sexuelle qu'il connaîtra plus tard. Mais bientôt, le besoin de retrouver la satisfaction sexuelle se séparera du besoin de nutrition...

Sur la base de cette description, la succion (le suçotement) nous fait connaître les trois caractéristiques essentielles de la sexualité infantile.

D'abord son origine : elle se développe en *s'étayant* sur une fonction physiologique essentielle à la vie ;

ensuite son *objet :* elle est le propre corps de l'enfant, c'est-à-dire qu'elle est auto-érotique ;

enfin son but : il est déterminé par l'action d'une zone érogène.

Ce qui est important, à ce niveau de l'investigation, c'est la notion *d'étayage.* Elle met en évidence l'origine de la sexualité infantile : en même temps que le fonctionnement alimentaire se satisfait de la nourriture, commence à apparaître un processus sexuel.

L'étayage de la pulsion sur la fonction, de la pulsion sexuelle (orale) sur la fonction alimentaire se produit par le fait que, parallèlement à l'alimentation, il y a excitation des lèvres et de la langue par le mamelon et le flux de lait chaud. L'objet, le but et la source, qui définissent la *pulsion,* donc son existence, peuvent se résumer dans l'expression : *ça entre par la bouche.*

Ça, c'est l'objet ; *entre,* c'est le but, qu'il s'agisse du but sexuel ou alimentaire ; par la *bouche,* c'est la source, douée de cette même duplicité d'être à la fois organe sexuel et organe de la fonction alimentaire. (Rappelons que dans une lettre à W. Fliess du 3 janvier 1897, Freud parle de *l'organe sexuel oral.*)

La *pulsion* apparaît donc dans ce même mouvement où se trouve satisfaite la fonction alimentaire. L'étayage consiste donc en cet appui que trouve la sexualité naissante dans un fonctionnement lié à la conversation de la vie.

En fait, *étayage, surgissement, naissance de la pulsion sexuelle* sont une seule et même chose.

Qu'est-ce qui justifie Freud à fonder ainsi la genèse de la sexualité infantile ?

Il opère par un raisonnement en plusieurs temps.

D'abord, l'existence du suçotement, comme activité auto-érotique, comme recherche de plaisir par l'intermédiaire du corps propre du sujet. (*Hélas ! je ne puis me baiser, pourrait-on lui faire dire,* ajoute Freud.)

Ensuite, le rappel des circonstances originelles grâce auxquelles un tel plaisir a pu prendre naissance.

Enfin, la constitution de *l'auto-érotisme* comme temps privilégié du développement de la *pulsion* sexuelle.

Voici ce qu'écrit Freud :

— A l'époque où la satisfaction sexuelle dans ses tout premiers commencements était liée à l'absorption des aliments, la pulsion sexuelle avait son objet au-dehors du corps propre, dans le sein de la mère. Cet objet n'a été qu'ultérieurement perdu, peut-être précisément au moment où l'enfant est devenu capable de former une représentation d'ensemble de la personne à laquelle appartenait l'organe qui lui apporte une satisfaction. En règle générale, la pulsion sexuelle devient, dès lors, auto-érotique, et ce n'est qu'une fois surmontée la période de latence que le rapport originel se rétablit. Ce n'est pas sans raison que l'enfant suçant le sein de sa mère est devenu le prototype de toute relation amoureuse. Trouver l'objet sexuel, c'est, à proprement parler, le retrouver.

On voit ainsi que l'apparition de la pulsion sexuelle sur la base du fonctionnement alimentaire n'est pas le simple effet de la stimulation mécanique du *lait chaud.*

Par le *suçotement,* temps *auto-érotique,* le nourrisson reconstitue la situation de plaisir dans son ensemble, telle qu'elle est réalisée du fait de la présence de la mère ou de la nourricière. En effet, Freud, qui a renoncé au *traumatisme,* qui a abandonné la théorie de la *séduction,* qui s'est attaché à mettre au clair les *lois* du fonctionnement de la vie fantasmatique, Freud sait très bien que, par la force des choses (c'est-à-dire les nécessités vitales essentielles de l'environnement néo-natal), la sexualité n'apparaît pas sous l'effet miraculeux d'une poussée endogène.

Ce sont les soins de la mère, nourriture, caresses, propreté, etc. qui mettent en évidence le caractère privilégié des *zones érogènes,* en tant que celles-ci sont des zones d'échanges, entre le corps de l'enfant et son entourage.

Paradoxalement, Freud, qui a jeté la théorie de la *séduction* par la fenêtre, la fait revenir par une porte particulière : les soins (ceux de la mère), en se polarisant sur certaines régions corporelles contribuent à les définir comme zones érogènes, zones d'échange qui appellent et provoquent l'excitation pour ensuite la reproduire de façon autonome, par stimulation interne.

Aussi peut-il écrire :

— Les rapports de l'enfant avec la personne qui le soigne sont pour lui une source continue d'excitations et de satisfaction partant des zones érogènes. Et cela d'autant plus que la personne soignante — généralement la mère — considère l'enfant avec des sentiments dérivant de sa propre vie sexuelle, le caresse, l'embrasse, le berce et le prend, tout à fait évidemment, comme substitut d'un objet sexuel de plein droit.

Ainsi, Freud pourra-t-il décrire des zones privilégiées, lieux de la sexualité orale, anale, urétrale, ou génitale. Mais là n'est pas l'intérêt de son propos.

L'intérêt de son propos, c'est de montrer que la sexualité (la *pulsion*) apparaît comme *effet marginal* (prime de plaisir) de l'activité, d'une fonction d'auto-conservation. Cet *effet marginal* est constitutif des zones d'échange, mais il peut se produire à l'occasion de toute autre activité.

La *recherche du plaisir,* qui est l'essence et l'essentiel de la sexualité humaine (que Freud appelle la *libido,* comme étant l'équivalent de la faim au niveau de l'alimentation) n'a plus rien à voir avec *l'instinct* (de reproduction). La *pulsion,* qui est d'origine somatique par sa source, qui s'enracine ainsi dans le biologique, dont le but est d'apaiser la tension ainsi apparue, peut changer indéfiniment, et de source, et d'objet, de façon à atteindre son but.

C'est ce que l'étude des *aberrations* sexuelles avait mis en lumière.

Ainsi est mise en avant la notion de *pulsions partielles,* qui doivent s'unifier sous le primat du génital, au moment des transformations biologiques de la puberté.

Par rapport à l'instinct sexuel, dont la finalité est la reproduction de l'espèce, la pulsion sexuelle (et la sexualité humaine) et en quelque sorte *perverse* dans son essence.

Elle apparaît comme par une sorte de *déqualification* de l'instinct.

Freud donne ainsi une définition élargie de la sexualité, lourde de conséquences.

La notion de *pulsions partielles* l'amène à définir des *phases prégénitales* du développement de la sexualité (ce qu'on a appelé les stades : oral, sadique-anal, phallique, qui comportent beaucoup d'intermédiaires, et qu'il ne faut pas considérer comme dans une succession mécaniquement temporelle : il faut penser le *stade* suivant comme contenant des éléments du *stade* antérieur).

L'existence des pulsions partielles, et de leur corrélat, l'organisation prégénitale de la libido, imposent la notion de *l'enfant comme pervers polymorphe,* c'est-à-dire disponible pour tous les comportements et attitudes qui, une fois *fixées* et développées de façon unilatérale, deviennent les *perversions* de l'adulte.

Quant au *complexe d'Œdipe,* Freud dit :

— ...la prise de conscience de ce complexe est devenue la shibboleth (le mot de ralliement) qui permet de distinguer les partisans de la psychanalyse de ses adversaires.

Avec *les Trois essais sur la théorie de la sexualité* (qui vont connaître les remaniements et des additions successifs), Freud tient en main l'essentiel de la compréhension de la vie pulsionnelle de l'être humain.

C'est l'infrastructure qui lui manquait pour comprendre et les fondements biologiques de la personnalité et les mécanismes de sa désorganisation. Mais, nous le verrons, le *pulsionnel n'est pas* le biologique.

C'est à tenir le *pulsionnel* et la *signification* bien en main, pour les accorder dans une construction théorique cohérente que Freud va s'attacher. Mais cette *construction théorique cohérente* sera plus à l'œuvre comme fil conducteur dans sa démarche, que comme mouvement théorique achevé.

Pour confirmer le sens de cette démarche, comment on doit comprendre le sens de ce qu'on pourrait appeler *l'infrastructure pulsionnelle* de la personnalité, Freud écrit en 1908 un court article intitulé *Caractère et érotisme anal,* dans lequel il s'efforce de montrer que certains traits de caractère — être ordonné, économe, entêté —, *sont les résultats les plus directs et les plus probants de la sublimation de l'érotisme anal.*

Dans cet article, il résume ses thèses des *Trois essais* (de 1905) en ces termes :

— Dans cet ouvrage, je cherche à montrer que la pulsion sexuelle de l'homme est un montage hautement complexe, né de la contribution de nombreuses composantes et de pulsions partielles. Une contribution essentielle à *l'excitation sexuelle* est fournie par les excitations périphériques de certains endroits remarquables du corps (organes génitaux, bouche, anus, méat urinaire) qui méritent le nom de *zones érogènes.* Mais les quantités d'excitation envoyées depuis ces endroits ne connaissent ni toutes ni à chaque époque de la vie le même destin. Généralement parlant, en partie seulement d'entre elles servent à la vie sexuelle ; une autre partie est détournée des buts sexuels et dirigés sur d'autres buts, processus qui mérite le nom de *sublimation.*

Il précise alors sa pensée de la manière suivante :

— A l'époque de la vie que l'on peut caractériser comme *période de latence sexuelle,* de la cinquième année accomplie jusqu'aux premières manifestations de la puberté (vers la onzième année) on voit même se créer dans la vie psychique, aux frais de ces excitations fournies par les zones érogènes, des formations réactionnelles, des contrepuissances, comme la honte, le dégoût et la morale, qui s'opposent comme des digues à la mise en activité ultérieure des pulsions sexuelles.

Puis il décrit les traits de caractères liés à la *sublimation* des pulsions de l'érotisme anal.

Cet article fit bondir ses contemporains : on tourna en dérision ces idées grotesques qui rapportaient un trait de caractère, une chose de l'esprit aux aspects les plus dégradants du corporel.

C'était la méconnaissance de l'intervention du pulsionnel dans le psychique qui agitait ainsi ses critiques, qui avaient été encore plus horrifiés lors de la parution des *Trois essais.* Dans la préface à la quatrième édition de son livre, Freud écrit :

— Si l'humanité était capable de s'instruire par l'observation directe des enfants, j'aurais pu m'épargner la peine d'écrire ce livre.

Or, *l'observation directe des enfants* — en ce temps-là — avait peu de chances de mettre en éveil l'attention de ses collègues médecins, tous confits en béatitude dans le mythe de l'innocence de l'enfance. (Qui, notons-le, est un mythe à caractère défensif.)

L'affirmation, chez l'enfant, de pulsions sexuelles, et plus encore la notion de sa *disposition perverse polymorphe* mit le public en fureur.

Non seulement les enfants étaient arrachés au Paradis de leur innocence, originelle, mais, en plus, on annonçait leurs premiers objets sexuels et durant près de vingt ans (la quatrième édition date de 1920) il fut abreuvé des mêmes injures.

— Pourtant, dit-il, (sans doute avec tristesse) dans cette même préface, je ne puis me résoudre à admettre que cette partie de la doctrine psychanalytique s'éloigne le plus de la réalité.

Quand Freud énonce :

— La disposition des enfants à une perversion polymorphe peut donc être considérée comme la source d'un grand nombre de nos vertus, il désarçonne encore actuellement ses lecteurs : c'est la problématique de la *sublimation* qui entre en scène, et, nous le verrons plus loin, tout l'ensemble des problèmes relatifs à l'anthropologie freudienne.

Il faut rappeler, à nouveau, que dix années auparavant, Freud n'était absolument pas au clair avec la sexualité infantile. Il partageait les vues et les préjugés de ses contemporains : il a fallu que les faits et leurs recoupements s'imposent à lui, avec une évidence vérifiée à maintes reprises, pour qu'il puisse en faire publiquement état.

Durant tout le temps qu'il explorait la théorie de la séduction, Freud avait dans l'idée que l'effet traumatisant de cette *séduction* se produisait *après-coup,* au moment de la puberté, au moment où la scène orginaire sexuelle *présexuelle* pouvait alors prendre sa véritable signification. L'innocence enfantine était ainsi préservée, et les pères étaient voués à l'opprobe. On sait ce qu'il est advenu de toute construction. (Observons que la notion de scène *sexuelle présexuelle* est une sorte de compromis, dont il va se dégager, ultérieurement l'idée de la sexualité infantile.)

La notion d'une sexualité infantile qui semble — apparemment — aujourd'hui, aller de soi, n'a été acquise qu'au prix d'un long et douloureux travail théorique.

Mais, nous le verrons plus loin, les implications considérables liées à la prise en compte de la vie pulsionnelle chez l'être humain, soulèvent encore beaucoup de problèmes.

L'observation directe des enfants, dont Freud pense (à tort) *qu'elle lui aurait épargné d'écrire son livre,* il aura l'occasion de la mettre à l'épreuve dans un contexte très particulier.

Durant une certaine période, Freud met à profit les découvertes liées à l'existence de la sexualité infantile. En 1907, il fait paraître un article sur *L'éducation sexuelle des enfants,* où il mentionne le cas d'un jeune garçon, appelé Herbert, qui va donner sous peu le *Cas du petit Hans.*

En 1908, il publie une courte étude sur *La morale sexuelle dans la civilisation.* Nous aurons l'occasion d'y revenir, puisque Freud aborde dès lors les problèmes plus vastes de l'anthropologie.

Un travail sur *Les théories sexuelles des enfants,* un autre *Sur l'érotisme anal* (dont nous avons parlé plus haut) témoignent du développement de son intérêt pour tous ces problèmes.

Mais, dès 1906, il avait fait état de ce genre de préoccupations en prononçant une conférence sur la *Continence sexuelle* devant la Société pour la connaissance des sciences sociales ; à la même époque, il avait fait part de son projet d'une étude de *la vie amoureuse de l'homme* au cours d'une réunion de la Société psychanalytique de Vienne.

Toute cette problématique de la sexualité infantile dans ses rapports avec la théorie psychanalytique, va prendre un caractère plus synthétique avec le *Cas du petit Hans,* première psychanalyse d'enfant, qui date de l'année 1909. Cette observation psychanalytique est en quelque sorte la vérification pratique des données théoriques développées précédemment, relatives à l'évolution psycho-sexuelle des enfants.

Le petit Hans est un enfant de quatre ans et neuf mois qui souffre d'une peur panique des chevaux (la peur d'être mordu), une phobie, qui l'empêche de sortir, apparue quelques mois après la naissance de sa sœur.

La jeune mère avait été soignée par Freud avant son mariage. Le père avait assisté à ses conférences, de telle sorte que c'est à lui que Freud propose la conduite du traitement.

Cette méthode — non orthodoxe — consistait en questionnements et interrogations détaillées sur les préoccupations et les rêves du jeune garçon.

Les préoccupations — anxieuses — du petit Hans étaient multiples. Deux d'entre elles étaient prédominantes : d'une part, qu'en est-il du *faire pipi* (du pénis), chez la mère, chez la sœur, chez moi ? Va-t-il leur en pousser un, va-t-il grandir, le mien ? D'autre part, d'où viennent les enfants, est-ce bien la cigogne, qui a amené ma sœur Anna à la maison ?

Plusieurs rêves, où il est question d'une grande girafe et d'une girafe chiffonnée, d'une baignoire et d'un plombier agressif ; témoignent de la représentation que se fait le petit garçon des scènes sexuelles entre ses parents.

Il apparaît que le cheval dont le petit Hans a peur a du noir autour des yeux et autour de la bouche : or, le père porte d'énormes moustaches noires.

Ainsi, le cheval, par qui le petit Hans a peur d'être mordu, est le substitut du père, par qui il craint d'être châtré, pour ses désirs incestueux. Le *complexe d'Œdipe* et son corollaire *le complexe de castration* sont ainsi bien mis en place.

Freud conduit cette *psychanalyse* à distance, sans toujours faire part au père de ses découvertes.

En mettant à jour ses *complexes,* le petit Hans est progressivement débarrassé de sa phobie ; en même temps qu'il découvre, quasiment tout seul, d'où viennent les enfants.

Ce qui fait dire à Freud que :

— La soif de savoir et inséparable de la curiosité sexuelle.

En terminant cette observation, toujours sous le coup des polémiques avec les adversaires de la psychanalyse et l'existence de la sexualité infantile, Freud ironise :

— Il me faut maintenant le demander : quel mal a été fait à Hans en amenant à jour ces complexes qui sont non seulement refoulés par les enfants, mais redoutés par les parents ? Le petit garçon a-t-il esquissé le moindre *attentat* contre sa mère ? A-t-il remplacé par des actes les mauvaises intentions qu'il nourrissait contre son père. Certes, c'est ce qu'auront craint bien des médecins qui méconnaissent la nature de la psychanalyse et s'imaginent qu'on renforce les mauvais instincts en les rendant conscients.

Dans une lettre à Martha Bernays du 13 juillet 1882, Freud fait état de la pénible impression qu'il éprouve quand il n'est pas en mesure de jauger les émotions de quelqu'un en les comparant aux siennes.

Cette aptitude à l'empathie, et l'a.b.c. de toute action psychothérapique. Mais il est vrai qu'avec la psychanalyse, Freud espérait faire beaucoup mieux.

Tandis qu'il explore l'organisation signifiante du rêve en le rapportant à la structure du symptôme, tandis qu'il se lance dans la périlleuse aventure de la mise au jour de la sexualité infantile, grâce à quoi il découvre les fondements pulsionnels de la personnalité, Freud se trouve confronté dans son travail quotidien avec le problème du mécanisme du processus thérapeutique.

Du temps de la méthode cathartique, les choses paraissaient simples : l'effet thérapeutique était produit par la réminiscence sous hypnose, accompagnée d'une forte décharge émotionnelle et affective, des situations traumatisantes présumées causes du symptôme.

Avec l'hypnotisme, c'était encore plus simple (en apparence) : il s'agissait en quelque sorte de gommer le symptôme grâce à la suggestion.

Avec la méthode des libres associations, c'est plus ambigu : le déroulement des associations suit un trajet compliqué, au cours duquel des connexions apparaissent (que le thérapeute met en évidence) et qui se trouvent plus ou moins en relation avec les mécanismes responsables de la maladie.

L'analyse consiste à mettre à jour cette série de connexions, soit à l'intérieur du discours libre du patient, soit par l'intermédiaire des rêves qu'il rapporte.

C'est la mise à jour de ces significations, et leur *prise de conscience* par le patient qui produit l'effet thérapeutique. *L'analyse* ainsi conduite, différait de la méthode cathartique tout simplement par la suppression de l'hypnose, et par le remplacement de la *prise de conscience* bruyante et spectaculaire opérée du fait de la *catharsis,* par une série de petits moments de *prise de conscience* à minima.

Presque dès le début de son expérience de thérapeute, Freud sait qu'il est impliqué dans sa relation avec les patients. Ce qu'il ne sait pas encore, c'est que le processus thérapeutique passe par là.

Ou plutôt, Freud sait quelque chose : il pense que la qualité du résultat thérapeutique dépend de la qualité de la relation du médecin avec son patient.

Ainsi, dès les *Études sur l'hystérie* (en 1895), il écrit :

— ...Pour ces patients-là, (ceux qui ont de la difficulté à accepter le traitement psychothérapique) il est presque inévitable que les rapports personnels avec leur médecin prennent, tout au moins pendant un certain temps, une importance capitale, il semble même que cette influence exercée par le médecin soit la condition même de la solution du problème.

Plus loin, il précise :

— A côté des processus intellectuels, auxquels ont fait appel pour vaincre les résistances, un *facteur affectif* dont on peut rarement se passer, joue son rôle : je veux parler de la personnalité du médecin et, dans de nombreux cas, c'est elle seulement qui sera capable de supprimer la résistance.

Ainsi, dès le début de sa pratique psychothérapique et cela nous le savons depuis longtemps, Freud soupçonne que le processus thérapeutique passe par la relation médecin-malade.

Dans un premier temps, il considère le caractère érotique de cette relation comme accidentel. Il dira :

— Le désir *actuel* se trouve rattaché par une *compulsion associative* à ma personne, évidemment passée au premier plan des préoccupations de mes malades. Il s'agit alors d'une *mésalliance,* d'un *faux rapport.*

Il y a ainsi un *déplacement* (Übertragung), c'est-à-dire un faux rapport temporel et faux rapport de personne.

Très tôt, Freud avait appris que :

— ...la relation affective personnelle était plus puissante que tout travail cathartique et justement ce facteur se soustrayait à notre maîtrise.

Ce facteur, qui se soustrait à la maîtrise du thérapeute, qui a des implications sexuelles, Freud n'est pas encore en mesure de l'élucider et dc le conceptualiser.

Dans une conférence faite au *Collège des médecins* de Vienne le 12 décembre 1904, il s'efforce de défendre l'existence de la psychothérapie. Il explique, pour différencier la suggestion de la psychanalyse, en utilisant, une analogie empruntée à Léonard de Vinci, que la suggestion agit comme la peinture, *per via di porre,* en ajoutant quelque chose, tandis que la psychanalyse agit comme la sculpture, *per via di levare,* en enlevant quelque chose, et, pour ce faire, pour *extirper* ce quelque chose, *elle se préoccupe de la genèse des symptômes morbides et des liens de l'idée pathogène qu'elle veut supprimer.*

Il définit alors la psychanalyse ainsi :

— Le traitement psychanalytique peut, *grosso modo,* être considéré comme *une sorte de rééducation qui enseigne à vaincre les résistances intérieures.*

Il y parle de l'importance des problèmes sexuels, sur le fait que :

— Cette thérapeutique se fonde sur l'idée que les représentations inconscientes — ou mieux, l'inconscience de certains processus psychiques — sont les causes immédiates des symtômes morbides.

Mais le problème de la relation du médecin avec son patient n'est pas mentionné.

Cependant, ce n'est pas faute d'y avoir été confronté.

Mais l'expérience que nous allons relater — *le cas Dora* — ne permet pas encore à Freud une élaboration théorique suffisante de la relation médecin-patient pour qu'il puisse en faire état comme moteur du travail thérapeutique.

Le 25 janvier 1901, Freud écrit à W. Fliess :

— J'ai terminé hier *Le rêve et l'hystérie* et aujourd'hui déjà, je manque d'un dérivatif. C'est un fragment d'analyse d'hystérie où les interprétations se groupent autour de deux rêves. Il s'agit donc en réalité d'une suite au livre des *Rêves.*

Il s'y trouve, en outre, certaines liquidations des symptômes hystériques et quelques vues sur le fondement organo-sexuel de l'ensemble. C'est en tout cas le travail le plus subtil que j'aie jamais écrit et qui effrayera les gens encore plus que de coutume.

Pour ne pas *effrayer les gens,* Freud publiera *le cas Dora* en 1905 : il fera malgré tout grand tapage.

Dora est une jeune hystérique de dix-huit ans, fine, séduisante, cultivée, qui présente les symptômes classiques : toux, aphonie, vomissements, évanouissements avec perte de mémoire.

Dora est au centre des intrigues complexes et dramatiques qui unissent deux ménages malheureux : celui de ses parents et celui d'amis de ses parents, Mme et M. K...

Le père de Dora est une forte personnalité, aimé et admiré par sa fille. La mère est une ménagère prosaïque, qui cherche à oublier dans les soins du foyer les vicissitudes de sa vie conjugale.

Mme K... est la maîtresse du père de Dora, en même temps, qu'une amie très intime de celle-ci. M. K..., en froid avec son épouse, fait une cour pressante et active à la jeune Dora.

C'est dans le courant des péripéties liées à l'activité séductrice de M. K... que vont apparaître les symptômes.

Freud publie cette observation dans un but démonstratif et polémique. D'une part, il veut à nouveau, mettre en relief l'origine sexuelle des symptômes hystériques et de tous les symptômes névrotiques ; il écrit :

— Les manifestations morbides sont, pour ainsi dire, *l'activité sexuelle des malades.* (Souligné par lui.)

Il ajoute encore :

...la sexualité est la clef du problème des psychonévroses, ainsi que des névroses en général. Qui la dédaignera ne sera jamais en état de résoudre ce problème.

D'autre part, il veut compléter la démonstration élaborée dans la *Science des rêves,* dans le sens où il dit :

— ...j'ai, par la suite, tenu compte, dans l'analyse des deux rêves de Dora, de la technique de l'interprétation des rêves, qui ressemble à la technique psychanalytique.

Le traitement qui dure onze semaines, du 1er octobre 1900 au 31 décembre de la même année, interrompu prématurément par Dora pour des raisons intéressantes à élucider, tourne autour de l'analyse de deux rêves.

A l'aide du matériel de ces rêves, des associations qui en sont issues, et du matériel biographique qu'il a pu obtenir, Freud reconstitue, peu à peu, avec l'aide de Dora, les événements qui sont à l'origine de ses troubles.

Freud s'attache surtout à mettre en évidence la structure signifiante du rêve, dans sa relation avec la structure signifiante du symptôme. Il apparaît ainsi que Dora n'est pas insensible aux sollicitations de M. K..., que ses rapports avec Mme K... sont extrêmement ambigus, que ses rapports avec son père le sont encore plus.

Ainsi peut être reconstituée la chaîne causale responsable des symptômes qui intéressent la zone bucco-pharyngée, (toux, aphonie, vomissements) : le dégoût, suscité par un baiser donné à Dora par M. K..., quand elle avait quatorze ans ; une étreinte, lors d'une promenade autour d'un lac, deux ans plus tard, au cours de laquelle elle aurait senti contre elle la pression du membre en érection de son partenaire — d'où *déplacement* de la sensation (refusée) vers un symptôme —, la toux, plus licite ; enfin un fantasme de fellation de son père, présumé impuissant, par sa maîtresse Mme K...

Le premier rêve, qui relate un incendie dans une maison, signifie que Dora doit fuir cette maison pour ne pas succomber à la tentation de céder à M. K... Mais quitter une chambre durant la nuit, cela veut dire aussi être accompagnée par son père, lors de manifestations d'énurésies nocturnes.

Le deuxième rêve relate une promenade très compliquée. Il en ressort ce que Freud appelle une *géographie sexuelle symbolique* qui renvoie, par une série d'associations, à une boiterie (un *faux pas*) apparue dans le décours d'une opération pour l'appendicite, ayant réalisé un fantasme d'accouchement.

Toutes ces descriptions sexuelles détaillées et étonnantes, de la part d'une jeune fille de son âge, de son époque, de son milieu (dont plus tard Freud pensera que ces connaissances sexuelles avaient été généreusement et complaisamment fournies par Mme K...), font crier les contemporains au scandale.

Mais Freud a d'autres soucis en tête. Il pense que le traitement a échoué, que l'interruption du traitement, la rupture suscitée par Dora ont été provoquées par le fait qu'il n'a pas su lui interpréter son *transfert.*

En effet, là, Freud est mis en face de l'action complexe de la relation d'une patiente avec son thérapeute.

Comment l'élucider ? Freud affirme :

— Le retard apporté à la guérison ou à l'amélioration, n'est en réalité dû qu'à la personne du médecin.

Pour expliciter sa pensée, Freud fait état de ce qu'il appelle *les transferts.*

— La productivité de la névrose, dit-il, continue à s'exercer en créant des états psychiques particuliers, pour la plupart inconscients, auxquels on peut donner le nom de *transferts.*

Il pose alors la question capitale :

— Que sont ces *transferts ?*

Voici sa réponse :

— Ce sont de nouvelles éditions, des copies des tendances et des fantasmes qui doivent être éveillés et rendus conscients par les progrès de l'analyse, et dont le trait caractéristique est de remplacer une personne antérieurement connue, par la personne du médecin. Autrement dit : un nombre considérable d'états psychiques antérieurs revivent, non pas comme états passés, mais comme rapports actuels avec la personne du médecin. Il y a des transferts qui ne diffèrent en rien de leur modèle quant à leur contenu, à l'exception de la personne remplacée. Ce sont donc, en se servant de la même métaphore, de simples rééditions stéréotypées, des réimpressions. D'autres transferts sont faits avec plus d'art, ils ont subi une atténuation de leur contenu, une *sublimation* comme je dis, ils sont même capables de devenir conscients en s'étayant sur une particularité réelle, habilement utilisée, de la personne du médecin ou des circonstances qui l'entourent. Ce sont alors des éditions revues et corrigées, et non plus des réimpressions.

Comme on le voit, Freud en est à un niveau descriptif : il constate le transfert, il commence à le comprendre, mais il n'est pas encore sûr de pouvoir le maîtriser.

Plus loin, il écrit :

— ...on se rend à l'évidence qu'on ne peut éviter le transfert par aucun moyen et qu'il faut combattre cette nouvelle création de la maladie comme toutes les précédentes.

Le transfert est une *nouvelle création de la maladie,* il n'est pas encore compris comme le moteur de l'effet psychothérapique.

Plus loin, il dit encore :

— La cure psychanalytique ne crée pas le transfert, elle ne fait que le démasquer comme les autres phénomènes psychiques cachés. La différence des autres cures d'avec la psychanalyse se manifeste en ceci : le malade, au cours d'autres traitements, n'évoque que des transferts affectueux et amicaux en faveur de sa guérison ; là où c'est impossible, il se détache aussi vite que possible du médecin qui ne lui est pas *sympathique* et sans s'être laissé influencer par lui. Dans le traitement psychanalytique, par contre, et ceci en rapport avec une autre motivation, toutes les tendances, mêmes les tendances hostiles, doivent être réveillées, uilisées pour l'analyse, en étant rendues conscientes ; ainsi se détruit sans cesse, à nouveau, le transfert. Le transfert, destiné à être le plus grand obstacle à la psychanalyse, devient son plus puissant auxiliaire, si l'on réussit à le deviner chaque fois et à en traduire le sens au malade.

Freud en reste donc encore à une conception *négative* du transfert, le transfert comme *résistance* au progrès du traitement, qu'il faut rendre conscient et détruire au bénéfice de la bonne marche de la thérapeutique.

Il lui faudra encore d'autres expériences et d'autres déboires thérapeutiques, pour en arriver à une conception *positive* du transfert.

Dans une lettre écrite à Jung, du 6 décembre 1906, il écrit, entre autre, à propos de la thérapeutique analytique :

... C'est essentiellement une cure par l'amour. En outre, c'est le transfert qui fournit la meilleure preuve, la seule inattaquable, du rapport qui existe entre les névroses et l'amour.

Dans une note datée de 1923, en rapport avec ce texte sur le transfert plus haut cité, au terme du *cas Dora,* Freud fait état d'un article de 1915 sur *L'amour de transfert.*

Dans un article paru en 1912, intitulé *La dynamique du transfert,* il est à même de mettre de l'ordre dans ses idées.

Il peut ainsi écrire :

— ...nous en concluons ainsi que tous les rapports d'ordre sentimental utilisables dans la vie, tels que ceux où se marquent la sympathie, l'amitié, la confiance, etc., sont génétiquement apparentés à la sexualité et émanent, par effacement du but sexuel, de désirs vraiment sexuels, quelque innocents et dénués de sexualité qu'ils apparaissent à notre perception consciente.

Dans le *Cas Dora,* Freud écrivait :

— Je ne réussis pas à me rendre à temps maître du transfert.

Plus tard, dans une note de 1923, il se reprochera de n'avoir pas su insister suffisamment sur la relation à caractère homosexuel qui liait Dora et Mme K... Il pense que cette lacune est, en grande partie, responsable de son échec.

Cependant, à l'époque, ce que Freud cherche à élucider, c'est la fuite de Dora, son initiative de la rupture. Il pense qu'elle a voulu se venger de lui, comme elle s'était vengée de M. K... (En racontant à ses parents les tentatives de subordination de ce dernier opérées sur sa personne !)

En fait, la préoccupation de fond, la préoccupation majeure c'est : *comment se rendre maître du transfert ?*

L'attitude de Freud est contradictoire : s'il n'invite plus ses patients à déjeuner comme il le faisait entre 1880 et 1900, il partage parfois avec eux des rafraîchissements qu'on lui apportait pendant les séances.

Dans un article publié en 1912, et intitulé : *Conseils aux médecins sur le traitement analytique,* il fait état de ce qu'on appelle *l'analyse didactique.* Il en parle en ces termes :

— Non seulement, l'analyse didactique permet au futur analyste d'apprendre à connaître bien plus rapidement et avec une moindre dépense en affect, tout ce qui est caché en lui, mais encore il acquiert des impressions et des convictions qu'aucun ouvrage, aucune conférence n'eussent été capables de lui donner.

Plus loin, mettant l'accent sur l'analyse didactique comme indispensable instrument d'auto-connaissance de son propre inconscient par l'analyste praticien, il continue :

— Au contraire, l'analyste qui aura négligé de se faire analyser en sera puni, non seulement par son incapacité à dépasser un certain niveau de connaissance en analysant ses patients, mais par le risque encore plus grave de nuire à autrui. Il cédera facilement à la tentation d'attribuer à ses propres particularités, qu'il perçoit obscurément, une valeur scientifique générale, jetant ainsi le discrédit sur la méthode psychanalytique et induisant le débutant en erreur.

Avec l'instauration de *l'analyse didactique,* c'est la prise en charge complète des implications du transfert qui est assurée.

Si l'analyste doit connaître son inconscient, pour ne pas imputer à ses patients ses propres problèmes, c'est que la pratique de la psychanalyse n'est pas seulement un travail intellectuel de décryptage.

Voici ce qu'en dit Freud, lors de sa conférence prononcée au Congrès de Nuremberg en avril 1910 :

— Le traitement comporte deux parties : le médecin se livre à un travail de déduction et fait part au patient de ce qu'il a déduit et, d'autre part, le patient retravaille ce que lui a dit le médecin. Le mécanisme de notre méthode curative est aisé à comprendre. Nous donnons au patient une idée consciente d'expectation dont la ressemblance avec l'idée inconsciente refoulée l'amène à retrouver lui-même celle-ci. Telle est l'aide intellectuelle qui va lui faciliter la levée des résistances entre le conscient et l'inconscient.

Voici donc pour *l'aide intellectuelle.*

Mais ce n'est pas tout. Freud ajoute :

— Notons en passant, que ce n'est pas là le seul mécanisme utilisé dans la cure psychanalytique ; vous en connaissez tous un autre, bien plus puissant : le *transfert.*

Ce mécanisme, *bien plus puissant,* Freud, au moment de l'analyse de Dora, en subit les inconvénients. Le décryptage des rêves, la prise en charge de leur signification par Dora, sont bien un travail intellectuel, un jeu sur le rébus (du rêve et des symptômes) pratiqué à deux, à l'intérieur duquel, Freud, averti depuis longtemps des implications affectives de la relation médecin-patient, sait qu'il est partie prenante. Mais, comme il dit, ces *transferts* ne le visent qu'en tant qu'il est le support

— de nouvelles éditions, des copies des tendances et des fantasmes... dont le trait caractéristique est de remplacer une personne antérieurement connue par la personne du médecin.

Ces *transferts* sont des parasites, liés au fait que *la productivité de la névrose n'est nullement atteinte.* Ils gênent le travail de décryptage et surtout, sont un frein, une *résistance* à la prise en charge par le patient, des significations issues du travail analytique. Il y a ainsi un travail intellectuel, péniblement élaboré, et en même temps, une situation affective qui favorise ou gêne la collaboration du patient.

Mais Freud va plus loin : en caractérisant les *transferts* comme des *copies,* des *rééditions,* plus ou moins *conformes* ou *subtile,* d'une *personne antérieurement connue,* il est sur le chemin de la compréhension du caractère nécessairement régressif de la situation analytique, et de la *situation de transfert* comme constitutive de la relation analytique.

Les implications affectives de la relation médecin-malade sont ainsi mieux caractérisées : plus tard, dans un article sur *La dynamique du transfert* (1912) il pourra écrire :

— ...la suggestion est l'influence exercée sur un sujet au moyen des phénomènes de transfert qu'il est capable de produire.

Ces implications affectives réciproques, constitutives de la relation analytique, auront des conséquences pratiques importantes à mettre en lumière. Dans cette conférence sur *L'avenir de la thérapeutique analytique,* d'avril 1910, il pourra dire :

— Notre attention s'est portée sur le *contre-transfert* qui s'établit chez le médecin par suite de l'influence qu'exerce le patient sur les sentiments inconscients de son analyste. Nous sommes tout prêts d'exiger que le médecin reconnaisse et maîtrise en lui-même ce contre-transfert.

D'où la conséquence pratique inéluctable :

— C'est pourquoi nous exigeons qu'il commence par subir une analyse et qu'il ne cesse jamais, même lorsqu'il applique lui-même des traitements à autrui, d'approfondir celle-ci. Celui qui ne réussit pas à pratiquer une semblable auto-analyse ferait bien de renoncer, sans hésitation, à traiter analytiquement des malades.

Une telle attitude a une signification très nette : elle montre bien que le discours du patient : libres associations, rêves, paroles, silences, etc. n'est pas un texte à lire, puis à traduire, pour lui en confier ensuite la traduction, bribes par bribes ; il s'insère et fonctionne dans la situation transférentielle, et n'a de sens (et de significations) que par rapport à celle-ci.

La nécessité de *l'analyse didactique* n'est donc pas une fantaisie ni une exigence dogmatique. Elle est constitutive des implications psycho-sexuelles de toute relation thérapeutique. Elle n'est ni un apprentissage, ni une sorte d'auto-pédagogie, ni une vérification sur soi-même de la *vérité* de l'interprétation psychanalytique, elle est une *formation.* Elle est une sorte d'auto-connaissance de soi, acquise dans une relation transférentielle, qui doit permettre une *domination de soi.*

Freud affirme, dans son article *Conseils aux médecins :*

— Toute personne sachant apprécier le prix de la connaissance et de la domination de soi ainsi acquises continue ensuite à s'analyser et reconnaît de bon gré qu'elle ne cesse jamais de découvrir, en elle-même comme en autrui, des éléments nouveaux.

Voulant mettre l'accent sur les implications psycho-sexuelles sous-jacentes à toute relation interpersonnelle, Freud écrit dans un article intitulé *A propos de la psychanalyse dite « sauvage »,* publié en 1910 :

— Nous considérons comme appartenant au domaine de la sexualité toutes les manifestations de sentiments tendres découlant de la source des émois sexuels primitifs, même lorsque ces émois ont été détournés de leur but sexuel originel ou qu'un autre but non sexuel est venu remplacer le premier. C'est pourquoi nous préférons parler de *psycho-sexualité,* soulignant ainsi qu'il ne faut ni négliger, ni sous-estimer le facteur psychique.

L'*analyse didactique,* par l'auto-connaissance de soi qu'elle assure, par l'expérience de la situation transférentielle qu'elle permet, avec ses mouvements affectifs, et leurs implications sexuelles diverses, doit éviter ces interventions intempestives et dangereuses qualifiées de *psychanalyse sauvage.*

Dans son article de 1915, intitulé *Observations sur l'amour de transfert,* Freud assimile l'amour suscité par le transfert comme ayant les mêmes caractéristiques d'un amour *véritable,* mais indépendant des *avantages dont il* (le psychanalyste) *peut se targuer.*

Plus loin, il précise ainsi les choses :

— Il est exact que cet état amoureux n'est qu'une réédition de faits anciens, une répétition des réactions infantiles, mais c'est là le propre même de tout amour et il n'en existe pas qui n'ait pas son prototype dans l'enfance. Le facteur déterminant infantile confère justement à l'amour son caractère compulsionnel et frisant le pathologique. L'amour de transfert est peut-être d'un degré moins libre que l'amour survenant dans la vie ordinaire et réputé normal.

Plus loin, mettant l'accent sur la responsabilité du psychanalyste, sur le caractère infiniment sérieux et dangereux de la situation dans laquelle il se trouve engagé, du fait de ses implications affectives, il écrit :

— Le psychanalyste sait bien qu'il manipule les matières les plus explosives et qu'il doit opérer avec les mêmes précautions et la même conscience que le chimiste.

Ainsi, l'amour (la sexualité) est cause des troubles ; l'amour (le transfert) constitue le mécanisme de leur guérison. En fait, les choses ne sont pas aussi simples ni aussi claires. Tout se passe à travers les déguisements, des distorsions, des déformations qu'il s'agit d'interpréter (les significations). Tout se constitue progressivement dans une histoire (la genèse de la sexualité infantile). La situation transférentielle est une scène où se joue un drame (à deux personnes, à trois personnes, à plusieurs personnes), dont le thérapeute doit connaître et maîtriser les règles de la dramatisation.

L'histoire du sujet, intériorisée en quelque sorte, selon une dimension verticale, se déroule horizontalement dans la temporalité de la cure analytique. Le transfert, expression des nécessités affectives du sujet, exprime les temps forts de cette histoire et leurs nœudes dialectiques.

Tout se tient : *la signification, la sexualité, le transfert,* sont les trois pièces constitutives de la psychanalyse, indissolublement liées.

Dans son article de 1910, consacré à *La psychanalyse sauvage,* Freud conclut ainsi :

— Au printement 1910, nous avons fondé une association psychanalytique internationale. Les membres reconnaissent leur appartenance à celle-ci en faisant publier leurs noms, ce qui nous permet de décliner toute responsabilité en ce qui concerne la façon de procéder de ceux qui ne sont pas des nôtres, mais qui prétendent néanmoins donner à leurs méthodes le nom de *psychanalyse.*

Cette déclaration de Freud n'est pas seulement dictée par un souci *d'orthodoxie.* Il a payé cher, au niveau personnel, pour mettre au point le dispositif technique et théorique qu'il a appelé *psychanalyse.*

Cette matière explosive que le psychothérapeute manipule (souvent sans le savoir, parfois sans en mesurer les conséquences) il s'agit de créer les conditions doctrinales et institutionnelles qui permettent à chacun de ses praticiens de la maîtriser au mieux, au mieux des intérêts des patients, au mieux des intérêts du développement de la nouvelle science.

C'est l'histoire du *Mouvement* psychanalytique qui commence.

VIII. Le développement du *mouvement* psychanalytique

Le 20e siècle, à sa naissance, n'est pas préparé à recevoir la psychanalyse.

Quelle est la contexture de son ciel idéologique, qui permet en même temps à un penseur audacieux de s'emparer des questions implicites posées par l'époque, et en refuse les réponses qu'il propose ? C'est une question difficile.

Freud est un chercheur isolé. Quand paraît *l'Interprétation des rêves,* son livre tombe dans un silence amusé. On n'est pas franchement hostile, mais on trouve ridicule qu'un homme de science puisse s'intéresser à des histoires de bonnes femmes.

Freud n'a pas bon moral. Il écrit à Wilhem Fliess, le 7 mai 1900 (dans une de ses dernières lettres à ce correspondant privilégié) :

— Aucun critique n'est, mieux que moi, capable de saisir clairement la disproportion qui existe entre les problèmes et la solution que je leur donne et, pour une juste punition, aucune des régions psychiques inexplorées où, le premier parmi les mortels, j'ai pénétré, ne portera mon nom ou ne se soumettra à mes lois. Quand, au cours de la lutte, je me suis vu menacé de perdre le souffle, j'ai prié l'ange de renoncer, ce qu'il a fait depuis. Mais je n'ai pas eu le dessus et, depuis, je vais cahin-caha. Voilà que j'ai déjà quarante-quatre ans et je ne suis qu'un vieux Juif plutôt miséreux, comme tu pourras t'en convaincre cet été ou cet automne.

Freud est isolé : ses communications dans les revues spécialisées, ses conférences à l'Université le font connaître, mais la résistance est vive contre ces innovations théoriques en rupture avec les conceptions scientifiques du temps.

A vrai dire, les implications psychologiques et affectives des névroses ne sont pas méconnues par ses contemporains, la psychothérapie est acceptée comme thérapeutique à part entière, mais, dans les milieux médicaux et scientifiques, ce domaine des névroses et, d'une façon générale, des troubles mentaux et psychiques, ne paraît pas accessible à la rationalité, autrement que sous la forme d'une approche organiciste.

La psychologie, la vie affective, et leurs différents conflits, appartiennent aux romanciers et aux poètes : on leur concède volontiers tous les tourments de l'âme, la *science* ayant déjà suffisamment à faire sur son propre terrain. En quelque sorte, *chacun son métier...*

Or Freud prétend introduire la démarche scientifique, rationaliste et objective, dans un domaine où règne l'irrationnel, soumis à l'intuition, à la *sensibilité* personnelle de l'observateur. C'est une gageure, sinon une malhonnêteté intellectuelle, en tout cas une source de malentendus.

On aurait pu penser que les romanciers et les poètes seraient les premiers sensibilisés aux découvertes de Freud.

Mais ces découvertes restent — longtemps — enfermées dans l'enclos étroit du cercle médical.

Un écrivain autrichien célèbre, Arthur Schnitzler, avait, à l'époque, rompu une lance en faveur de Freud, lors de l'histoire de la cocaïne, dans une revue littéraire. Plus tard, il se dira intéressé par les considérations psychologiques élaborées par Freud. Plus tard encore, vers 1906, ils commenceront à entretenir une correspondance.

L'intérêt pour la psychanalyse se développe, progressivement, sur un mode ambigu.

Freud n'est pas pris au sérieux par les médecins, et ceux qui pourraient s'intéresser à son œuvre l'ignorent. De telle sorte que viennent vers lui des gens animés par des motivations très diverses. Son intérêt pour la sexualité, qui contrarie ses collègues, attire l'attention du *sexologue* Wilhem Steckel. (Qui est également *neurologue !*)

Parmi des auditeurs de Conférences qu'il fait à l'Université sur la psychologie des névroses, se trouvent deux médecins, Max Kahane et Rudolf Reitler, qui souhaiteront, particulièrement Reitler, apprendre à pratiquer la psychanalyse.

Dans le silence général, quelques voix s'élèveront pour prendre la défense de *l'Interprétation des rêves.* Freud écrit à ses tout premiers adeptes, à l'automne 1902, pour leur proposer de se réunir. Il s'agit de : Adler, Kahane, Reitler et Steckel. Ces réunions de discussion ont lieu chez Freud, le mercredi soir. On leur donne le titre de *Société psychanalytique du mercredi,* ancêtre originel des Sociétés de psychanalyse.

La réputation de Freud, comme c'est le cas dans la sphère de la recherche médicale et scientifique, se fait en quelque sorte de bouche à oreille. Les thérapeutes, aux prises avec les inextricables méandres du traitement des névroses, deviennent plus attentifs au nouveau procédé thérapeutique qu'on leur propose.

L'électrothérapie, l'hydrothérapie, les massages, qui sont les traitements courants dans les cliniques privées, l'hypnotisme et la suggestion, qui tentent encore quelques médecins qui s'essayent à la psychothérapie, toutes ces thérapeutiques sont décevantes.

La névrose donne du fil à retordre à ceux qui s'emploient à la soigner : aussi, la nouvelle psychothérapie psychanalytique est-elle prise comme une nouvelle chance d'agir sur la maladie.

Les conceptions théoriques de Freud sont cohérentes : elles donnent, simultanément, le moyen de comprendre l'apparition des symptômes et le moyen de les faire disparaître. On a beau être médecin et borné, on ne peut pas ne pas être tenté par une approche doctrinale aussi prometteuse.

Les premiers adeptes de Freud sont des thérapeutes en mal de technique. Certains ont aussi quelques difficultés personnelles, qu'ils souhaitent pouvoir résoudre par leur contact avec le promoteur d'une nouvelle thérapie des troubles psychologiques.

Cette partie de la vie de Freud est fertile en péripéties. Elle est intéressante et significative. Elle s'étend sur plus de dix années, à peu près jusqu'à la veille de la Première Guerre mondiale.

La constitution et le développement du *Mouvement psychanalytique* sont corrélatifs de la nature de la psychanalyse, des problèmes qu'elle soulève, des oppositions qu'elle va rencontrer, et des conflits qu'elle va susciter entre ses partisans.

A cette étape de sa vie, Freud, plus qu'un savant, plus qu'un chercheur, va se transformer en militant d'une cause.

Dans cet esprit militant, Freud réunit la rigueur de l'homme de science et la passion du pionnier.

Il réunira autour de lui un certain nombre d'adeptes, qui partageront la même passion.

Parallèlement, il va poursuivre son œuvre, et réserver encore bien des surprises.

D'autres noms vont venir se joindre à la liste des premiers disciples, qui vont devenir des psychanalystes réputés, et dont les travaux vont contribuer à stimuler la réflexion et la recherche de Freud. En 1903, Federn ; en 1905, Hitschmann ; en 1906, Isidor Sadger ; en 1907, Fritz Wittels ; en 1908, Sandor Ferenczi et Oscar Rie ; en 1909, Victor Tausk ; en 1910, Hans Sachs.

Certains de ces noms sont devenus célèbres. Comment font-ils pour venir à Freud ? Par connaissance, par recommandation, par sollicitation personnelle : tous les moyens habituels à ce genre de démarche sont utilisés. Pour l'instant, on reste à l'intérieur du cercle viennois.

Ultérieurement, des invités étrangers seront admis.

Vers 1908, une petite bibliothèque est créée, et la Société change de nom : elle devient la *Société psychanalytique de Vienne.*

Ce changement de nom marque non seulement le développement du mouvement psychanalytique, l'influence du prestige de Freud à l'étranger, mais aussi une consolidation théorique et pratique de la psychanalyse. Les crises — doctrinales et personnelles — ne sont pas encore en vue. Quand elles vont éclater, elles signeront l'accès de la psychanalyse à la maturité.

Progressivement, l'homme Freud va s'effacer derrière son œuvre. Durant une certaine période, une sorte de transition va s'opérer : d'abord l'œuvre va être encore étroitement liée à son créateur ; puis un groupe de disciples la prendra en charge, pour la porter au loin, dans différents pays du monde, bien au-delà de son centre d'origine ; enfin, et par ce fait même, l'œuvre freudienne prendra son essor et une vie indépendante.

Au tout début du *Mouvement,* ce travail collectif a encore un caractère artisanal et amical : on se réunit entre amis pour discuter des problèmes communs qui tiennent à cœur, en même temps qu'on reçoit l'enseignement oral — et affectueux — de Freud.

Puis, on ambitionne de mieux s'organiser, et de fonctionner sur le mode des Sociétés scientifiques traditionnelles.

La structure institutionnelle se substitue progressivement à l'amitié : des rivalités, des incompatibilités personnelles, l'ambition de quelques-uns, la fragilité de la conviction de certains autres, tout un ensemble de complications d'ordre pratique et psychologique vont être pour Freud la source de beaucoup de tourments.

Soucieux de présenter une certaine *orthodoxie* à sa découverte, Freud va mener un combat théorique impitoyable.

Le lundi 26 avril 1908, se tient, à Salzbourg, le premier congrès international de psychanalyse.

Le choix de la ville n'a rien à voir avec Mozart.

On avait d'abord pensé à Innsbrück, mais, pour les Viennois, qui étaient les plus nombreux, Salzbourg était plus commode.

D'ailleurs, ce premier Congrès, le premier d'une nombreuse série, ne s'intitula nullement Congrès, mais *Rencontre des psychologues freudiens,* à la suggestion de Jung, acceptée par Freud, qui considérait qu'il s'agissait là d'une réunion privée en quelque sorte. Il y avait : 26 Autrichiens, dont 22 Viennois, 2 Anglais, 5 Allemands, 2 Hongrois, 6 Suisses.

Les communications furent, dans l'ordre, les suivantes :

Freud : Observation d'un *cas* (Il s'agit de *l'homme aux rats*).

Ernest Jones : Rationalisation dans la vie quotidienne.

Riklin : Quelques problèmes présentés par l'interprétation des mythes.

Abraham : Différences psycho-sexuelles entre l'hystérie et la démence précoce.

Sadger : Étiologie de l'homosexualité.

Steckel : De l'hystérie d'angoisse.

Jung : De la démence précoce.

Adler : Le sadisme dans la vie et dans la névrose.

Ferenczi : Psychanalyse et pédagogie.

Comme on le voit, les intérêts des participants étaient très variés, et témoignaient d'une connaissance et d'un approfondissement sérieux de la psychanalyse.

La plupart de ces *psychologues freudiens* sont des neurologues.

Comme Freud, ils sont venus à la *psychologie* à partir des difficultés rencontrées dans leur pratique thérapeutique, essentiellement celles des névroses. La plupart du temps, ils ont pris connaissance des travaux de Freud, à partir de commentaires lus dans des revues de psychologie, ou bien encore, par la lecture de *l'Interprétation des rêves.*

Au début, les critiques de l'œuvre de Freud sont rarement élogieuses. Mais les praticiens, engagés dans une entreprise difficile sont à l'affût du procédé thérapeutique qui peut leur permettre de sortir de l'impasse.

La psychanalyse les intéresse parce que c'est une *psychologie* issue d'une pratique qui leur est familière, et qui comporte des conséquences concrètes immédiates.

Ainsi, en 1904, Ernest Jones, le biographe et ami fidèle de Freud prend connaissance, par l'intermédiaire du neurologue anglais Wilfred Trotter, d'un article d'un autre neurologue, le Docteur Mitchel Clarke, de Bristol, écrit par celui-ci dans la revue anglaise *Brain,* en 1896, et consacré aux *Études de l'hystérie,* publiées par Freud et Breuer en 1895.

Cet article du Docteur Clarke passe inaperçu de tous les neurologues, sauf de Havelock Ellis qui en fait état et parle des *recherches passionnantes et vraiment importantes de Freud,* dans son ouvrage intitulé *Études de psychologie du sexe,* paru en 1904.

La psychanalyse attire donc l'attention des neurologues confrontés aux problèmes de la sexualité, ou de ceux qui ne craignent pas de se ridiculiser en s'occupant des problèmes du rêve.

Un Américain, le Docteur Putnam, fait paraître, en février 1906, dans le *Journal of abnormal psychology,* un article entièrement consacré à la psychanalyse.

En 1904, un Autrichien de Graz, Otto Gross, fait également une étude complète des thèses freudiennes, sur le refoulement, la notion de libido, le symbolisme etc. C'est lui qui enseigne la pratique de la psychanalyse à E. Jones.

En 1907, Freud reçoit la visite de Max Eitingon, qui lui avait écrit à propos du traitement d'un malade. Les difficultés rencontrées dans ce traitement l'obligent à accompagner son patient chez Freud pour lui demander conseil.

C'est au cours de quelques promenades à pied avec Freud, que celui-ci entreprend avec lui la première *analyse didactique !*

Cette psychanalyse péripatéticienne devait en inaugurer d'autres.

Ainsi, se constitue, progressivement, ce petit groupe de disciple, s'initiant à l'art difficile de *l'interprétation,* autour de la table du salon d'attente de Freud, tous les mercredis soir. Mais ces quelques amis, sincères et sympathiques, ne constituent pas pour Freud une consécration officielle. Ce sont, en quelque sorte, des francs-tireurs, des marginaux, aucun ne porte de titre universitaire ou hospitalier. Il ne s'agit pas pour Freud d'attacher plus d'importance qu'elle ne mérite à la hiérarchie hospitalo-universitaire : il est lui-même un franc-tireur, tout à fait satisfait de son état. Mais la nouvelle science psychanalytique est jeune, son avenir est incertain, la plupart de ses adeptes sont Juifs comme lui, ce qui redouble l'incertitude de son statut.

Aussi, lorsqu'à l'automne 1904, il apprend que Bleuler, le professeur de psychiatrie zurichois, s'intéresse à la psychanalyse, ainsi que ses élèves, Freud croit voir se lever le soleil.

L'hôpital psychiatrique de Burghölzli, près de Zurich, est un haut lieu européen de la recherche scientifique dans le domaine de la folie. Bleuler est connu pour ses travaux sur la schizophrénie

— dont il a créé le nom — ; Jung, son assistant, a, dès 1902, cité *l'Interprétation des rêves* dans l'un de ses travaux (sur l'occultisme !). Il a même inventé une série de tests d'associations, qui confirment les idées de Freud quant à l'ingérence des facteurs émotionnels dans le processus de remémoration. (On demande à un sujet de dire le mot qui lui vient tout de suite à l'esprit, à l'énoncé d'un certain terme choisi : on peut alors mesurer son temps de réaction, et en déduire le *complexe* affectif sous-jacent.) Jung est également l'auteur de travaux importants sur la *démence précoce* (la schizophrénie), maladie psychique complexe et mystérieuse, qui va être à la source de désaccords théoriques.

Jung, surtout, est un homme jeune et dynamique, plein d'entrain et d'imagination. En 1906, Freud a cinquante ans, et Jung est âgé de trente et un ans. Freud voit déjà en lui son *dauphin :* il l'appelle parfois son *fils héritier ;* il compare Jung à Josué, qui serait destiné à explorer la terre promise de la psychanalyse que Freud, tel Moïse, avait été seul autorisé à apercevoir de loin.

Dès avril 1906, Freud et Jung commencent à échanger une correspondance scientifique, qui devait durer près de sept ans.

C'est le 27 février 1907, un dimanche, à 10 heures du matin, que Jung rend visite, pour la première fois à Freud. La minutie de ces détails chronologiques témoigne de l'importance de l'événement, pour les deux hommes, et, surtout pour Freud, qui après plus de treize années d'isolement, de dédain, ou d'attaques injurieuses, était enfin reconnu par des représentants importants de la science officielle.

Le Docteur Ludwig Binswanger devait rencontrer Freud le 2 mars suivant, et participer avec Jung à la réunion hebdomadaire du groupe viennois. Binswanger, l'année précédente avait déjà écrit un article élogieux sur la théorie freudienne. Psychiatre, il devait devenir le directeur de l'hôpital psychiatrique de Kreuzlingen. Plus tard, il sera un membre éminent du courant phénoménologique.

Il faut observer, qu'avec l'entrée en scène des Zurichois, ce sont des psychiatres qui se trouvent concernés par la psychanalyse. La psychanalyse perd ainsi son caractère ésotérique et marginal, pour faire une entrée en force dans les sphères officielles.

On comprend que Freud ait attaché l'importance qu'il mérite à un tel événement.

Le 15 décembre (1907), Freud reçoit la visite de Karl Abraham, Allemand ayant travaillé plusieurs années avec Bleuler et Jung, à Zurich. Le 2 février 1908, Sandor Ferenczi, Hongrois, médecin et chirurgien ayant déjà pratiqué l'hypnotisme, vient rendre également visite à Freud. Il sera un ami fidèle — filial — pour Freud.

Durant les prochaines années : Rank, Eitingon, Abraham, Jones et Ferenczi deviendront des amis personnels. C'est un fait important à rappeler : dans ce petit groupe, attirés par le même homme, unis par des préoccupations intellectuelles communes, aux contours encore incertains, tous avaient besoin de s'appuyer mutuellement les uns sur les autres pour tenir tête aux adversaires et fortifier leurs convictions.

Les premiers disciples de Freud, sont liés par une admiration commune pour leur Maître, par des intérêts intellectuels communs, mêlés inextricablement à leurs problèmes psychologiques et par des relations affectives complexes et ambivalentes, constitutives de leur terrain d'action. Cela permettra de mieux comprendre les brouilles, les dissidences, et le destin tragique de certains d'entre eux. (Suicide ou folie.)

Tels sont donc les antécédents de ces participants à cette grande fête familiale et intellectuelle de Salzbourg, dont Jung est l'instigateur et le maître d'œuvre.

Le demi-frère de Freud, Emmanuel, âgé de soixante-quatorze ans, était présent aussi : l'industriel de Manchester avait tenu à saluer cet événement.

On y décida la publication d'un périodique le *Jahrbuch für psychoanalytische und psychopathologische forsuchung,* dont Bleuler et Freud furent les directeurs, et Jung le rédacteur en chef.

Malgré le succès et le prestige du *Congrès,* le feu couvait sous la cendre : Viennois et Zurichois se jalousaient mutuellement, et, en particulier, Jung mobilisait l'acrimonie des premiers amis et disciples de Freud.

Parmi ces retombées négatives, un incident entre Abraham et Jung à propos de la *démence précoce,* que le dernier attribuait comme beaucoup de psychiatres de l'époque (et d'aujourd'hui) à d'hypothétiques *psycho-toxines,* alors que Freud et son école considère la *démence* non comme une détérioration des facultés mentales, mais comme un blocage massif des processus affectifs.

Un tel incident est banal dans les réunions scientifiques.

Dans le contexte du moment, il prend un caractère particulier : Freud redoute toute dissension alors même que le premier groupe des psychanalystes vient à peine de naître. En outre, et surtout, il met l'accent sur le fait que les Zurichois ne sont pas des Juifs, et que par leur présence, ils ont *éloigné le danger que la psychanalyse ne devienne une affaire nationale juive.*

Plus tard encore, pour régler plus à fond ce même problème, il écrit à K. Abraham, le 23 juillet 1908 :

— ...Comprenez-moi, je n'ai rien à vous reprocher. Je présume que l'antisémitisme refoulé des Suisses qu'ils sont forcés de m'épargner, s'est trouvé dirigé contre vous avec une force accrue. Je suis d'avis que si nous, Juifs, voulons collaborer avec les autres, nous devons faire preuve d'une certaine dose de masochisme et nous préparer à supporter quelque peu d'injustice. Il n'y a pas d'autre système pour collaborer. Soyez certain que si je m'appelais Oberhuber, mes idées nouvelles auraient, en dépit de tout, suscité moins de résistances...

Malgré tous ses efforts, Freud n'évitera pas la rupture quelques années plus tard. Mais, pour l'instant, c'est la lune de miel avec Jung, d'autant plus qu'ils vont être mobilisés ensemble pour un événement important : le voyage aux États-Unis.

Dans les premières années du siècle, Freud sort donc, progressivement, de l'isolement.

A mesure que sa notoriété grandit, sa clientèle se développe et occupe tout son temps. Les malades sont parfois des Viennois ; mais la plupart viennent d'Europe orientale, de Russie, de Hongrie, de Pologne, de Roumanie, etc. Certains d'entre eux sont attirés vers Freud à partir de la lecture de ses œuvres, rarement *l'Interprétation des rêves,* plus souvent *la Psychologie de la vie quotidienne,* qui est plus populaire.

Avec la disparition des soucis matériels, Freud peut se consacrer à son loisir favori, les voyages.

Il mène une vie familiale paisible : Martha est une épouse attentive et discrète, une mère de famille dévouée, une femme amicale et ouverte, qui sait recevoir, tout en assurant à son mari la tranquillité d'esprit dont il a besoin.

Ce n'est pas la ménagère prosaïque et affairée dont certains ont parlé. Il s'agit de tenir une maison, avec plusieurs domestiques, six enfants, souvent malades (les maladies infantiles), de gérer un budget parfois instable ; enfin bref de faire face aux ingratitudes multiples de la vie quotidienne.

C'est une femme cultivée et intelligente, avec qui Freud a la sécurité et l'affection dont il a besoin. La passion des premières années s'est évidemment apaisée, mais l'amour conjugal, forgé dans les épreuves partagées, la remplace largement : lors de ses absences, Freud écrit régulièrement à sa femme, de longues lettres, parfois quotidiennes.

Cette division implicite du travail, dans la vie conjugale, qui existe chez de nombreux couples, laisse Freud entièrement consacré à son œuvre. C'est avec sa belle-sœur, Minna, *Tante Minna,* la sœur de Martha, qui va partager pendant quarante-deux ans l'existence de la famille Freud (à la suite d'un chagrin d'amour causé par la mort de son fiancé), c'est avec elle qu'il s'entretiendra des préoccupations relatives à son travail.

Minna inaugure la série des femmes *intellectuelles,* qui pour Freud, vont remplacer les amitiés masculines. Plus tard, ce sera Lou Andréas Salomé, Joan Rivière, Marie Bonaparte.

Freud mène une vie familiale paisible, il a des amis, il a des habitudes. Tous les samedis soir, après son cours à l'Université, il joue au Tarok (une espèce de tarot) avec le Professeur Königstein, un des premiers ophtalmologistes à utiliser la cocaïne comme anesthésique local, Oscar Rie, pédiatre à l'Institut Kassowitz, ainsi que le Docteur Rosenberg, également pédiatre à l'Institut Kassowitz. Ses relations amicales se situent dans le milieu restreint du corps médical juif de Vienne.

En 1897, Freud s'est inscrit à un groupe juif (plus ou moins maçonnique) le Club B'nai B'rith, dont il reste membre jusqu'à la fin de son existence. C'est un cercle culturel qui le sort un peu des soucis de son métier. Le 7 et le 14 décembre 1897, il fera une conférence sur les rêves, le 27 avril 1900, il fera un exposé sur le roman de Zola, *Fécondité.*

L'été caniculaire viennois oblige à prendre des vacances prolongées. Freud aime la montagne. Sans être un alpiniste, il est un bon marcheur. Représentons-nous Freud en vacances, arborant un costume tyrolien aux bretelles apparentes, short et chapeau vert orné d'un petit plumet, arpentant les montagnes de la Bavière, non loin de Berchtesgaden, lieu qui devait devenir célèbre, indirectement par son fait, en quelque sorte.

Puis il laisse sa famille à la montagne et part, avec un de ses fils, un ami, ou Minna, pour un voyage en Italie.

C'est au cours d'un de ces voyages en 1897, qu'il prend connaissance des fresques du peintre Signorelli, dans la cathédrale d'Orvieto, dont il devait oublier le nom en cours de route, oubli qui fait maintenant partie de l'anthologie des lapsus et autres menus faits de la psychopathologie de la vie quotidienne.

Il semble que ce soit à l'incitation de son ami Fliess qu'il prend intérêt pour les chefs-d'œuvre de l'art italien.

Mais l'inclination sur l'archéologie et l'origine des civilisations fait partie des préoccupations profondes de Freud et de tout son système de pensée.

Cependant, c'est au cours de l'année 1901 que se produit pour Freud un événement historique en matière de voyage, et riche d'implication multiples : son séjour à Rome.

Avec ce voyage à Rome, il rompt avec une malédiction personnelle, son impossibilité d'accéder jusqu'à la *Ville éternelle.* En outre, il va se trouver face à son idole, Moïse (sa statue de Michel-Ange), ce qui aura pour lui des prolongements affectifs et intellectuels divers.

Cette difficulté à faire le voyage à Rome relève d'une inhibition, déjà contenue dans une certaine manière de phobie qu'avait Freud des voyages en chemins de fer.

Cette difficulté à prendre le train, qui était plus une inquiétude anxieuse qu'une véritable phobie (puisque Freud voyageait quand même), il l'attribue à ses tout premiers grands voyages de sa première enfance, quand il quitte Freiberg pour Vienne. C'est au cours de ce voyage que Freud eut l'occasion de voir sa mère nue, et c'est à l'évocation de cet incident — quarante ans plus tard, dans une lettre à Fliess — qu'il est mis sur la voie de la découverte du *complexe d'Œdipe.*

Rome symbolise *la Mère* (culturelle), et le fait pour Freud d'avoir surmonté cette inhibition témoigne de son progrès intérieur, et qu'il accède à une plus grande confiance en lui.

En 1904, Freud fait un autre voyage, avec son frère Alexandre, en Grèce. Au cours de sa visite à l'Acropole, il est victime d'un curieux phénomène confusionnel : il s'agit d'un état d'étrangeté durant lequel il ne semble pas reconnaître l'endroit où il se trouve, ni admettre que c'est bien là qu'il est.

Bien des années plus tard, dans une lettre à Romain Rolland, il analyse cette manifestation comme conséquence du fait qu'il lui était encore difficile alors d'accepter d'avoir mieux réussi que son père. (Ce que symbolise le séjour au sommet de l'Acropole.)

Ces deux voyages sont intéressants à un double titre : d'une part, ils témoignent de l'acuité de la problématique œdipienne chez Freud à l'époque ; d'autre part, il confirme son inclination croissante pour les problèmes de *civilisation,* qui vont être à la source de ses élaborations anthropologiques ultérieures.

Après ces voyages touristiques et culturels, le séjour aux États-Unis d'Amérique va prendre un autre caractère.

C'est Stanley Hall, fondateur de la psychologie expérimentale aux États-Unis, président de l'Université Clark à Worcester, dans le Massachusetts, qui prend l'initiative d'inviter Freud à faire une série de conférences pour le vingtième anniversaire de la fondation de cette Université.

Ferenczi est invité, Jung également. Tous trois décident de faire le voyage ensemble. Ils prennent un bateau qui quitte Brême (en Allemagne) le 21 août, et arrivent à New York le 27 août, où ils sont accueillis par le psychanalyste américain Brill.

C'est surtout le soutien de J.J. Putnam, professeur de neurologie à Harvard, très tôt acquis aux idées de la psychanalyse qui permet à Freud de faire ces conférences. Elles se présentent sous la forme d'une espèce de résumé de chacune des thèses de la théorie psychanalytique.

Dans la première leçon à caractère historique, Freud fait état de la participation de Breuer dans la naissance de la psychanalyse grâce à la méthode cathartique et au *cas Anna O.*

Dans la deuxième leçon, il décrit les phénomènes de *résistances* et de *refoulement,* pour expliciter la constitution des symptômes.

Dans la troisième, il aborde les problèmes de technique. Il met en lumière la similitude entre les symptômes névrotiques et les idées qui surgissent dans les associations libres du patient. Ces symptômes, ces idées, renferment des éléments aussi bien de matériaux refoulés que de facteurs refoulants. La tâche de l'analyste est de déceler les allusions à ces matériaux, à peu près comme le chercheur d'or doit extraire le précieux métal du minerai. Chemin faisant, il traite de l'analyse des rêves et des différents phénomènes rangés dans la rubrique de la *psychopathologie de la vie quotidienne.* Pour mieux convaincre son auditoire, Freud déclare que la psychanalyse doit être aux yeux du psychiatre ce qu'est l'histologie aux yeux de l'anatomiste.

Dans la quatrième leçon, Freud aborde la question de la sexualité, sur laquelle on l'attendait, avec une curiosité mêlée d'agressivité et d'inquiétude. Il fait un exposé de la sexualité infantile et du *complexe d'Œdipe.*

Dans la dernière leçon, de caractère plus général, Freud met surtout l'accent sur le phénomène transférentiel qui constitue à ses yeux la preuve la plus convaincante de la vérité de la théorie psychanalytique.

Le succès de ces conférences est mitigé. Le doyen de l'Université de Toronto exprime un point de vue, qui semble refléter le sentiment général. Il déclare :

— Un lecteur ordinaire pourrait penser que Freud se fait l'avocat du mariage libre, de la levée de toute contrainte et du retour à l'état sauvage.

Après quelques randonnées touristiques : les chutes du Niagara, le Metropolitan Museum de New York (réputé pour sa collection d'antiquités), Freud quitte New York le 21 septembre 1909, après environ un mois de séjour aux États-Unis, et arrive à Brême avec ses amis Jung et Ferenczi le 29 septembre à midi.

Si les Américains restent perplexes devant Freud et la psychanalyse, Freud l'est encore plus devant l'Amérique. Il l'accuse d'être responsable de ses troubles digestifs et urinaires, il se plaint des longues distances à parcourir avant de trouver un lieu dit *d'aisance* et il conclut :

— L'Amérique est une erreur ; une erreur gigantesque, il est vrai, mais néanmoins une erreur.

C'est lors du deuxième congrès international de psychanalyse organisé par Jung et tenu les 30 et 31 mars 1910 à Nuremberg que fut décidé la création d'une Association internationale.

Cette création suscita la naissance d'autres sociétés nationales, regroupées ainsi dans l'Association internationale.

L'Association se pourvoit d'un Bulletin, grâce auquel les différents membres des différentes sociétés pouvaient publier et échanger leurs points de vue.

Ce congrès donne lieu, à nouveau, à des frictions entre le groupe viennois animé par Ferenczi, et le groupe suisse, dirigé par Jung. Freud mit son prestige en jeu pour calmer les esprits, en insistant sur l'importance d'un apport extérieur à Vienne, qu'il exprime en ces termes :

— Mes ennemis seraient ravis de me voir mourir de faim ; ils me dépouilleraient même de mes vêtements.

Le développement et le succès du mouvement psychanalytique lui causent beaucoup de soucis. Pour l'instant, il rejette les soucis à l'arrière-plan et ne veut regarder que les succès. Les démêlés avec Bleuler frisent le comique. Les Zurichois sont les militants d'une association anti-alcoolique rigoureuse. Bleuler mélange les problèmes constitutifs d'une Société scientifique avec ceux d'une organisation philantropique. Ce qui fait dire à Freud :

— Il est impossible, lorsque nous travaillons au progrès de la psychanalyse d'insérer dans notre programme des choses comme la distribution des vêtements aux écoliers qui ont froid. Cela ferait penser à l'auberge appelée *Hôtel d'Angleterre et du Coq rouge.*

Néanmoins, les diverses sociétés psychanalytiques prennent leur essor. La société viennoise a maintenant (en 1910) huit ans d'âge.

A Berlin, une société a été créée par Abraham en 1908.

La *Société Freud* de Zurich existe depuis 1907.

La psychanalyse commence à être discutée en Europe comme en témoigne la présence de E. Jones au Congrès de psychologie médicale et de psychothérapie de Bruxelles en août 1910.

Aux États-Unis, les problèmes sont plus compliqués. Il est difficile de créer une société de psychanalyse en tant que telle, dans la mesure où psychiatres et neurologues étaient peu intéressés par la psychologie. La difficulté est tournée par la création d'une Association américaine de psychopathologie, le 2 mai 1910.

En Russie, également, la psychanalyse commence à intéresser les médecins et psychothérapeutes. Ossipow, Wulff, un médecin militaire d'Odessa, Pewnitzky publient des articles, plus ou moins inspirés des théories psychanalytiques. Un périodique, *Psychothérapia* est créé à Moscou en 1909.

En France, Morichau-Beauchant écrit à Freud, vers la fin de l'année 1910.

La lointaine Australie est également gagnée aux idées de la psychanalyse.

Vers cette même période, Freud prend en traitement psychanalytique le compositeur Gustav Malher, qui souffrait de graves inhibitions intellectuelles et affectives, liées à des troubles névrotiques du type névrose obsessionnelle.

La renommée internationale de Freud est grandissante. Les oppositions et les rancœurs contre lui n'en sont que plus fortes.

A mesure que la psychanalyse va prendre statut, et stature, de science à part entière, les problèmes s'aiguisent, à l'extérieur, comme au sein même de ses groupes d'adeptes.

Les contours de la nouvelle science sont encore flous. Ses règles techniques, très équivoques, restent encore (encore de nos jours) soumises à l'art du thérapeute. L'accent mis sur la sexualité intrigue les uns, agace les autres, déroute tout le monde.

Les conférences américaines de Freud, par le fait même de leur caractère — et leur intention — pédagogique, reflètent bien l'état présent de la psychanalyse, ses incertitudes, ses perspectives, ses impasses. La structure des rêves, des symptômes, des menus actes de la *psychopathologie de la vie quotidienne,* témoignent de l'existence d'un *inconscient.*

La technique des libres associations permet une approche nouvelle de la thérapeutique psychologique. L'existence de la sexualité infantile et du *complexe d'Œdipe,* permettent de donner une assise théorique plus cohérente à cette science nouvelle. Le transfert est une notion empirico-théorique qui laisse à penser quant à la nature des effets de la relation thérapeutique.

Le *corpus* théorique et pratique de la psychanalyse est, en gros, constitué. Mais beaucoup de raisons demeurent, intellectuelles et affectives, qui rendent difficile, à beaucoup, bien ou mal intentionnés, une pleine adhésion.

Les discussions autour de la psychanalyse ne sont pas — ne peuvent pas être — sereines.

Lors de son séjour aux États-Unis, une auditrice insiste auprès de Freud pour que celui-ci parle de la sexualité. A cette requête, celui-ci répond :

— En fait de sexualité, je ne me laisse *ni porter vers* ce sujet nio *détourner* de lui. (En d'autres termes : *J'en prends et j'en laisse.)*

A la suite d'une boutade de Freud, relative à un malade ayant des difficultés avec un patriarche sévère, au cours de laquelle il répond à Stanley Hall qu'il ne restait à ce pauvre garçon, agoraphobique, qu'à tuer son père, le vénérable professeur américain en vient sérieusement à se demander si Freud ne prêche pas pour le parricide.

Le scandale, le malentendu, constitutifs des effets de l'inconscient, rendent malaisée une approche objective de la psychanalyse.

A cette époque, en particulier, où la confusion était difficile à lever — par manque des moyens conceptuels — entre le domaine de la vie fantasmatique et celui de la réalité, les deux versants du *complexe d'Œdipe, l'inceste* et le *parricide,* n'étaient pas faciles à assimiler de sang-froid.

Les diverses Sociétés psychanalytiques qui se constituaient devaient s'accorder sur un minimum théorique, en deçà duquel il n'y avait plus de psychanalyse.

Dans son livre autobiographique *Ma vie et la psychanalyse* (qui date de 1925), Freud écrit :

— Les doctrines de la résistance et du refoulement, de l'inconscient, de la signification étiologique de la vie sexuelle et de l'importance des événements de l'enfance sont les parties intégrantes de l'édifice de la psychanalyse.

A ces toutes premières étapes du *Mouvement* psychanalytique, les exigences sont moins rigoureuses, et, surtout, la doctrine est inégalement développée. Des équivoques et des malentendus, vont naître ultérieurement, qui seront la source de graves dissensions.

Pour l'instant, ce qui est séduisant dans la psychanalyse, se réduit à trois choses :

1) une nouvelle technique thérapeutique ;

2) une méthode d'interprétation des rêves ;

3) le privilège accordé à la sexualité.

Le Congrès de Weimar, tenu les 21 et 22 septembre 1911, marque une nouvelle étape. C'est à la fois le commencement des difficultés internes (rupture avec Adler) et un bond en avant quant au développement international de la psychanalyse.

Une Société américaine a été créée à New York. Une Société russe est fondée par Ossipow et Wirubow, à Moscou. Début 1912, le Français Morichau-Beauchant, de Poitiers, qui avait déjà écrit à Freud, fait état de ses propres travaux psychanalytiques. En Pologne, aux Pays-Bas, en Suède, en Autriche, les choses suivent un bon train.

En janvier 1912, paraît le premier numéro d'une nouvelle revue psychanalytique, *Imago,* une revue et un nom qui devaient connaître une grande fortune.

Fin 1912, un autre périodique est publié : la *Zeitschrift.*

Cette même année, Freud a travaillé à une œuvre qu'il considère comme essentielle *Totem et tabou.* C'est sa première incursion officielle et systématisée dans le domaine de l'anthropologie. Nous y reviendrons.

Cette même année, le pasteur suisse Pfister, qui depuis 1909, était un adepte fidèle et éclairé des idées de Freud, est pris à partie par ses supérieurs. C'est le symptôme le plus marquant des attaques contre la psychanalyse, qui commencent à prendre ampleur et violence.

A l'offensive psychanalytique, qui se traduit par la multiplication des Sociétés, la parution de nouveaux périodiques, la diversité des travaux publiés, va s'opposer une contre-offensive, qui ne reculera devant aucune forme d'arguments.

La campagne de presse qui se développe prend un caractère parfois désastreux pour la clientèle de certains psychanalystes.

Cependant, le deuxième Congrès international de psychologie médicale, tenu à Zurich, et présidé par Bleuler, avait été un succès pour la psychanalyse.

Le Congrès international de psychanalyse, qui se tient à Munich en septembre 1913, marque un tournant.

D'autres Sociétés psychanalytiques ont été créées : en Angleterre, en Hongrie. Lors de ce congrès, Freud y lit une communication sur *la Prédisposition à la névrose obsessionnelle,* où il démontre que la phase sadique anale est un stade prégénital régulier dans l'évolution de la libido.

Ultérieurement (dans le courant de l'année 1914), le professeur français Régis, de Bordeaux, et son assistant Hesnard publient le premier ouvrage français consacré à la psychanalyse.

Peu de temps auparavant, à l'occasion du 339e anniversaire de l'Université de Leyde, le recteur prononce un discours élogieux à l'endroit de la psychanalyse.

C'est une nouvelle consécration officielle qui, selon la formule de Freud, se traduit par le fait que : *Un psychiatre officiel, recteur d'une université, avale la psychanalyse en chair et en os !* Ce Congrès de Munich marque donc un tournant : l'orage gronde, aux quatre coins de l'horizon, dans le ciel politique comme dans celui de la psychanalyse.

Ce point culminant des grandes contradictions structurelles du capitalisme international, est aussi — est-ce pure coïncidence ? — l'acmé des conflits intérieurs aux mouvements psychanalytiques.

Quand on songe aux difficultés et aux embûches rencontrées sur son chemin par la psychanalyse, aux critiques basses et violentes de ses adversaires, au courage moral, et parfois physique, dont firent preuve souvent certains de ses premiers adeptes, on se prend d'une certaine tristesse devant les dissensions et leurs résultats.

Car si le Congrès de Munich fut un tournant, c'est parce qu'il consacre officiellement la rupture d'avec Jung, le *dauphin, l'héritier,* celui en qui Freud avait mis tous ses espoirs.

Lors du premier Congrès de psychiatrie et de neurologie d'Amsterdam, en septembre 1907 — qui marque un des sommets de la violence des attaques contre la psychanalyse —, Freud décline l'invitation et envoie à Jung une lettre d'encouragement, où l'on peut lire :

— J'ignore si vous aurez ou non le dessus, mais j'aurais aimé être avec vous en ce moment, et sentir avec joie que je ne suis plus seul. Si vous aviez besoin de quelque réconfort, je vous parlerais de mes longues années d'honorable mais pénible solitude qui débuta dès que je jetai un coup d'œil sur le nouvel univers, je vous entretiendrais du manque d'intérêt, de compréhension que je rencontrai chez mes meilleurs amis, des moments d'angoisse où je crus moi-même m'être trompé, où je me demandais comment il me serait possible en suivant des voies aussi inhabituelles, de faire vivre ma famille ; je vous décrirais la conviction toujours plus forte qui m'accrocha à l'interprétation des rêves comme à un rocher au milieu des brisants et la calme certitude à laquelle je parvins finalement.

Cette certitude me commanda de patienter jusqu'à ce qu'une voix du dehors me répondit. Cette voix ce fut la vôtre !

A ce même congrès, houleux, et plein de péripéties tragicomiques, Jung fait la rencontre d'Ernest Jones.

Cependant, les dissensions, avec leur caractère aigu, et les critiques, avec leurs violences déchaînées, ont, évidemment, la même source : la place donnée à la sexualité par Freud. Elles sont issues, les unes et les autres, de ce qu'on appelle les *résistances* qui se crispent, dès l'instant où il est question de sexualité.

Dans son étude sur *le Mot d'esprit dans ses rapports avec l'inconscient,* Freud montre que le plaisir procuré par les bons mots, tire son origine soit de l'érotisme, soit de l'agressivité.

Les pulsions sexuelles et agressives trouvent ainsi une satisfaction détournée.

Dans sa conférence faite au Collège des médecins, de Vienne, intitulée *De la psychothérapie,* le 12 décembre 1904, Freud traitant de la moralité du médecin dans son approche de la sexualité, affirme :

— ... il (le médecin) faut encore qu'il ait maîtrisé, en son propre psychisme, ce mélange de grivoiserie et de pruderie au travers duquel tant de gens considèrent, hélas, les problèmes sexuels.

Pour des raisons que Freud va essayer d'approfondir dans ses études anthropologiques, l'approche de la sexualité est difficilement sereine.

On met au compte du *puritanisme viennois* du début du 20e siècle les difficultés rencontrées par Freud pour faire comprendre ses vues. C'est une explication naïve et simple. Le puritanisme et la *débauche* sont les deux faces d'une même médaille, comme la *pruderie* et la *grivoiserie.*

L'attitude face à la sexualité oscille nécessairement entre ces deux pôles.

Aussi, les contemporains de Freud, grivois dans le privé, amateurs d'histoires égrillardes, étaient-ils d'austères et sévères professeurs de morale dans leur exercice public. L'époque actuelle, qui voit la sexualité *(le droit au plaisir)* obtenir droit de cité chez de larges couches d'individus, en dehors et indépendamment des milieux scientifiques, comme une sorte de nouvelle revendication de masse (le *bonheur est une idée neuve en Europe,* disait déjà Saint-Just) l'époque actuelle connaît des mouvements d'agitation ou de violence lors des conférences publiques traitant des problèmes sexuels.

Sexualité et sérénité seraient en quelque sorte, constitutivement antinomiques.

Les ennemis de Freud ont de bonnes raisons de lui en vouloir. Non seulement il heurte leurs habitudes de pensée, leur sensibilité profonde, leur bonne conscience, mais surtout il les oblige à se placer sur un terrain — périlleux — pour lequel rien ne les a préparés :

Qu'ils soient neurologues, sexologues, psychiatres, médecins non spécialisés, rien ne les a préparés à se reconnaître comme impliqués dans leur relation avec leurs patients, de reconnaître le désir qui est en eux comme celui qui est à l'œuvre dans les symptômes. Aussi, ils nient tout en bloc.

Dans un premier temps, c'est le silence, le black-out. Freud éprouve quelques difficultés à se faire nommer professeur : l'antisémitisme et la sexualité se conjuguent pour lui constituer une mauvaise image de marque.

Après son premier voyage à Rome, qui signe la levée d'une inhibition profonde, il se décide à faire les démarches officielles, quitte à solliciter les recommandations d'usage. L'esprit réaliste l'emporte sur les scrupules d'amour-propre. Grâce au caractère entreprenant et dynamique d'une cliente, baronne et amie du ministre de l'Instruction publique, lequel désirait obtenir un tableau pour le nouveau Musée de peinture moderne, et que la baronne pouvait faire procurer au ministre, Freud reçoit sa nomination de la part de l'empereur. (Comme le protocole l'exigeait.)

Il peut alors écrire (ironiquement) à W. Fliess le 11 mars 1902 :

— L'approbation du public m'est acquise, vœux et envois de fleurs pleuvent, comme si le rôle de la sexualité avait été soudain découvert officiellement par Sa Majesté, la signification des rêves, confirmée par le Conseil des ministres, et la nécessité d'une thérapeutique psychanalytique de l'hystérie reconnue par le Parlement à la majorité des deux tiers.

En réalité, il n'en est rien.

Au Congrès des neurologues et psychiatres de l'Allemagne centrale qui se tient à Halle en 1900, il y eut un symposium consacré à l'hystérie : aucun des orateurs ne mentionna le nom de Freud. Au Congrès de 1904, un intervenant se risqua à faire état de son expérience psychanalytique : il fut hué. Au Congrès des neurologues et psychiatres allemands de Hambourg en 1910, le Professeur Weygandt hurle, en tapant des poings sur la table, à propos des théories freudiennes :

— Un pareil sujet ne mérite pas d'être discuté dans une assemblée scientifique ; c'est à la police qu'il appartient de s'en occuper.

Au Congrès de neurologie de Berlin de 1910, le Professeur Oppenheim, de grande notoriété, propose que fussent boycottés tous les établissements où les idées de Freud seraient mises en application.

Ce même Oppenheim publia un article dans lequel il soutenait que :

— Les fausses généralisations de Freud rendaient sa méthode dangereuse et les rapports que lui-même et ses adeptes publiaient, paraissaient représenter une forme moderne de sorcellerie délirante.

Lors du Congrès d'Amsterdam de septembre 1907, où Jung est envoyé en héroïque avant-garde, un certain Aschaffenburg fit un réquisitoire odieux et grotesque contre la psychanalyse, qui voyait de la sexualité partout, et déclara d'un ton solennel que, pour sa part, il interdisait à ses malades d'aborder tout sujet sexuel. En outre, il accusa les adeptes de Freud de susciter les troubles sexuels chez leurs malades en se complaisant avec eux dans l'évocation de *cochonneries.* On le voit, les adversaires de Freud n'étaient pas très regardants sur le niveau théorique de leurs arguments.

Lors de la réunion de la Société médicale hambourgeoise, le 29 mars 1910, Weygandt, adepte de la répression policière, compara le traitement psychanalytique à un massage des organes génitaux.

Un autre affirma qu'il ne pouvait y avoir de facteurs sexuels dans l'hystérie : la preuve, c'est que toutes les hystériques sont frigides.

On alla jusqu'à dire que la laborieuse population de l'Allemagne du Nord jouissait des plus hautes vertus morales, ce qui n'était pas le cas des Viennois, contaminés par la sensualité juive.

Dans une lettre du 11 février 1911, K. Abraham cite une anecdote, significative de l'ignorance agressive des adversaires de la psychanalyse. Il écrit :

— ... Pour terminer, encore une petite pièce satirique, tirée de la clinique de Ziehen (Ziehen est le patron qui dirige la clinique psychiatrique de Berlin) : présentation d'une névrose obsessionnelle. La patient a l'obsession que, dans la rue, il doit mettre la main sous les jupes des femmes. Ziehen, à l'auditoire :

— Messieurs, nous devons soigneusement examiner s'il s'agit d'une obsession sexuelle. Je vais demander au patient s'il éprouve également cette impulsion en présence de femmes d'un *certain âge.*

Le patient, interrogé :

— Hélas, Professeur, même avec ma propre mère et avec ma sœur.

Là-dessus, Ziehen :

— Vous voyez, messieurs, qu'il ne peut y avoir ici absolument rien de sexuel en jeu.

A l'assistant :

— Mettez, au procès-verbal : le patient souffre d'une obsession *non pas* sexuelle, absurde.

Cette relation humoristique, faite par Abraham à Freud, montre bien le niveau des malentendus et du refus de comprendre.

Sous le titre sensationnel de *Une épidémie psychique parmi les médecins,* un neurologue, Hoche, lut au Congrès de Baden-Baden, le 28 mai 1910, une communication, dans laquelle il déclarait que :

— la psychanalyse est une méthode pernicieuse, issue des tendances mystiques et pleine de dangers menaçant l'honorabilité de la profession médicale.

Il faut aussi rappeler que dans le courant de l'année 1913, à Boston, aux États-Unis, la police menaça de poursuites judiciaires Morton Prince, accusé de publier des obscénités dans son *Journal of abnormal psychology.* Les réactions contre la psychanalyse et les psychanalystes, prennent un caractère de violence raciste. Comme la plupart d'entre eux sont Juifs, ça facilitera encore les choses. Freud cherche à garder sa sérénité, non sans peine.

L'intervention de facteurs affectifs et sexuels est insupportable aux psychiatres et neurologues de son époque.

Une atmosphère de menaces et de chantage règne autour de Freud : certains ont une attitude ambivalente à son égard, faite à la fois de fascination et de répulsion.

L'argumentation, quand elle se veut plus théorique, consiste en deux thèses :

1) les interprétations de Freud sont arbitraires et artificielles ;

2) ses conclusions sont répugnantes, donc fausses.

Un neurologue américain, Allan Starr, qualifie Freud de *libertin viennois* typique, allant même jusqu'à inventer le mensonge suivant : il aurait travaillé avec lui dans le passé, dans le même laboratoire, connaissant bien la vie dissolue qu'il menait alors ; à partir de quoi Freud aurait construit les théories immorales qu'on lui connaît. La sérénité de Freud a des limites. Cependant, convaincu qu'aucune réponse à ces critiques véhémentes n'auraient de portée, dans la mesure où elles expriment les *résistances* inévitablement suscitées dès qu'on sollicite l'inconscient, il pense qu'il vaut mieux faire comme avec les patients.

Il écrit alors :

— Il convient vraiment de traiter les médecins de la même manière que nos malades, donc non pas la suggestion, mais en faisant ressortir leurs résistances et le conflit.

Ajoutons que l'on ne réussit jamais autrement.

On aurait pu penser que cette saine politique ferait également son office entre psychanalystes. Il ne semble pas que ce soit le cas.

A la lumière, justement, de la psychanalyse, on comprend mieux l'émotion suscitée en leur temps par les thèses avancées par Freud. On comprend mieux aussi, pourquoi l'histoire de la psychanalyse, mérite un sort particulier dans l'histoire des sciences.

En effet, Freud et ses partisans sont injuriés, menacés dans leur sécurité personnelle et matérielle. On les accuse d'être de dangereux pervers sexuels, obsédés ou paranoïaques. Ils représentent un danger réel pour la communauté sociale dans laquelle ils vivent, puisque leurs théories visent à détruire tout ordre et toute morale, pour revenir à un état de licence et de sauvagerie primitives.

On peut déjà dire que le thème de ces accusations constitue une fantasmagorie universelle : retourner à la *sauvagerie primitive,* cela fait partie de la petite mythologie privée de chaque individu.

Lévi-Strauss écrit, à ce sujet :

— Les fêtes jouent la vie sociale à l'envers, non parce qu'elle a jadis été telle, mais parce qu'elle n'a jamais été, et ne pourra jamais être autrement.

Les théories freudiennes mobilisent l'inconscient : le neurologue, tout neurologue qu'il est (n'en est pas moins homme), exprime en fantasmes vociférateurs, sa peur suscitée par des désirs profonds.

En outre, à l'époque, la distinction entre le *sain* et le *malade,* le *normal* et le *pathologique* ne souffre aucune difficulté. Celui qui expose des considérations théoriques marginales est donc, nécessairement, un *fou.* Si, en plus, il fonde ses théories sur des considérations d'ordre sexuel, il est doublement *fou :* c'est-à-dire *pervers sexuel.*

Or, toute la psychanalyse consiste en une remise en question radicale des frontières entre le *normal* et le *pathologique :* ces notions n'ont quasiment plus de sens pour elle. Pour les psychiatres de l'époque, un fou est un fou, comme un chat est un chat.

La rupture entre les conceptions de Freud et celles de son temps, est totale. Ses adversaires avaient de *bonnes* raisons de s'émouvoir.

La dissension entre les disciples, c'est un autre problème ; et, cependant, en quelque manière, c'est un peu le même.

Chacun, pour sa part, doit régler ses comptes avec son ancienne conscience théorique. On sait que la *psychanalyse didactique* a été instaurée à cet effet. Or, les premiers adeptes de Freud ne connaissaient la psychanalyse qu'à travers des lectures, ou par l'intermédiaire de *psychanalyse* de courtes durées, centrées surtout sur l'interprétation de leurs rêves. Leurs difficultés psychologiques — et ils en avaient beaucoup — restaient entières.

Chacun arrive à la *psychanalyse* (encore en train de naître) avec son passé : scientifique, culturel, personnel. L'aptitude à faire table rase demande un sérieux courage, ou de sérieuses motivations.

Que les premiers adeptes de Freud aient été Juifs, cela n'a rien de surprenant. Freud vivait dans un entourage scientifique et culturel essentiellement juif, les conditions politiques et idéologiques, qui l'avaient orienté vers la profession médicale (bien malgré lui), produisaient les mêmes conséquences chez d'autres individus issus de la moyenne bourgeoisie juive. Chez certains d'entre eux, la *psychanalyse* apportait une *solution* à de multiples problèmes : problèmes personnels, de nature névrotique, problèmes idéologiques liés à l'abandon de la foi religieuse ; sans compter les problèmes spécifiques liés à la pratique thérapeutique.

Les plus disponibles étaient ceux qui n'avaient à se réclamer d'aucun système, philosophique ou théorique. Les plus réticents avaient derrière eux un passé religieux ou idéologique lourd à liquider.

Au fond, qu'est-ce que la *psychanalyse* dans les premières années du siècle ? Avant tout *l'Interprétation des rêves* et *la Psychopathologie de la vie quotidienne.*

Ce sont des constructions séduisantes, habiles, propres à satisfaire les esprits ingénieux et curieux de subtilités intellectuelles.

Les *Trois essais sur la théorie de la sexualité* seront plus difficiles à digérer.

La technique psychanalytique telle qu'elle est pratiquée à ce moment-là, est aussi pleine d'avantages. L'analyse du discours produit par le jeu des *libres associations,* l'analyse des rêves, tout ce système d'interprétation donne au thérapeute la possibilité d'une action rationnelle où se trouvent conjugués et la pathogénie du symptôme, c'est-à-dire le mécanisme de son élucidation, et le moyen de le faire disparaître.

En interprétant, au patient, le système signifiant qui régit l'organisation de ses symptômes, on les fait disparaître.

Quelle aubaine ! Et quelle différence, par rapport aux méthodes psychothérapiques traditionnelles : l'hypnotisme, la suggestion, aux effets incertains et fragiles ; la méthode cathartique, qui nécessite la bonne volonté du patient pour se faire hypnotiser ; la moralisation philosophique, les exhortations à supporter les misères psychologiques, qui font du thérapeute une sorte de prêtre laïque.

La *psychanalyse* est ainsi une psychothérapie rationnelle, qui fonde son action thérapeutique sur la connaissance des mécanismes pathogéniques de la maladie.

A pathogénie psychogénétique, thérapeutique psychologique : la cohérence du système est parfaite.

Avec l'accent mis sur la sexualité, avec l'élaboration progressive du transfert, les choses vont se compliquer. C'est précisément sur ces deux terrains (qui, en fait, ne sont qu'un seul et même terrain) que vont naître les difficultés. (Qui restent encore actuelles.)

Au début, les divergences prennent l'allure d'incompatibilités personnelles.

Il faut se représenter ce premier petit groupe de psychanalystes, réunis autour de Freud, respecté et admiré, de qui dépendaient à la fois les données théoriques et pratiques de la doctrine et les possibilités de s'assurer une clientèle. Les premiers patients, des premiers disciples de Freud, ne pouvaient pas venir autrement que par son intermédiaire : c'était, en quelque sorte le trop-plein des clients que Freud pouvait leur passer.

Autour de lui se jouaient donc les rivalités et les conflits, pour obtenir la place de l'enfant préféré.

Mais, à en rester à ces considérations psychologiques, même affinées par l'interprétation psychanalytique, on passe à côté des problèmes réels posés par le développement d'une science nouvelle.

Les divergences sont personnalisées, par la force des choses, et par la nature même des problèmes en jeu. Mais, au-delà des questions de personnes, c'est le mouvement interne des contradictions de la psychanalyse qui est mis à jour. Chaque personnage est, en quelque sorte, le support d'un des aspects de ces contradictions.

Durant cette période de son développement, au cours de laquelle vont apparaître de graves dissensions, et qu'on peut situer approximativement entre 1910 (année du Congrès de Nuremberg, avec création de l'Association internationale de psychanalyse) et 1913 (année du Congrès de Munich) la psychanalyse est assurée, en gros, de ses bases conceptuelles. L'organisation signifiante du symptôme (construite sur le modèle du rêve), la place centrale de la sexualité (de la sexualité infantile comme structure génétique de la personnalité), le rôle moteur du transfert dans le processus thérapeutique, voilà les trois piliers sur quoi tient la science nouvelle mise au point par Freud.

Ainsi, dans *Ma vie et la psychanalyse* (publié en 1925) Freud écrit :

— L'analyse rend au malade le transfert conscient, et le transfert se résoud par ceci qu'on peut convaincre le malade que toute sa manière d'agir dans le transfert n'est que la *reproduction* de relations affectives émanant de ses plus précoces investissements de l'objet, de la période refoulée de son enfance.

Quinze années auparavant, Freud n'est assurément pas en mesure de formuler les choses avec cette même fermeté, simple et tranquille. Mais, implicitement, la psychanalyse telle qu'il la conçoit, existe déjà dans ces mêmes termes.

N'oublions pas son origine : la psychanalyse est issue d'une pratique, particulière, la thérapeutique psychologique des névroses, la psychothérapie. Après divers errements, qui lui coûtent beaucoup de soucis (et quelques déceptions), Freud en vient à mettre au centre théorique et pratique de ses préoccupations, cette singulière aventure affective qui unit et mobilise le couple médecin-malade : le *transfert.*

Le transfert, ainsi défini, comme la *reproduction* de relations affectives émanant de ses (au patient) plus précoces investissements de l'objet, de la période refoulée de son enfance, contient le registre de la signification (la *reproduction*) accordé aux mouvements de la sexualité infantile (la période refoulée de l'enfance).

Dans le transfert, le patient *reproduit* des modalités de relations affectives, dont la signification doit être rapportée aux *investissements les plus précoces de l'objet,* qui appartiennent à la *période refoulée de son enfance,* ces deux dernières formulations renvoyant explicitement à l'existence de la sexualité infantile.

Sans *sexualité infantile* pas de transfert (mais aussi : pas de névroses, parce que : pas de préhistoire), et, par conséquent, pas de psychanalyse.

Ce théorème, qui résume toute la théorie psychanalytique, c'est ce à quoi vont achopper les premiers dissidents.

Comme pour les adversaires, mais sur un mode moins frénétique, c'est la sexualité qui va mettre le feu aux poudres.

On l'a vu, leur intérêt se porte avant tout sur cette nouvelle méthode thérapeutique qui use de l'interprétation comme moyen d'action.

Certains n'iront pas jusq'au bout des implications contenues dans cette logique de la *signification*.

La première défection aura lieu avec Adler, en 1911.

Alfred Adler (1870-1937) vient à la rencontre de Freud en 1902. C'est l'un des premiers disciples. Les considérations caractérielles qui l'incitent, progressivement, à s'éloigner de Freud, sont sans intérêt.

Il fait partie du petit noyau des premiers psychanalystes viennois, jaloux de l'importance accordée par Freud à la survenue des adeptes suisses, arrivés de Zurich (Jung, en particulier).

Adler est lié aux milieux politiques socialistes de l'époque. Sa femme, d'origine russe, est une amie de Trotsky. Certains auteurs (Jones notamment) considèrent que les conceptions politiques d'Adler le poussent à mettre l'accent plutôt sur les aspects conscients de la personnalité et, par là-même, à négliger l'inconscient refoulé.

Il est vrai qu'il y a une hétérogénéité de nature entre le *social* tel qu'un certain sociologisme vulgaire peut le concevoir, et le *psychique* tel que Freud cherche alors à le mettre au point.

A notre sens, plus que l'idéologie socialisante, ce sont les préjugés relatifs à la sexualité qui vont faire déraper Adler. Apparemment, ses idées appartiennent à une sorte de *psychologie du moi*, c'est-à-dire à une psychologie de la personnalité consciente. En mettant l'accent sur les effets psychologiques néfastes de certaines infirmités, responsables d'un *complexe d'infériorité*, il donne ainsi l'impression de s'intéresser aux causes *extérieures* du développement de la personnalité.

En outre, il fonde sa théorie sur une conception métaphysique de la sexualité, sous la forme d'un conflit entre *élément mâle* et *élément féminin. L'élément féminin* étant responsable du sentiment d'infériorité, auquel il est réagi par une *protestation mâle* qui joue le rôle de compensation. Sur cette même lancée métaphysique, il adopte les vues de Nietzsche sur la *volonté de puissance.*

Tout cet ensemble de considérations théoriques fumeuses conduit la pratique psychothérapique adlérienne à une sorte de moralisation philosophique. (Ce que la pratique psychanalytique vise, justement, à dépasser.)

En réalité, c'est la notion même d'inconscient qui lui glisse entre les doigts ; cette défaillance est le corollaire inévitable de la négligence de la sexualité infantile, conséquence infaillible d'une vue métaphysique — donc aseptique et désincarnée — de la sexualité.

Dans un article de 1919, intitulé : « Un enfant est battu », où il s'attache à une démonstration profonde des mécanismes psychologiques du masochisme, Freud reprend les thèses d'Adler pour leur infliger une réfutation définitive.

Il affirme :

— Voilà pourquoi la sexualité infantile, qui est soumise au refoulement, est la force motrice principale de la formation du symptôme, et que l'élément essentiel de son contenu, le *complexe d'Œdipe,* est le complexe nucléaire de la névrose.

Il dit encore :

— Nous pensons en effet que le *complexe d'Œdipe* est le véritable noyau de la névrose, que la sexualité infantile, qui culmine en lui, est sa condition effective.

Il dit encore (au comble de l'agacement, semble-t-il) :

— Sur l'origine du *complexe d'Œdipe* lui-même, sur le destin vraisemblablement imparti à l'homme seul entre tous les animaux de devoir commencer deux fois sa vie sexuelle, d'abord comme toutes les autres créatures à partir de la première enfance puis à nouveau à l'époque de la puberté après une longue interruption, sur tout ce qui est en connexion avec son *héritage archaïque,* je me suis expliqué ailleurs, et je n'ai pas l'intention d'en parler ici.

Voilà, comme on dit, qui se passe de commentaire.

Wilhelm Steckel (1868-1940) fait également partie des premiers disciples de l'année 1902. (Il a été, un court laps de temps, un patient de Freud.)

On met l'accent sur son caractère fanfaron, sur le peu de sérieux de sa démarche scientifique, sur sa fantaisie extravagante dans le domaine des interprétations symboliques.

Sa rupture d'avec Freud date de 1912.

Freud l'aime bien, malgré des problèmes que posent les libertés par trop larges que Steckel prend avec la rigueur intellectuelle, préférant le roman-feuilleton à la clinique.

Mais, pour ce qui concerne Steckel, de même que pour les autres dissidents, le *caractère* ne fait que servir de révélateur.

Steckel en prend à son aise avec les interprétations des symboles, parce qu'il mesure mal les rapports qui rattachent l'inconscient et la sexualité infantile. Comme pour Adler, le point de vue génétique lui échappe. La sexualité infantile, comme organisation de la préhistoire du psychisme étant estompée, l'inconscient n'est plus qu'un ensemble voué à une disposition synchronique : toutes les *traductions* et toutes les *langues* peuvent y trouver leur bonheur. (W. Steckel ne dit évidemment pas les choses ainsi : c'est nous qui transposons en termes *modernes* les implications de sa problématique.)

Avec C.G. Jung (1876-1961), toutes ces divergences théoriques prennent une ampleur qui leur donne leur véritable signification. Pour ce qui est de la sexualité, il n'y a pas de malentendu, avec Jung, elle est complètement liquidée.

Dans une lettre du 28 février 1908 il écrit à Ernest Jones :

— Il vaudrait mieux ne pas pousser au premier plan la théorie de la sexualité. J'ai beaucoup d'idées là-dessus, particulièrement sur le côté éthique de la question. Je crois que proclamer publiquement certaines choses, ce serait scier la branche sur laquelle repose la civilisation, on sape les tendances à la sublimation... Avec les étudiants comme avec les malades, je continue à ne plus donner la première place au thème de la sexualité.

Dans son énorme biographie de Freud, E. Jones avance l'idée que l'austérité suisse, malmenée par les théories freudiennes, se défendait par une réaction de rejet contre les influences néfastes suscitées par les théories sexuelles. Des articles de presse quotidiens dénonçaient les perversités viennoises, et formulaient l'espoir que les vertueux Helvètes pourraient échapper à cette corruption.

Cependant, entre 1906 et 1910, Jung apparaissait comme un partisan sincère et actif des idées de Freud.

En 1910, c'est lui qui est élu président de l'Association internationale, et qui le restera jusqu'à 1914. Son intelligence, son esprit d'organisation, sa rigueur morale et scientifique font un effet durable sur Freud.

Malgré certains désaccords qui peuvent apparaître, malgré une certaine tendance de Jung de s'orienter vers les philosophies mystiques, Freud dit de lui :

— Je suis plus que jamais convaincu qu'il est l'homme de demain.

Jung partage avec Freud ses préoccupations en archéologie, en anthropologie, en sciences occultes. Lors du conflit qui oppose

Jung et Abraham à propos du processus pathogénique de la schizophrénie, Freud, sans prendre le parti de Jung, le ménage avec beaucoup de précautions. Jung participe, avec Freud et Ferenczi, au voyage aux États-Unis de septembre 1909. La forte personnalité de Jung permet, pendant longtemps, que les divergences restent comme à l'arrière-plan.

La rupture se produit lors du Congrès de Munich, en septembre 1913.

Dans une lettre à K. Abraham, du 26 octobre 1913, où il fait état de cette situation, Freud écrit :

— En préparant ma première conférence, j'ai été frappé par la complète analogie que l'on peut déceler entre la première fuite de Breuer devant la découverte de la sexualité derrière les névroses et la conception que Jung a de celle-ci. Cela confirme d'autant mieux qu'il s'agit du point central de la psychanalyse.

Dans un premier temps, les réticences de Jung face à la sexualité, apparaissent comme une manière de prudence pour éviter, dit-il, que les patients ne s'attardent trop sur des questions répugnantes.

Or, Freud, en répondant au Pasteur Pfister qui se réclamait des mêmes scrupules lui écrit :

— La discrétion s'avère donc incompatible avec une bonne présentation de la psychanalyse. Il faut devenir mauvais, dépasser les bornes, trahir et se comporter à la manière de l'artiste qui s'achète des couleurs avec l'argent du ménage ou qui brûle le mobilier afin de chauffer l'atelier pour son modèle. Sans de pareils délits, rien de bon ne saurait s'accomplir.

Il apparaît ainsi que les scrupules *moraux* recouvrent une réticence intellectuelle qui, poussée jusqu'au bout, deviendra une divergence.

Bien que différente de celle d'Adler, la démarche de Jung lui ressemble, par un refus de prendre en compte la sexualité infantile, et par la substitution d'une métaphysique des *Symboles* à l'exploration de l'inconscient.

Son intérêt pour le folklore et la mythologie qui, dans un premier temps, enrichit la recherche psychanalytique devient, en fin de compte, la mise en chantier de l'étude d'une sorte d'*inconscient collectif*, issu on ne sait d'où, fondé sur des *archétypes* éternels.

Jung est en quelque sorte une victime prématurée des équivoques de l'anthropologie freudienne.

En restant toujours au plus près de la clinique, et de la pratique thérapeutique, Freud élabore l'appareil conceptuel de la psychanalyse par un remaniement permanent au contact des faits.

Jung, très vite emporté par son imagination débordante, quitte le terrain de la psychologie, pour une métaphysique noyée dans le mysticisme. Certains concepts élaborés par Freud au contact immédiat de la pratique — telle la notion de libido, qui spécifie la recherche du plaisir, comme caractère fondamental de la sexualité humaine — perdent tout contenu scientifique. Pour Jung, la *libido* devient une sorte de tension, d'énergie générale, quasiment cosmique, dont les données de la psychanalyse sont en quelque sorte les expressions symbolisées.

Les pulsions incestueuses par ce fait, ne sont pas à prendre au sens littéral, mais comme la traduction symbolique d'idées plus élevées.

La dramatique œdipienne est ainsi complètement expulsée du développement de l'individu, du fait même que la sexualité en était éliminée.

Là encore, les préjugés, les partis pris l'emportent sur l'esprit scientifique.

Dans *Ma vie et la psychanalyse,* voici comment Freud relate ces péripéties :

— Jung tenta une transposition des faits analytiques sur le mode abstrait, impersonnel, sans tenir compte de l'histoire de l'individu, ce par quoi il espérait s'épargner la reconnaissance de la sexualité infantile et du *complexe d'Œdipe,* en même temps que la nécessité de l'analyse de l'enfance.

Voici comment il caractérise les idées d'Adler :

— Adler sembla s'éloigner encore davantage de la psychanalyse, il rejeta en bloc l'importance de la sexualité, rapporta exclusivement la formation du caractère comme de la névrose à la volonté de puissance des hommes et à leur besoin de compenser leur infériorité constitutionnelle ; il jeta par la fenêtre toutes les acquisitions psychologiques de la psychanalyse.

C'est avec beaucoup de regrets, et une certaine peine, que Freud se sépare de son *dauphin,* Jung.

Ainsi, à la lumière de ces péripéties, on se rend compte que la *théorie de la sexualité* est inséparable de la psychanalyse. Nous verrons plus loin comment il faut comprendre en quoi la sexualité est coextensive à l'inconscient, en quoi et pourquoi la sexualité est le refoulé par excellence.

Toujours est-il que toute concession théorique qui ébrèche quelque peu les données relatives à la sexualité infantile et au *complexe d'Œdipe,* est une entorse dangereuse à la cohésion conceptuelle et à l'efficacité thérapeutique de la psychalanyse.

Le 17 mai 1914, au terme des phases ultimes de la rupture avec Jung, Freud, non sans amertume, écrit à E. Jones :

— Celui qui promettra à l'humanité de la délivrer de l'embarrassante sujétion sexuelle, quelque sottise qu'il choisisse de dire, sera considéré comme un héros.

Quelque temps auparavant, tirant la leçon de toutes ces difficultés et de leurs conséquences, Ernest Jones avait pris l'initiative de créer un petit groupe de disciples fidèles, une sorte de *vieille garde,* chargée d'entourer Freud et de veiller à la bonne santé de la théorie. Ce fut le *Comité,* qui, dans un premier temps, devait tenir son existence secrète, au même titre qu'une espèce d'Ordre des Templiers.

E. Jones définit ainsi les clauses internes à ce petit groupe :

— Nous n'aurions à nous engager que sur un seul point : si l'un d'entre nous décidait de rejeter l'un des principes fondamentaux de la psychanalyse, comme, par exemple, les concepts du refoulement, de l'inconscient, de la sexualité infantile, etc., il promettrait de ne pas le faire publiquement avant d'avoir discuté de la question avec les autres.

Freud, enthousiasmé, répond par retour du courrier :

— Ce qui s'est immédiatement imposé à mon imagination, c'est votre idée d'un conseil secret composé des meilleurs et des plus dignes de confiance de nos amis. Il surveillerait le développement futur de la psychanalyse et défendrait notre cause contre les gens et les accidents lorsque je n'y serais plus... Je sais qu'il y a quelque chose d'enfantin et peut-être même un élément romantique dans cette conception, mais sans doute pourrait-elle être modifiée pour mieux s'adapter aux exigences de la réalité. Je vais donner libre cours à mon imagination et vous laisser le rôle de censeur.

La première réunion plénière de ce Comité secret, que Jones comparait au groupe des paladins de Charlemagne, se tient le 25 mai 1913.

Freud fête l'événement en offrant à chacun des membres une médaille grecque, prise dans sa propre collection : chacun la fera monter en chevalière (!...)

Qui sont ces heureux élus, et quel âge ont-ils ?

Il y a : Ferenczi, 40 ans ; Abraham, 36 ans ; Jones, 34 ans ; Sachs, 32 ans ; Rank, 28 ans.

Freud vient tout juste d'avoir cinquante-sept ans.

IX. L'homme aux rats, et les autres

Lors de manœuvres militaires en août 1907, un jeune officier de réserve âgé de vingt-neuf ans, juriste de son état, perd son lorgnon. Plutôt que de le chercher, il en commande un autre par la poste contre remboursement. C'est à l'occasion de ce remboursement, qui a été effectué par une postière complaisante que vont se nouer des complications psychologiques inextricables qui l'amènent à consulter.

En effet, le jeune homme imagine qu'il doit cet argent à un autre officier, et que, s'il ne rembourse pas cette dette, il va arriver malheur à son père (qui est d'ailleurs mort) et à la dame de ses pensées.

Quel malheur ? Le voici. Il s'agit d'un supplice, qu'un capitaine a raconté lors d'une conversation entre officiers, pratiqué en Orient sur des prisonniers, et qui consiste à attacher ces derniers sur un pot où sont enfermés des rats, qui n'ont d'autre issue pour sortir que le rectum des malheureux.

C'est le 30 octobre 1907 que Freud relate pour la première fois son observation — intitulée : *Remarque sur un cas de névrose obsessionnelle* — devant la Société psychanalytique de Vienne. C'est ainsi que naît le sobriquet de *l'homme aux rats.*

Donc, si la dette reste impayée, le père du malade (ainsi que son amie) seront appelés à subir le supplice des rats. Sa souffrance morale est tellement intolérable que le jeune homme s'en ouvre auprès d'un ami, qui lui conseille de s'adresser à un médecin.

Le hasard lui fait tomber entre les mains la *Psychopathologie de la vie quotidienne,* où il constate l'étrange similitude entre le caractère saugrenu de ses pensées et le mécanisme des lapsus et actes manqués décrits par l'auteur. Ainsi, arrive-t-il chez Freud, un beau jour d'octobre 1907.

Le traitement de ce patient va durer onze mois, au terme desquels il sera guéri. Mais il sera tué à la Grande Guerre *comme,* dit Freud, *tant de jeunes gens de valeur, sur lesquels on pouvait fonder tant d'espoir.*

Voici comment Freud résume la symptomatologie de cette névrose obsessionnelle :

— Sa maladie consiste principalement en *appréhensions ;* il craint qu'il n'arrive quelque chose à deux personnes qui lui sont chères : à son père et à une dame à qui il a voué un amour respectueux. Il dit en outre, éprouver des *obsessions-impulsions,* comme, par exemple, à se trancher la gorge avec un rasoir ; il se forme en lui aussi des *interdictions* se rapportant à des choses insignifiantes. A lutter contre ses idées, il a perdu des années et se trouve pour cette raison en retard dans la vie.

Cette observation, écrite dans le style incisif et légèrement ironique de Freud, se lit comme un roman policier.

En fait, c'en est un : il s'agit de résoudre l'énigme de la *grande obsession aux rats.* Par toute une série d'articulations complexes et ingénieuses entre diverses associations et leur rapprochement avec le passé infantile du sujet, Freud découvre la solution et, comme il dit :

— La solution trouvée, l'obsession aux rats s'évanouit.

C'est trop beau pour être vrai, serait-on tenté de s'écrier. En fait, c'est bien le cas. Freud est loin de posséder la technique analytique telle qu'elle sera élaborée ultérieurement, en fonction d'une prise en charge dynamique du transfert ; son appareil conceptuel reste encore très incomplet.

L'intérêt de cette observation, c'est qu'elle fait *la transition* entre les conceptions théoriques issues de *l'Interprétation des rêves,* de *la Psychopathologie de la vie quotidienne,* du *Mot d'esprit dans ses rapports avec l'inconscient,* et les conceptions ultérieures où des considérations de nature pulsionnelle viendront équilibrer celles relatives au système signifiant, élaboré par les symptômes.

Freud reste encore très préoccupé par l'analogie des mécanismes du symptôme et de ceux du rêve, mise à jour dans l'hystérie. Il écrit ainsi :

— Quand nous disons que les obsessions subissent une déformation semblable à celles que subissent les pensées du rêve pour devenir contenu du rêve, notre intérêt ne peut que se porter sur la technique de cette déformation.

En même temps, comme il reçoit, durant la cure, et cela dès le début, de nombreuses informations sur la vie sexuelle de son patient, il peut affirmer :

— Le trait caractéristique de l'activité sexuelle précoce n'y manque jamais, à l'inverse de ce qui a lieu dans l'hystérie. La névrose obsessionnelle laisse reconnaître, bien plus clairement que ne le fait l'hystérie, que les facteurs qui constituent une psychonévrose ne résident pas dans la vie sexuelle actuelle, mais dans celle de l'enfance.

Ces deux citations situent bien le balancement dans lequel se trouve installée la compréhension psychopathologique de la névrose obsessionnelle. A un niveau, les obsessions fonctionnent comme un langage compliqué et mystérieux, qui use de la déformation par omission et par ellipse, comme dans certains mots d'esprit. Il suffit d'intercaler la chaîne manquante pour en reconstituer la signification au complet. A un autre niveau, la vie pulsionnelle est impliquée sous la forme d'antagonismes très vifs entre des sentiments contraires : l'amour et la haine.

L'élaboration de Freud va se jouer sur ces deux registres, qu'il va chercher, avec plus ou moins de bonheur, à mettre en articulation l'un sur l'autre.

Le registre de la signification est le plus intéressant et le plus ingénieux : c'est celui qui — en apparence — va conduire au résultat thérapeutique, le transfert ne jouant à ce moment qu'un rôle d'expérience vérificatrice.

L'histoire de *l'obsession aux rats* se situe à l'arrivée d'une série de systèmes signifiants, emboîtés les uns dans les autres. Le travail de Freud va être de désarticuler tous ces emboîtements pour en dégager le mécanisme d'origine. Il est intéressant de noter la manière dont Freud agit alors avec son patient : il lui explique ce qu'est la technique psychanalytique, comment il faut comprendre la notion d'inconscient, l'existence et le rôle des résistances. Il lui donne un certain nombre d'explications non pour amener la conviction du patient, mais, comme il dit :

— Ces discussions ont pour but d'introduire les complexes refoulés dans le conscient, de provoquer une lutte dont ils sont l'objet... et de faciliter l'apparition hors de l'inconscient d'un matériel nouveau. La conviction, le malade ne l'acquiert qu'après avoir retravaillé lui-même le matériel.

La névrose du malade peut se découper en trois épisodes :

1) La *grande obsession des rats* née extemporanément lors du récit fait par le capitaine.

2) L'état obsessionnel apparu vers l'âge de vingt ans lors d'une *cause occasionnelle* que nous retrouverons plus loin.

3) Un noyau infantile en relation avec des souvenirs que le sujet ramène à sa 6e année, liés à son désir de voir des femmes nues, désir suivi régulièrement d'un affect pénible. A ce propos, Freud écrit :

— Nous avons ainsi une pulsion érotique et un mouvement de révolte contre elle ; un désir (pas encore obsessionnel) et une appréhension à lui opposée (ayant déjà le caractère obsessionnel) ; un affect pénible et une tendance à des actes de défense. C'est l'inventaire complet d'une névrose.

Plus loin, il ajoute :

— Si nous appliquons à cette névrose infantile les connaissances acquises dans d'autres cas, nous devons supposer que dans ce cas encore, c'est-à-dire avant la 6e année, eurent lieu des événements traumatisants, des conflits et des refoulements sombrés dans l'amnésie, mais qui laissèrent subsister à titre de résidu le contenu de l'appréhension obsédante.

La *cause occasionnelle de la maladie* réside dans le fait qu'après la mort de son père (il y a près de neuf ans) sa mère lui avait proposé un mariage éventuel avec une riche et belle jeune fille alors qu'il était déjà amoureux de son amie actuelle. Ainsi se rallumait un conflit, entre la volonté (posthume) de son père et son amour, dont la maladie fut la solution implicite.

— Le résultat principal de sa névrose fut une inhibition au travail qui retarda de plusieurs années l'achèvement des études de notre malade.

Freud précise :

— Son conflit morbide était, en effet, essentiellement une lutte entre la persistance de la volonté paternelle et ses propres sentiments amoureux.

Son père avait, dans sa jeunesse, eu à résoudre un problème du même ordre, ce qui lui permettait une identification avec lui. Et c'est par le canal de cette identification que va pouvoir se dénouer le mystère de la *grande obsession aux rats*.

Durant son étude, Freud cherche à élucider le mécanisme des obsessions et des manifestations compulsionnelles. Il définit ainsi sa démarche :

— On trouve la solution cherchée en confrontant les obsessions avec les événements de la vie du patient, c'est-à-dire en examinant à quelle époque apparaît pour la première fois une obsession donnée, et dans quelles conditions elle a coutume de réapparaître.

Il y a des compulsions qui fonctionnent selon les mécanismes découverts dans le mot d'esprit : ainsi, le malade se prend un jour à vouloir maigrir à tout prix, avec un prétexte futile. Or, il apparaît que son amie, à une certaine époque, était partie en villégiature avec un cousin anglais prénommé Dick (qui veut dire *gros* en allemand). En se forçant à maigrir frénétiquement, c'était ce Dick qu'il voulait tuer en lui.

D'autres compulsions étaient liées à la lutte intense menée en lui entre l'amour et la haine : par exemple, une *compulsion à protéger* (son amie) qui consistait à enlever une pierre d'une route, de peur que la voiture de celle-ci puisse être accidentée, puis à la remettre en considérent le premier geste comme absurde. En fait, dit Freud :

— ...il enlève la pierre du chemin de son amie pour annuler ensuite ce geste d'amour, en la remettant à sa place, afin que la voiture s'y heurte et que son amie se blesse.

Ces gestes compulsionnels en deux temps s'expliquent ainsi :

Leur véritable signification réside dans le fait qu'elles expriment le conflit de deux tendances contradictoires et d'intensité presque égale, et qui sont, d'après mon expérience, toujours l'opposition entre l'amour et la haine.

Quand il cherche à reconstituer la *cause occasionnelle de la maladie,* Freud distingue ainsi la différence entre l'hystérie et la névrose obsessionnelle.

— Dans l'hystérie il est de règle que les causes occasionnelles récentes de la maladie sont oubliées comme tous les événements infantiles avec lesquels les événements récents convertissent leur énergie affective en symptômes.

Dans la névrose obsessionnelle :

— Le refoulement s'est servi dans ce cas, d'un mécanisme différent, au fond plus simple : au lieu de faire oublier le traumatisme, le refoulement l'a dépouillé de sa charge affective, de sorte qu'il ne reste dans le souvenir conscient qu'un contenu représentatif indifférent et apparemment sans importance. La différence entre ces deux formes de refoulement réside dans le processus psychique caché derrière les phénomènes et que nous avons le droit de reconstituer.

Le déplacement de l'affect, cette *disjonction* des rapports de causalité comme l'écrit Freud, est caractéristique de la névrose obsessionnelle.

Freud fait ainsi une sorte de description phénoménologique de la névrose obsessionnelle, il donne une *interprétation* des obsessions et des compulsions obsessionnelles en utilisant les mécanismes découverts dans le rêve et ceux décrits dans la psychopathologie de la vie quotidienne, puis il cherche à mettre en lumière les fondements pulsionnels de la névrose. Freud travaille donc sur les deux terrains : la *signification* (en relation avec *l'Interprétation des rêves*), le *pulsionnel* (en rapport avec la découverte de la sexualité infantile) sans toutefois arriver à une construction homogène et cohérente, comme si les deux systèmes d'explication se superposaient plutôt que de se conditionner l'un l'autre.

La phase sadique anale du développement de la libido, la castration, l'homosexualité, ne sont pas encore utilisées dans leur plein effet.

La démonstration paraît se situer plutôt sur le terrain du déchiffrement des significations, la situation transférentielle servant de vérification expérimentale de l'origine infantile de son *complexe paternel.*

Freud écrit à ce propos :

— Il fallut qu'il (le patient) se convainquît par la voie douloureuse du transfert que ses rapports avec son père impliquaient véritablement ces sentiments inconscients.

Plus loin il répète :

— Dans cette école de souffrance que fut le transfert pour le patient, il acquit peu à peu la conviction... celle de l'existence inconsciente de sa haine pour son père.

Et Freud conclut :

— C'est alors que fut libre l'accès à la solution de l'obsession des rats.

Nous allons voir comment cette solution vient au jour.

Elle se situe à la convergence de deux mouvements :

1) Le mouvement pulsionnel, lié à l'érotisme anal et au sadisme qui en est l'émanation.

2) Le mouvement des significations, qui va jouer sur le mot *rat.*

C'est ce double mouvement qui constitue la voie qui va conduire au dévoilement du *complexe paternel.*

Le mot *rat* et l'érotisme anal (dont la composante sadique avait été réveillée par le récit du capitaine *cruel*) sont reliés par la signification qu'avait prise pour le patient, le rat, comme équivalent de l'argent, signification qui se traduisait d'ailleurs par la façon dont il se représentait le paiement des honoraires : *tant de florins, tant de rats,* se disait-il.

Par l'intermédiaire de *l'argent* et de son association au mot *rat,* est évoquée une *dette,* celle de son père, une dette de jeu qui avait failli rester impayée. (Le mot quote-part se dit en allemand *Rate,* et le mot rat, *Ratte.*)

Freud précise :

— Cette signification monétaire des rats s'étaye en outre sur l'avis donné par le capitaine de la dette à payer, ceci à l'aide du jeu de mots : *rat de jeu,* par lequel se pouvait retrouver l'accès au souvenir du père perdant au jeu de l'argent qui ne lui appartenait pas.

Ainsi, le mot *rat* est à la convergence du mythe familial de la dette impayée, et du mouvement pulsionnel de l'érotisme anal, d'autant plus que Freud, faisant allusion aux théories sexuelles infantiles selon lesquelles les enfants sortent par l'anus (son amie ne pouvait pas avoir d'enfant) interroge *l'obsession au rat* comme la structure d'un rêve, qui traduit, à l'envers (rentrer dans l'anus) le désir contraire : en voir sortir des enfants.

Le serment absurde et intenable de payer (fausse) dette à l'officier reflétait le conflit entre l'obéissance à son père et à la fidélité à son amie.

— C'est dans le refoulement de la haine infantile contre son père que nous voyons le processus qui força dans le cadre de la névrose tous les conflits ultérieurs de la vie.

Et Freud rappelle une péripétie durant laquelle l'enfant aurait été battu par son père, l'aurait férocement mordu au doigt (avec les dents acérées et pointues d'un *rat*) à la suite d'un incident probablement d'ordre sexuel. Dans une note en bas de page, il rappelle :

— Il appartient essentiellement au *complexe nodal* de l'enfance que le père y assure le rôle de l'ennemi dans le domaine sexuel, de celui qui gêne l'activité sexuelle auto-érotique, et, dans la grande majorité des cas, la réalité contribue largement à la formation de cette situation affective.

Notons que Freud n'emploie pas explicitement l'expression *complexe d'Œdipe* (qui est contenu dans la formule *complexe nodal de l'enfance*) ; il n'a pas encore à sa disposition la notion de *sur-moi,* mais elle fonctionne déjà, en quelque sorte, à son insu.

En conclusion de l'exploration pulsionnelle de cette névrose, Freud dit ceci (nous sommes en 1907-1908) :

— Nous connaissons trop peu de la nature de l'amour pour pouvoir porter dès maintenant un jugement certain, en particulier le rapport des facteurs *négatifs* de l'amour à la composante sadique de la libido reste entièrement obscur. Et c'est pourquoi nous n'attachons que la valeur d'une connaissance provisoire à dire que, dans les cas sus-mentionnés de haine inconsciente, la composante sadique de l'amour aurait été constitutivement développée de façon particulière, et se serait trouvée à cause de cela réprimée de façon trop précoce et trop intense. Nous pouvons en conclure que les phénomènes de névrose seraient alors déterminés, d'une part, par la tendresse consciente renforcée réactivement, de l'autre, par le sadisme se manifestant sous forme de haine dans l'inconscient.

Freud précise ainsi cette idée, quant à la coexistence des deux sentiments contradictoires de l'amour et de la haine :

— L'amour n'a pas éteint la haine, il n'a pu que la refouler dans l'inconscient, et là, assurée contre la destruction par la conscience, elle peut subsister et même croître.

Chemin faisant, Freud a élaboré la notion de *défenses secondaires,* qui sont les rationalisations par lesquelles l'obsédé cherche à justifier son comportement absurde.

Il élucide aussi comment le *doute,* qui est au cœur de la psychologie de l'obsédé est lié à la profonde ambivalence entre l'amour et la haine, et comment la *compulsion* est la tendance indéfiniment renouvelée à surcomposer le doute et l'incertitude.

Enfin, chose intéressante, toujours poussé par son démon intérieur, Freud se lance dans quelques considérations de nature anthropologique relatives à l'atrophie de l'odorat chez l'homme, liée à la station debout. Il dit :

— Car l'on sait depuis longtemps combien est étroitement lié, dans l'organisation animale, l'instinct sexuel à l'odorat.

C'est pour cette raison que *la sexualité aurait fait les frais du refoulement.*

Vingt ans plus tard, dans *Malaise dans la civilisation,* s'interrogeant toujours sur le même problème du *refoulement de la sexualité,* il évoque les mêmes hypothèses.

Nous les rapportons sans commentaire :

— Les organes génitaux dégagent aussi de fortes odeurs, qui sont intolérables à un grand nombre et les dégoûtent des rapports sexuels. Il s'attesterait ainsi que la racine la plus profonde du refoulement sexuel, dont les progrès vont de pair avec ceux de la civilisation, résidât dans les mécanismes organiques de défense auxquels la nature humaine eut recours, au stade de la station et de la marche debout, en vue de protéger le mode de vie établi par cette nouvelle position contre un retour du mode précédent d'existence animale.

En 1911, Freud publie l'observation détaillée intitulée : *Remarques psychanalytiques sur l'autobiographie d'un cas de paranoïa.* C'est la première fois qu'il s'attaque à la psychose, mais sans connaître le malade, sur la base d'une autobiographie publiée par celui-ci.

A cette occasion, Freud va apporter des éléments théoriques nouveaux, en particulier en ce qui concerne les mécanismes du refoulement et l'organisation psychologique de l'homosexualité.

Le *Président Schreber* est président de la Cour d'appel de Dresde. Il fait plusieurs épisodes psychiatriques qui nécessitent toute une série de traitements et de séjours en maison de santé.

Dans un premier temps, il fait des troubles névrotiques qualifiés alors d'hypocondrie. Il est traité par le Professeur Flechsig, un distingué psychiatre de l'époque. Au bout de plusieurs mois de clinique il sort guéri.

Plus tard, il retombe malade sous la forme d'un état délirant hallucinatoire avec des idées de persécution.

Dans une première phase, il se plaint d'être victime d'horribles attentats homosexuels de la part de son ancien médecin, le Professeur Flechsig, assorti d'un complice, Dieu. Dans une deuxième phase, Dieu seul reste en scène, dont le malade accepte voluptueusement tous les sévices. Tout cet ensemble d'idées de persécution se situe dans un contexte plus large d'idées de grandeur, selon lesquelles il deviendrait le sauveur féminin du monde et engendrerait une race nouvelle et supérieure d'êtres humains. Cette situation permet à Freud de mettre en rapport la paranoïa avec l'homosexualité, et de démontrer à l'aide d'une formule de type combinatoire, comment chaque délire paranoïaque est un rejet ou une défense contre l'homosexualité.

Partant (dans les cas d'un homme) de la phrase *je l'aime,* Freud montre comment chacun des mots peut être nié séparément, et cette négation (refus ou rejet) donne lieu chaque fois à un délire différent.

Dans le cas où le verbe est nié : au lieu de *je l'aime,* c'est *je le hais.* Par le mécanisme de la projection (constitutif de la paranoïa), le *je le hais,* devient *il me hait,* c'est-à-dire : *il me persécute.* C'est le *délire de persécution.* Quand c'est l'objet qui est nié, nous aurons : *Je ne l'aime pas lui, c'est elle que j'aime.* Par projection cela se transforme en : *Elle m'aime,* et nous avons *le délire érotomaniaque.* (Dont Freud fait observer qu'il ne s'agit pas en l'occurrence d'une hétérosexualité exagérée, mais du fait pour les malades d'être *d'abord* eux-mêmes aimés.)

Quand il y a négation du sujet, nous avons ; ce n'est pas *moi* qui *l'aime,* lui, c'est *elle.* La projection est ici inutile puisque les deux autres personnes sont déjà extérieures, alors que dans les deux premiers cas, le malade, tourmenté par sa propre perception interne qui lui est devenue intolérable, doit la projeter au-dehors. Dans ce cas, où la projection n'est plus nécessaire, c'est *le délire de la jalousie.*

Enfin, dans une dernière possibilité, tous les trois mots sont niés en bloc, c'est-à-dire :

— Je n'aime pas du tout, je n'aime personne.

Mais comme la pulsion érotique doit de toute manière s'exprimer, elle se retourne sur le sujet lui-même, d'où le *délire mégalomaniaque.* A propos de cet investissement du sujet par la libido, Freud utilise la notion de *narcissisme,* qu'il développera plus complètement ultérieurement.

Freud dégage aussi les diverses phases du refoulement :

1) La phase de fixation libidinale ;

2) celle du refoulement proprement dit ;

3) la rupture du refoulement avec le *retour du refoulé.*

Il cherche dans ce cas particulier — celui de la psychose — à mettre en relief que le genre de refoulement qui agit, se trouve plus étroitement lié aux phases du développement libidinal que dans le cas de la symptomatologie d'une névrose. Ce qui est important à considérer, pour souligner le fait que Freud ne dissocie jamais, dans sa démarche clinique et théorique, le niveau des significations (la combinatoire des différents délires paranoïaques), de celui de l'infrastructure pulsionnelle (la *fixation* libidinale).

En outre, il apporte cette notion importante — et nouvelle — selon laquelle le délire est une réaction de reconstruction, contre le retrait *silencieux* de l'investissement libidinal du monde extérieur. Dans le délire, se manifeste *bruyamment,* ce qui a été aboli intérieurement, et qui revient de l'extérieur sous forme hallucinatoire. (Ce que Lacan traduit dans la conception selon laquelle ce qui a été *forclos dans le symbolique revient dans le réel.*) Le délire hallucinatoire est ainsi une construction réactionnelle contre le sentiment panique de fin du monde suscité par la maladie.

Cela nous permet la transition avec un dernier ordre de considérations, très important, que Freud formule comme suit :

— ...Nous nous retrouvons une fois de plus sur le terrain familier du complexe paternel. Son combat avec Flechsig finit par se dévoiler à ses yeux comme un combat avec Dieu, et il nous faut y voir un conflit infantile avec le père, qu'il aimait. (Rappelons que le père du malade, un médecin à l'idéologie fort répressive, avait élevé son fils selon des normes morales et éducatives extrêmement rigides, d'une sévérité et d'un rigorisme incroyables : gymnastique, régime, règles morales, édictées sur un mode obsessionnel pointilleux, tatillon et affreusement sadique.)

Freud poursuit :

— Les détails du conflit (dont nous ignorons tout) ont déterminé le contenu du délire. Du matériel que l'analyse amène au jour dans d'autres cas de ce genre, rien ne manque dans celui-ci. Dans des expériences infantiles similaires, le père apparaît comme un empêcheur de satisfactions que recherche l'enfant, généralement auto-érotiques. Plus tard, celles-ci seront remplacées dans la fantaisie par quelque autre satisfaction moins dénuée de gloire. Vers la période finale de son délire, les pulsions sexuelles infantiles remportèrent chez Schreber, une grandiose victoire : la volupté devint emplie de crainte de Dieu, et Dieu lui-même (le père) ne se lassait plus de l'exiger de lui. Et la menace paternelle la plus redoutée, la castration, en fait procura le contenu de la fantaisie, d'abord repoussée et plus tard acceptée : être transformé en femme.

On voit encore à l'œuvre ici le *complexe paternel* comme il l'était dans *l'homme aux rats,* qui, dans la situation transférentielle injuriait violemment Freud, grâce à quoi ce dernier put ainsi lui montrer, sur le vif, l'existence de la haine pour son père.

Ainsi, en filigrane, dans le courant de ces descriptions cliniques, le *complexe paternel* (c'est-à-dire, en fait, le *complexe d'Œdipe*) fonctionne comme élément majeur de la sexualité infantile.

— Cette histoire de malade a été rédigée peu après la conclusion du traitement pendant l'hiver 1914-1915. J'étais alors sous l'impression toute fraîche des réinterprétations que C.G. Jung et Alf./Adler voulaient donner aux découvertes psychanalytiques.

Telle est la note en bas de page qui éclaire la signification de cette observation, publiée en 1918, sous le titre *Extrait de l'histoire d'une névrose infantile,* encore appelée *l'Homme aux loups,* à cause d'un rêve mystérieux qui en constitue le point central.

Freud la rattache directement à son souci polémique de défense de la théorie psychanalytique contre les déviations du moment.

L'Homme aux loups est un richissime fils de propriétaire terrien russe, qui court l'Europe pour aller d'un psychiatre à l'autre parce que sa névrose (à domination obsessionnelle) lui crée une inhibition extrêmement grave qui paralyse toute sa vie. Il ne peut rien faire tout seul, et voyage constamment accompagné de ses domestiques.

C'est lors d'un de ces périples internationaux qu'il s'arrête à Vienne. Quelqu'un lui conseille d'aller consulter Freud, ce qu'il fait, en février 1910.

Le traitement dure plus de quatre années. (Notons en passant que ce patient fera deux analyses avec Freud, puis, ultérieurement, deux autres avec une élève de celui-ci, Ruth Mack Brunswick.)

Dès la première séance du traitement, il propose à Freud de se livrer avec lui à des fornications rectales, et ensuite à déféquer sur sa tête.

Dans cette observation, Freud va mettre en place la castration, le masochisme, l'homosexualité, l'identification, et un développement plus précis relatif à l'érotisme anal.

Le but principal de Freud est de démontrer que toute névrose d'adulte s'enracine dans une névrose infantile, c'est-à-dire que dès l'enfance des motifs libidinaux sont à l'œuvre, ceci contre les thèses de Jung et d'Adler qui mettent de plus en plus l'accent sur les causes *actuelles* de la névrose. (Jetant ainsi par-dessus bord la notion d'une sexualité infantile.) L'évolution précoce du malade avait été fortement influencée par son observation à l'âge de dix-huit mois, des rapports sexuels de ses parents. (A tergo : par-derrière.)

Freud reconstitue cet événement — ce qu'on appelle maintenant la *scène primitive* — à partir du fameux rêve aux loups, lesquels au nombre de six ou sept, sont sur les branches d'un arbre, leurs longues queues blanches bien tendues en arrière, regardant fixement le petit garçon. (Qui aurait fait ce rêve vers l'âge de quatre ans environ.)

Freud, à partir du matériel d'analyse, reconstitue les fragments suivants :

— Un événement réel — datant d'une époque très lointaine — regarder — immobilité — problèmes sexuels — castration — le père — quelque chose de terrible.

Freud s'interroge, pour savoir si la *scène primitive* est un souvenir inconscient de quelque fait réel ou bien un fantasme. Ses réflexions l'amènent à conclure que le résultat, dans les deux cas, est identique.

La vieille théorie du trauma revient ainsi sur le tapis, quant au rapport du fantasme avec la réalité.

Freud sait bien que le problème de la réalité est sans intérêt, que c'est l'action du fantasme qui est l'essentiel. Néanmoins, pour appuyer son argumentation contre ses adversaires, il s'efforce à tout prix à retrouver la scène originelle.

La préoccupation de Freud est surtout de savoir si les traumatismes ou les fantasmes datent d'un temps très reculé, ou s'ils ne sont pas la projection rétroactive de fantasmes plus récents, voire même ceux de l'analyse, comme l'argumente Jung. D'où l'acharnement à travailler le rêve de *l'homme aux loups,* pour faire la pièce maîtresse de sa démonstration.

Nous savons que ses contradicteurs n'en seront pas convaincus pour autant.

Mais Freud possède suffisamment de moyens techniques et cliniques pour ambitionner une mise au point théorique plus élaborée.

En 1914, il a écrit un article *Remémoration, répétition, et élaboration,* où il montre comment se combinent, dans la cure, le vécu transférentiel et le travail d'élaboration des souvenirs ainsi mis au jour. D'ailleurs, tout le mouvement d'une cure analytique consiste à trouver le juste équilibre entre le vécu et le *pensé,* entre *l'émotionnel* et *l'intellectuel.* Trop *éprouver* est une manière de résistance, trop rationaliser en est une autre.

En 1915, l'article sur « L'amour de transfert » montre le lien étroit entre l'amour habituel, et celui éprouvé dans la situation de transfert. Rappelons que c'est dans cet article que Freud parle des *matières explosives* que le psychanalyste manipule.

Il ne reste plus qu'à intégrer tout cet ensemble d'expériences dans un dispositif théorique général. Mais, ces deux dernières dates : 1914, 1915, ça nous rappelle quelque chose...

X. Le testament anticipé

L'année 1915 est une année féconde. C'est la fin de la première année de la guerre, que Freud prévoit — encore — courte et victorieuse (pour l'Autriche et pour l'Allemagne) : il est hors de son imagination — et de celle de ses contemporains — de penser la durée des massacres effroyables qui se préparent. La durée historique est à une tout autre échelle que celle de la psychologie individuelle : aussi les événements sont-ils appréciés selon une durée subjective qui rend inaccessible leur réalité.

De ce point de vue, Freud était un homme comme les autres ; en tout cas, à l'entrée de cette Première Guerre mondiale (qui n'est devenue *première* et *mondiale* que rétrospectivement) il est sans inquiétude.

Ou plutôt, son inquiétude n'est pas d'ordre politique, elle est d'ordre personnelle. Il se fait naturellement du souci pour ses fils qui sont au front, mais il est la proie d'une inquiétude plus profonde, plus fondamentale, reliquat des prédictions fantaisistes de son ancien ami Fliess.

Il va bientôt avoir soixante ans : c'est l'entrée dans la vieillesse.

Dans une lettre à K. Abraham du 4 mai 1915, Freud fait état d'un projet d'une vaste envergure théorique :

— Même genre et même niveau que la VIIe section de *l'Interprétation des rêves,* dit-il.

Il se propose d'écrire douze essais, dont cinq sont pratiquement terminés, et qui, sous le titre général d'*Essais préliminaires à la métapsychologie* feront le point actuel de ses travaux. Vers la même période, il décide que ses cours à l'Université seront les derniers.

De ces douze essais, dont Freud, en novembre 1917, disait qu'il pourrait bien en faire un livre, sept ont été détruits par lui, il n'en reste que cinq, ceux que nous connaissons sous le titre *Métapsychologie.*

La destruction des manuscrits, la qualité théorique des études de la *Métapsychologie,* le contexte historique et psychologique, tout porte à penser que Freud considérait ce travail d'alors comme une sorte de testament scientifique. Depuis *l'Interprétation des rêves* dont le fameux chapitre VII constitue le plus haut degré d'abstraction, Freud n'a pour ainsi dire pas produit de textes à proprement parler théoriques. Il a enrichi sa compréhension clinique, il a précisé sa technique, il a développé la psychanalyse dans les domaines de l'art *(la Gradiva,* Léonard de Vinci, *Moïse* de Michel-Ange, etc.), de l'anthropologie *(Totem et tabou)* mais il n'a pas élaboré de synthèse théorique générale.

Ces *Essais préliminaires à la métapsychologie* devaient donc représenter pour lui comme le point d'aboutissement d'une période de sa vie.

Ne l'oublions pas : dès le début de sa carrière scientifique, l'ambition de Freud est de créer une *Métapsychologie,* c'est-à-dire un système théorique qui puisse rendre compte de l'émergence du psychisme hors de la sphère biologique, et de son fonctionnement spécifique et autonome.

Freud se situe dans une perspective évolutionniste.

Au sommet de l'échelle animale se situe l'homme en continuité avec le règne animal quant à son fonctionnement biologique, en discontinuité du fait de l'existence du langage et des caractéristiques de sa vie sexuelle.

C'est ce paradoxe de la continuité-discontinuité que Freud veut mettre en lumière et élucider.

Il y a ainsi, entre *l'Esquisse pour une psychologie scientifique* de 1985, le chapitre VII de *l'Interprétation des rêves* de 1900, les écrits métapsychologiques de 1915, la même préoccupation théorique profonde qui est à l'œuvre.

Freud se pose la question : qu'est-ce que l'homme ? dans les termes de l'idéalisme biologique de son époque, mais il donne une réponse radicalement nouvelle et scientifique.

Les *Essais de métapsychologie* dont Freud affirme qu'ils sont destinés *à clarifier et à approfondir les hypothèses théoriques sur lesquelles un système psychanalytique pourrait être fondé,* sont réduits à l'état des cinq textes suivants :

Les Pulsions et destins des pulsions, le Refoulement, l'Inconscient, Complément métapsychologique à la théorie du rêve, Deuil et mélancolie.

Le texte central est celui consacré à *l'Inconscient,* il est la pièce maîtresse de l'échafaudage de Freud à ce moment. Dans leur abstraction théorique extrême, tous ces textes cherchent à rendre compte, comme en une sorte de synthèse, de toute l'expérience clinique et thérapeutique de Freud : c'est-à-dire quc, en deçà — et au-delà — de leur logique interne, ils renvoient à une pratique.

Il y a, apparemment, un monde, entre les écrits cliniques de Freud, et ses préoccupations métapsychologiques, relatives au fonctionnement de *l'appareil psychique.*

Mais dans sa lettre du 4 mai 1915 à Abraham, commentant les conceptions de ce dernier sur les mécanismes pathogéniques, il lui dit :

— ... mais l'explication de l'affection ne peut être donnée que par son mécanisme, considéré d'un point de vue *dynamique, topique* et *économique.* Je sais que vous me donnerez bientôt votre assentiment.

Qu'a donc Freud en vue, quand il parle *d'un point de vue dynamique, topique et économique ?*

Il veut rendre compte de ce que la clinique et la thérapeutique mettent en relief. C'est un jeu de forces (dynamique), qui donne lieu à une certaine circulation *d'énergie* (économique), à travers différents systèmes psychiques (topique) qui permet de rendre compte de la formation des symptômes et de leur disparition lors du travail thérapeutique.

L'existence de la *pulsion* implique la *dynamique ;* elle implique également un certain travail : d'où *l'économique ;* la notion *d'inconscient* conduit à la distinction des lieux psychiques, caractérisés comme *systèmes.*

Cette élaboration théorique, abstraite et aride, pourrait paraître superflue — en tout cas difficile et ennuyeuse — par rapport à la description séduisante et éloquente des cas cliniques.

Qu'est-ce qui oblige Freud à s'y astreindre ?

C'est une démarche intellectuelle courante dans le domaine scientifique, au cours de laquelle le chercheur fait le point théorique, au niveau le plus abstrait, pour avoir un éclairage général et nouveau sur sa pratique.

Ainsi agit Freud. Après les *Études sur l'hystérie,* c'est *l'Esquisse pour une psychologie scientifique ;* après *l'Interprétation des rêves,* c'est le VIIe chapitre qui clôt le livre ; après toute une série de travaux cliniques et techniques, ce sont les écrits de la Métapsychologie.

Voyons le chapitre VII de *l'Interprétation des rêves* qui va nous donner le sens et nous montrer l'utilité de cette démarche théorique.

Dans une lettre à W. Fliess du 6 décembre 1896, Freud montre bien comment se combinent préoccupations cliniques, préoccupations pathogéniques, et hypothèses psychologiques. Il lui dit :

— Tu sais que, dans mes travaux, je pars de l'hypothèse que notre mécanisme psychique s'est établi par un processus de stratification : les matériaux présents sous forme de traces mnémoniques se trouvent de temps en temps *remaniés* suivant les circonstances nouvelles.

Freud distingue ainsi différents lieux et modalités *d'enregistrement.* Son problème, c'est de comprendre les modalités d'accueil par le système nerveux et leur devenir, des *excitations.* Comme dans son travail sur *l'aphasie* (qui date de 1891, cinq années avant), il veut montrer comment le *physiologique* devient du *psychologique.*

Cette étude de décembre 1896 fait la transition entre *l'Esquisse* (un an auparavant) et le chapitre théorique de *l'Interprétation des rêves* (trois ans plus tard).

Dans *l'Esquisse* Freud fait l'hypothèse d'un *appareil neuronique,* constitué par des systèmes de *neurones* (qui sont des systèmes fonctionnels psycho-physiologiques, et non pas de véritables *neurones* au sens physio-anatomique du terme), chaque système de *neurones* a une spécialisation, à la fois qualitative (perception, idée, mémoire) et quantitative (aptitude à permettre le passage et l'écoulement de *l'énergie).* Cette distinction entre qualité et quantité deviendra plus tard la distinction entre *représentation* et *affect.*

(C'est d'ailleurs le problème même de *l'affect* qui nécessite la postulation d'une *énergie* comme celle par exemple, qui s'exprimait dans les grandes décharges affectives et émotionnelles de la méthode cathartique, d'où la nécessité d'un point de vue *économique.)*

Cette fiction théorique d'une sorte de système spatial vise en utilisant le schéma traditionnel de l'arc réflexe, à montrer comment une *excitation,* venue du monde extérieur, se transforme en *perception* et comment, selon son aptitude à se mouvoir à travers les différents systèmes de *neurones* elle peut donner lieu à une *idée,* à une *image mnésique,* à une *image motrice.*

Tout cet effort, aride et terriblement abstrait, n'est rien d'autre que l'expression de la préoccupation constante de Freud : comment *l'excitation* (le physiologique), devient une *idée* (du psychologique).

Dans l'étude de décembre 1896, c'est la même préoccupation, mais essentiellement centrée sur l'élucidation du mécanisme et des effcts du *traumatisme sexuel,* toujours conçu comme une *excitation* venue de l'extérieur (du fait du *séducteur).* Son problème est celui de l'enregistrement du *souvenir traumatique,* et de ses conséquences.

Il y a trois systèmes *d'enregistrement :* Perception, Inconscient, Préconscient.

Comme il dit :

— ...le conscient et la mémoire s'excluent mutuellement, donc le niveau *perception* n'est pas conscient.

Mais, il dit encore :

— ...la mémoire est présente non pas une seule mais plusieurs fois et elle se compose de diverses sortes de *signes.*

Il dit encore :

— Je tiens à faire remarquer que les enregistrements successifs représentent la production psychique d'époques successives de la vie.

Pour qu'il y ait passage au conscient, il faut qu'une *traduction* soit opérée d'un *enregistrement* à l'autre.

Quand cette *traduction* n'est pas possible, quand il y a *défaut de traduction,* c'est, dit-il :

— ...ce que nous appelons en clinique *refoulement.* Ce *refoulement* est toujours en relation avec une *traduction* (l'évocation d'un souvenir) qui cause du *déplaisir.*

Le souvenir n'agit *comme un événement actuel,* que lorsque les *incidents sont d'ordre sexuel* parce que, dit Freud :

— ...l'excitation qu'ils provoquent devient toujours plus intense avec le temps (au cours du développement sexuel).

Plus loin, il ajoute :

— La condition déterminante d'une défense pathologique (c'est-à-dire du refoulement) *est donc le caractère sexuel de l'incident et sa survenue au cours d'une phase antérieure.*

On voit, à travers cette élaboration théorique compliquée, comment Freud se pense obligé de rattacher son expérience clinique à une conception psychologique plus générale.

Il ne peut (on ne peut) échapper à ce niveau abstrait de théorisation.

Il y a *traumatisme sexuel,* il y a *séduction,* il y a production d'un symptôme : comment peut-on passer de l'un à l'autre, comment un *souvenir* (qui est enfoui dans le passé) peut-il produire un *symptôme,* une action dans le présent. Il faut qu'il y ait des *enregistrements,* à plusieurs niveaux, dans plusieurs *systèmes.* Le passage d'un système à l'autre se fait par *traduction.* Quand le souvenir traumatique (qui est lourd de *déplaisir* du fait de son caractère sexuel) ne peut passer d'une *trace mnémonique* à une autre trace, par *défaut de traduction,* il y a constitution du *refoulement,* comme *défense pathologique* qui s'exprime dans le symptôme.

Dans *l'Interprétation des rêves,* il s'agira d'expliquer autre chose, de plus compliqué : *l'excitation* ne vient plus de l'extérieur, elle vient de l'intérieur, du fait de l'existence de la *pulsion.*

Freud, alors, inaugure sa fiction de *l'appareil psychique* qui fonctionne selon des métaphores spatiales empruntées à l'optique.

Dans sa lettre du 6 décembre 1896, Freud écrivait :

— Si je parvenais à donner un exposé complet des caractères psychologiques de la perception et des trois enregistrements, j'aurais formulé une nouvelle psychologie.

Plus haut, traitant du préconscient, il le considère comme lié aux *représentations verbales,* et correspondant à notre *moi officiel.*

Le préconscient devient du *conscient* parce que, dit-il :

— Cette conscience cogitative secondaire... est probablement liée à la réactivation hallucinatoire de représentations verbales.

Cette notion de *réactivation hallucinatoire* est, on le sait, centrale dans la théorie du rêve ; mais au lieu de concerner les *représentations verbales,* il va s'agir *d'images mnésiques.* De toute façon, Freud cherche à constituer une *nouvelle psychologie,* ce qui, plus tard va s'appeler la *métapsychologie.* Il s'agit là d'une préoccupation constante chez Freud, inséparable de son travail clinique et thérapeutique.

On ne peut pas la considérer comme une concession à l'esprit de spéculation, à la fantaisie imaginative, comme une sorte de *récréation* intellectuelle. C'est une nécessité constitutive de sa démarche théorique, c'est la mise en forme au niveau abstrait et plus général de ses découvertes cliniques. C'est en les explicitant au plus près, qu'il nous sera possible de comprendre la signification profonde de la découverte freudienne.

Dans le chapitre de *l'Interprétation des rêves,* intitulé Psychologie du rêve, Freud reprend toutes ces considérations théoriques relatives au fonctionnement de *l'appareil psychique.*

Il s'agit donc pour Freud d'élaborer une théorie générale du psychisme, qui lui permette de rendre compte de l'apparition du symptôme comme un aspect du fonctionnement normal de celui-ci. En 1896, le symptôme apparaît comme suit : un souvenir, parce que traumatique (sexuel) ne peut être remémorisé, c'est-à-dire d'un système à l'autre, par *défaut de traduction,* par le fait du *refoulement.*

Quand il dit :

— Nous nous trouvons ainsi en présence d'un anachronisme : dans une certaine province du psychisme des traces du passé ont survécu, c'est une première approximation de *l'inconscient* comme structure autonome qu'il formule.

Avec l'étude du rêve, comme modèle théorique du symptôme, Freud est alors en mesure d'exploiter à fond cette notion *d'inconscient,* en tant que *province du psychisme où des traces du passé ont survécu.*

Freud, alors, affirme de façon péremptoire :

— Pour bien comprendre la vie psychique, il est indispensable de cesser de surestimer la conscience. Il faut, comme l'a dit Lipps, voir dans l'inconscient le fond de toute vie psychique.

L'inconscient est pareil à un grand cercle qui enfermerait le conscient comme un cercle plus petit. Il ne peut y avoir de fait conscient sans stade antérieur inconscient, tandis que l'inconscient peut se passer de stade conscient et cependant avoir une valeur psychique. L'inconscient est le psychique lui-même et son essentielle réalité. *Sa nature intime nous est aussi inconnue que la réalité du monde extérieur, et la conscience nous renseigne sur lui d'une manière aussi incomplète que nos organes des sens sur le monde extérieur.*

Ainsi, par rapport à son ambition première, aller vers une *nouvelle psychologie,* le rêve va rendre à Freud un service que la névrose n'a pas pu lui assurer.

L'étude des mécanismes de formation du rêve lui permet de mettre au point *l'appareil psychique* fiction théorique grâce à laquelle il peut rapporter à un système de structures fonctionnelles les mécanismes rencontrés au cours de l'étude clinique. Peut-être est-ce l'infirmité épistémologique constitutive de l'objet de connaissance désigné du nom de *psychisme* de faire appel à des métaphores pour se construire comme tel.

Il faut rendre cette justice à Freud qu'il le sait, et qu'il l'affirme à maintes reprises.

Il emprunte à Fechner l'idée selon laquelle *la scène où le rêve se meut est peut-être autre que celle de la vie de représentation éveillée,* nulle autre supposition ne permet de comprendre les particularités du rêve.

Il continue alors en ces termes :

— L'idée qui nous est ainsi offerte est celle d'un *lieu psychique.* Écartons aussitôt la notion d'une représentation anatomique. Restons sur le terrain psychologique et essayons seulement de nous représenter l'instrument qui sert aux productions psychiques comme une sorte de microscope compliqué, d'appareil photographique, etc. Le lieu psychique correspondra à un point de cet appareil où se forme l'image.

L'appareil psychique est donc *l'instrument qui sert aux productions psychiques,* et ses diverses parties ou composantes, Freud les appelle des *instances* ou des *systèmes.* L'intérêt de cette fiction, c'est qu'elle permet d'imaginer le chemin de l'excitation, comme partant de la périphérie, la *perception,* traversant *l'appareil,* pour aboutir à l'autre extrémité, qui est la *motricité.*

Le problème qui se trouve posé est le même qu'en 1896, celui du *souvenir,* de la *mémoire,* conçue comme une série d'enregistrements. Le rôle de *l'appareil* est de transformer les excitations en *traces durables.*

Plus loin, il dit, par exemple :

— Ce que nous appelons notre caractère repose sur les traces mnésiques de nos impressions.

Les trois *systèmes* sont les suivants :

le *préconscient,* le plus près de *l'extrémité motrice : l'inconscient* est en arrière du préconscient ;

le *conscient* est en avant.

L'inconscient est le lieu où le rêve puise sa force pulsionnelle. Entre *l'inconscient* et le *préconscient* existe une *censure* qui veille au passage de l'un à l'autre, sous une forme discontinue et ponctuelle (comme le *caviardage* des journaux tsaristes, la *censure* opère par des *blancs,* inégaux, mais dont le système d'organisation a une signification).

Le caractère spécifique du rêve tient au fait que l'excitation, au lieu de suivre un trajet qui le conduirait vers l'extrémité motrice, suit une voie inverse : elle *est régrédiente* (au lieu d'être *progrédiente*) et cette *régression* conduit l'excitation vers le système de perceptions qui est ainsi mis en marche sous une forme hallucinatoire.

C'est l'état de sommeil, avec *le changement d'investissement* qu'il provoque (c'est-à-dire les modifications de charge énergétique de chacun des systèmes) qui rend apte le système perceptif au travail, alors qu'il bloque l'extrémité motrice. L'intérêt de ces considérations théoriques abstraites, c'est de définir l'inconscient comme le lieu où le rêve *puise son impulsion,* c'est-à-dire le lieu de constitution du désir. C'est en quelque sorte la partie archaïque de l'inconscient, celle qui correspond aux tout premiers temps de sa constitution, en particulier avec l'apparition et la satisfaction des *grands besoins du corps.*

Il se crée alors ce que Freud appelle *l'expérience de satisfaction,* qui va devenir la matrice du désir.

Déjà, dans *l'Esquisse pour une psychologie scientifique,* Freud parlait de *l'épreuve de la satisfaction.* Il dit, par exemple :

— L'organisme humain, à ses stades précoces, est incapable de provoquer cette action spécifique qui ne peut être réalisée qu'avec l'aide extérieure et au moment où l'attention d'une personne bien au courant se porte sur l'état de l'enfant. Ce dernier l'a alertée, du fait d'une décharge se produisant sur la voie des changements internes (par les cris de l'enfant, par exemple). La voie de décharge acquiert ainsi une fonction secondaire d'une extrême importance : celle de la *communication.* (Verständingung ; traduit encore : compréhension mutuelle.) L'impuissance originelle de l'être humain devient ainsi *la source première de tous les motifs moraux.*

Ceci en 1895. Trente ans plus tard, reprenant ce même thème de *détresse originelle* du nouveau-né (*l'impuissance originelle* de l'être humain), la rattachant à *l'état de prématuration* du petit de l'homme, il dira :

— ...son existence intra-utérine semble relativement raccourcie en comparaison de celle de la plupart des animaux ; il est moins achevé que ceux-ci lorsqu'il est jeté dans le monde. De ce fait, l'influence du monde extérieur est renforcée, la différenciation précoce du moi avec le ça est nécessaire, l'importance des dangers du monde extérieur est majorée et l'objet, seul capable de le protéger contre ces dangers et de remplacer la vie intra-utérine, voit sa valeur énormément accrue. Ce facteur biologique établit donc la première situation de danger et crée le besoin d'être aimé, qui n'abandonnera plus jamais l'homme.

Prématuration, détresse originelle, impuissance originelle créent la nécessité constitutive de la présence et de l'assistance d'autrui pour la satisfaction des *grands besoins du corps.*

C'est ainsi que naît *l'expérience de satisfaction,* matrice originaire du désir.

Voici ce qu'écrit Freud, à propos de l'émergence du désir, dans un texte toujours neuf et inépuisable :

— L'enfant qui a faim criera désespérément ou bien s'agitera. Mais la situation demeure la même ; car l'excitation provenant d'un besoin intérieur répond à une action continue et non à un heurt momentané. Il ne peut y avoir changement que quand, d'une façon ou d'une autre (dans le cas de l'enfant par suite d'une intervention étrangère), l'on acquiert *l'expérience de la satisfaction* qui met fin à l'excitation interne. Un élément essentiel de cette expérience, c'est l'apparition d'une certaine perception (l'aliment, dans l'exemple choisi) dont l'image mnésique restera associée avec la trace mémorielle de l'excitation du besoin. Dès que le besoin se représentera, il y aura, grâce à la relation établie, déclenchement d'une impulsion (Regung) psychique qui investira à nouveau l'image mnésique de cette perception dans la mémoire, et provoquera à nouveau la perception elle-même, c'est-à-dire reconstituera la situation de la première satisfaction. C'est ce mouvement que nous appelons désir ; la réapparition de la perception est l'accomplissement du désir et l'investissement total de la perception depuis l'excitation du besoin est le chemin le plus court vers l'accomplissement du désir. Rien ne nous empêche d'admettre un état primitif, de l'appareil psychique où ce chemin est réellement parcouru et où le désir, par conséquent, aboutit en hallucination.

Ainsi, Freud peut-il dire :

— Le rêve est un fragment de la vie psychique qui a été supplantée.

Il peut dire encore :

— Le désir représenté dans le rêve est nécessairement infantile.

Il dit encore :

— ...nous dirons que le rêve montre que ce qui est réprimé persiste et subsiste chez l'homme normal aussi et reste capable de rendement psychique.

Le rêve est donc la *replication du désir,* sa reproduction, parce que le désir est la *représentation de l'expérience de satisfaction :* c'est-à-dire que le rêve plonge ses racines dans la vie corporelle là où *l'expérience de satisfaction* laisse se profiler sous elle la *pulsion,* dont *le désir va devenir le doublet subjectif.* L'espace du rêve conduit ainsi à une nouvelle entité *la réalité psychique,* la vie subjective, construite d'une étoffe mixte, pulsionnelle *par en bas,* psychologique *par en haut.*

C'est ce qui permet à Freud d'énoncer sa fameuse formule :

L'interprétation des rêves est la voie royale qui mène à la connaissance de l'inconscient dans la vie psychique.

La *Métapsychologie* de 1915 aura donc comme objet d'élaborer au plus haut degré d'abstraction les deux notions princeps : *l'inconscient ; la pulsion.*

Le travail thérapeutique, l'existence de la sexualité infantile, donnent à Freud des bases solides pour tenter, dans un travail théorique général, de faire l'articulation entre son expérience clinique des névroses et sa théorie de l'appareil psychique.

La sexualité infantile lui assure les ravines pulsionnelles de la personnalité. Elles n'apparaissent pas comme telles dans la vie psychique : c'est leur réorganisation sous forme de *désirs infantiles* qui produit l'existence de *l'inconscient.*

Dans son article, Freud s'attache à plusieurs choses : à prouver, par différents arguments, la nécessité de l'inconscient comme structure autonome ; à le définir comme ne connaissant ni la contradiction, ni le temps ; à émettre des hypothèses quant à son statut, soit sous la forme de la théorie de la double inscription (un peu comme *l'ardoise magique*), soit sous la forme de la théorie économique, d'un même contenu psychique recevant ou ne recevant pas une énergie d'investissement. Dans un cas (la double inscription), une *représentation* devient consciente, tout en restant en partie enregistrée dans l'inconscient ; dans le deuxième cas, c'est un projecteur qui se braque et jette sa lumière sur un groupe de représentations, laissant ainsi les autres dans l'ombre.

Cette même ambiguïté théorique se retrouve quand il s'agit de discuter du statut de la pulsion : concept mixte, à la limite du somatique et du psychique. La pulsion, serait en quelque sorte, somatique *par en bas,* et psychique *par en haut.*

Elle se caractérise par sa *source,* sa *poussée,* son *objet,* son *but.* Sa source est somatique : c'est l'excitation d'une partie du corps, ou d'une zone érogène. C'est en tant qu'*excitation* que la *pulsion* a une caractéristique somatique. Mais sa nature est profondément ambiguë et mixte. Sa définition et son statut restent incertains, cependant, elle a une existence réelle : elle n'est pas postulée pour rendre compte de certains effets, elle existe pour son propre compte, du fait de l'érogénéité du corps et de certaines zones corporelles privilégiées.

On voit que *pulsion* et *inconscient,* sans être co-extensifs l'un à l'autre sont nécessairement et constitutivement liés. La pulsion, dit Freud, est

— ...comme la mesure de l'exigence de travail qui est imposé au psychique en conséquence de sa liaison avec le corporel.

Ce *travail,* c'est l'organisation de l'inconscient.

A cette étape de son travail théorique, Freud en arrive à deux conclusions (provisoires) mais importantes : l'une, concernant les pulsions, par laquelle il émet l'hypothèse que la vie psychique est gouvernée par un conflit fondamental entre *pulsions d'autoconservation* et *pulsions sexuelles (c'est l'opposition classique entre la faim* et *l'amour) ;* l'autre, concernant l'inconscient, selon lequel le noyau de l'inconscient serait formé de désirs provenant d'une excitation pulsionnelle, quasi instinctuelle, conception qu'il reprendra plus tard sous la forme de la notion du *ça.*

Enfin, il propose de désigner sous le nom de *métapsychologie* la nécessité d'exposer la totalité des mécanismes psychiques selon trois coordonnées : dynamique, topique, économique.

Les processus psychiques, tels qu'ils apparaissent en clinique, ou dans le mouvement d'une cure thérapeutique, ne peuvent pas être appréhendés, dans leur totalité, autrement que sous leur triple aspect.

L'article concernant le *Deuil et la mélancolie* est intéressant à un double titre : d'une part, il témoigne de la démarche de pensée habituelle chez Freud d'utiliser les états psychiques normaux, mais *critiques,* pour élucider les états *pathologiques,* et d'autre part il permet l'introduction de nouvelles notions, en particulier la mise en exergue de l'instance critique, la *conscience morale,* qui préfigure le concept de sur-moi.

Dans ce fameux chapitre VII de *l'Interprétation des rêves,* Freud produit l'affirmation suivante :

— Il semble que rêve et névrose nous aient conservé de la préhistoire de l'esprit bien plus que nous ne pouvions supposer, si bien que la psychanalyse est en droit de réclamer un rang élevé parmi les sciences qui s'efforcent de reconstruire les phases les plus anciennes et les plus obscures des origines de l'humanité.

Comme on le voit, Freud a renoué, explicitement, avec ses ambitions premières. Conjugant la recherche clinique et l'anthropologie, il va poursuivre, indéfiniment, cette quête des origines.

XI. La Grande Guerre, et la suite

Encore sous le coup de la rupture avec Jung, Freud décide d'écrire *l'Histoire du mouvement psychanalytique.*

C'est un ouvrage polémique, où il cherche à faire le point de l'état présent de la psychanalyse. Les grandes idées forces en seront reprises dix ans plus tard, dans le livre autobiographique *Ma vie et la psychanalyse.*

L'année 1914 reste dans le climat incertain suscité par les retombées des récentes dissensions, et le souci commun est celui du prochain Congrès international, son lieu et sa date, où il sera possible de se compter, et de refaire l'unité du *Mouvement.*

La fille cadette de Freud, Anna, s'embarque pour l'Angleterre le 18 juillet.

Or, quelques jours auparavant, le 28 juin 1914, dans la capitale de la Bosnie-Herzégovine, Sarajévo, l'archiduc François-Ferdinand, héritier du trône de l'Empire d'Autriche-Hongrie, était assassiné par un étudiant bosniaque, membre d'une organisation terroriste clandestine.

Depuis plusieurs années déjà, l'Empire austro-hongrois était *l'homme malade* de l'Europe. Les mouvements nationalistes, durement réprimés, persistaient dans leurs activités politiques ouvertes. En même temps, l'impérialisme allemand, à plusieurs reprises confronté dans ses appétits coloniaux à ceux de l'Angleterre et de la France cherchait une issue militaire à son expansion économique. L'Allemagne, ayant tardivement accédé à son unité nationale, avait pris du retard dans la course à la recherche de sources de matières premières, les impérialistes anglais et français étaient, depuis longtemps, maîtres du terrain.

A la conjonction des conflits entre impérialistes et de l'exaspération des revendications nationalistes, l'attentat du 28 juin va servir de détonateur.

Le 23 juillet, l'Autriche envoie un ultimatum à la Serbie, puis déclare la guerre et bombarde Belgrade. Les Russes — *le grand frère slave* — mobilisent. Aussitôt, l'Allemagne déclare la guerre à la Russie et à la France. Puis l'Angleterre entre dans le mouvement. C'est la *Grande Guerre,* le premier conflit à dimensions internationales, qui marque la première étape de la grande crise du capitalisme.

Malgré ses — lointaines — tentations de jeunesse, Freud n'est pas intéressé par la politique. Il a beau écrire à son égérie intellectuelle, Lou Andréas Salomé :

— ...tout arrive comme la psychanalyse aurait pu le prévoir d'après sa connaissance de l'homme et du comportement de celui-ci il n'a rien prévu, et la guerre le surprend, plus comme une gêne éventuelle pour ses travaux, qu'un événement à la dimension de millions d'individus.

Ne lui en faisons pas grief. Il n'était pas le seul : quand les grands mouvements collectifs se mettent en branle — dont les mécanismes d'action ne relèvent pas de l'élucidation psychanalytique — chaque individu est emporté comme dans une tempête.

Cependant E. Jones raconte que :

— Dès le 8 décembre 1912, il m'écrivait que la situation politique en Autriche était menaçante et que les Autrichiens s'attendaient à vivre de mauvais jours.

Mais la perspicacité politique de Freud est à éclipse, son intérêt, ses soucis, sont ailleurs.

Dans le confortable appartement du 19 de la Bergasse, dans cette lourde maison viennoise du 18e siècle, dont la haute porte cochère permet le passage des attelages de voitures de maître, Freud travaille et mène une vie de famille paisible.

Il se lève à 7 heures, reçoit son premier malade à 8 heures, jusqu'au déjeuner familial qui a lieu vers 13 heures. Là, il retrouve tous les siens. La consultation reprend à 15 heures, jusqu'à 21 heures. Puis après le dîner, il va faire une promenade, soit en compagnie de sa femme, ou de sa belle-sœur, ou de l'une de ses filles.

La guerre va introduire une rupture dans cette vie sereine et active. Les fils de Freud seront mobilisés. Martin, l'aîné, âgé de vingt-cinq ans, s'engage dans l'artillerie ; Olivier, le second, qui a vingt-trois ans, sera réformé et servira dans les Ponts et Chaussées ; le cadet, Ernest, qui a vingt-deux ans, ira sur le front de Bukovine.

Durant les deux premières années de la guerre, Freud, comme d'ailleurs ses amis et collègues psychanalystes, est un ardent patriote germano-autrichien. Il dit *avoir fait don de sa libido à l'Autriche-Hongrie.* Il croit aux communiqués de victoire de la propagande, il s'attend à l'effondrement prochain des Alliés anglo-franco-russes. Apparemment, les événements militaires ont l'air de justifier cet optimisme.

Ce qui le gêne, c'est la difficulté à communiquer avec les autres membres de l'Association psychanalytique, et les malentendus qu'introduisent dans leurs rapports, la surenchère nationaliste, qui n'épargne personne dans ces périodes de grande tension politique, l'homme de la rue comme le psychanalyste distingué.

Puis la guerre se prolonge, et avec elle les misères matérielles de la vie quotidienne : les difficultés à trouver de la nourriture, du tabac, de quoi se chauffer.

Dans le grand appartement familial de Freud, douze poêles en faïence ronronnent tranquillement tous les hivers. Les restrictions provoquées par la pénurie due aux hostilités réduisent leurs prestations calorifiques. Freud a froid. Les doigts engourdis, protégés par des gants, il a peine à écrire. Cependant, il travaille, il se sent en pleine forme morale.

Il prépare ses conférences qu'il doit faire à l'Université, et qui seront publiées sous la forme de *l'Introduction à la psychalanyse.* L'année 1915, qui aura été la plus féconde, a vu la mise au point de son important travail sur *la métapsychologie.*

Un autre problème, plus inquiétant, se fait jour : la clientèle diminue, les patients deviennent rares. En juin 1917, Freud ne traite plus que trois malades.

Mais cette même année verra d'autres événements, à la fois plus dramatiques, et sur une plus grande échelle.

Le fils unique de Rosa, sa sœur préférée, est tué sur le front italien. Ce sera la seule victime de la guerre dans cette famille.

La Révolution russe laisse Freud perplexe. Il écrit à Ferenczi :

— Quel intérêt n'aurions-nous pas pris à cet immense changement si la paix n'occupait pas la première place dans nos esprits.

La prise de Jérusalem par les Anglais, et leur projet d'une patrie éventuelle pour les Juifs contribue à remonter son moral, qui s'affaisse en même temps que la guerre devient interminable et la victoire de moins en moins probable.

L'année 1918 sera une année bien étrange : elle commence dans le froid et les privations, et va se terminer sur un événement auquel Freud attache le plus grand prix : la tenue du Ve Congrès international de psychanalyse, qui a lieu à Budapest les 28 et 29 septembre 1918.

C'est un événement important, car le souci constant de Freud, c'est le maintien du Mouvement psychanalytique, et la survie des deux revues, le *Zeitschrift* et *Imago.*

Ce Ve Congrès international se tient dans la grande salle de l'Académie des sciences hongroises. Pour la première fois, on y voit des représentants officiels des gouvernements autrichien, allemand et hongrois, dont la présence n'est d'ailleurs nullement désintéressée.

La fréquence des névroses de guerre incite les médecins militaires et les représentants des pouvoirs publics à s'intéresser à la psychanalyse, dont ils espèrent les effets thérapeutiques sur les soldats récalcitrants. (Inconsciemment récalcitrants.)

On propose même de créer, dans ce but, des cliniques psychanalytiques. Personne ne se doute de l'imminence de la défaite.

Peu de temps après, Freud pourra écrire :

— Notre psychanalyse n'a pas de chance non plus. A peine a-t-elle commencé, du fait des névroses de guerre, à susciter quelque intérêt dans le monde, que la guerre cesse.

En effet, tous les événements, pour Freud, convergent toujours vers son même souci, ce qu'il appelle justement, son *Sorgenking,* l'œuvre de sa vie, la psychanalyse.

Lors de ce congrès, où quarante-deux analystes et sympathisants, prendront part, Freud donne lecture de son article : « Les voies nouvelles de la thérapeutique psychanalytique.

Ferenczi est élu président de l'Association internationale et Freud peut alors lui écrire :

— Je suis dans l'allégresse et mon cœur est léger parce que je sais maintenant que mon *Sorgenkind,* l'œuvre de ma vie, est protégée par moi-même et par d'autres et que son avenir sera assuré. J'entrevois des temps meilleurs, même s'ils sont encore éloignés.

Près de quinze ans plus tard, Freud sera, à nouveau, déçu par cet ami en qui il met ainsi tant d'espoir.

Ouvrons cette parenthèse chronologique, qui nous projette loin en avant dans le temps.

Freud porte à Ferenczi une affection quasi paternelle. Ce dernier, qui souffre de graves troubles hypocondriaques, trouve chez lui le soutien moral dont il a besoin, vivant dans une espèce d'incertitude, source d'angoisses très vives. (Il mettra plus de quatorze ans avant de se décider à épouser la femme qu'il aime ! Freud, d'ailleurs, aurait souhaité l'avoir pour gendre.)

Dans les années qui vont suivre la fin de la guerre, Otto Rank et Ferenczi publient en commun un ouvrage : *le Développement de la psychanalyse* (en 1923) où sans remettre nettement en cause les grands principes de la psychanalyse, ils en discutent quelques points techniques. (Par exemple : mettant trop l'accent sur l'analyse des *acting-out,* ils négligent leur rapport au passé infantile.)

Surtout, le fait important, c'est le manquement au serment implicite des membres du *Comité,* de ne jamais rien publier qui fasse matière à discussion, sans en référer aux autres membres du Comité. La divergence avec Rank va s'accuser assez rapidement. Celui-ci, en mettant en évidence ce qu'il appelle le *traumatisme de la naissance,* comme prototype de toute situation d'anxiété, élimine progressivement l'importance de la sexualité infantile. Quant à Ferenczi, il est porté à ce qu'il appelle la *technique active* qui, vers les années 1930, va le conduire à embrasser ses patients, et à se faire embrasser par eux, pour *réparer* les blessures infantiles infligées par des parents (présumés) trop frustrants. On voit qu'il y a continuité dans cette double démarche qui évacue progressivement la sexualité infantile et l'inconscient. Dans une lettre à Ferenczi, du 13 décembre 1931, Freud commente en ces termes la *technique active* prônée par celui-ci :

— ...et bientôt nous aurons accepté comme faisant partie de la technique analytique tout le répertoire de la demi-virginité et des parties de pelotage, ce qui aura pour effet d'amener un intérêt considérablement accru pour la psychanalyse aussi bien chez les analystes que chez les patients.

Plus haut, il lui écrivait :

— Un certain nombre de penseurs indépendants en matière de technique se diront : pourquoi s'arrêter à un baiser ?

La fin de la guerre amène l'effondrement économique et politique de l'Autriche-Hongrie.

Freud, peu doué en matière de placements financiers, se voit totalement ruiné par une inflation dévorante.

Les membres du *Mouvement* psychanalytique sont dispersés.

Les frontières sont fermées. Les pays vaincus, l'Allemagne et l'Autriche en particulier, subissent un ostracisme très vif de la part de leurs adversaires européens. Cela rend très difficiles les déplacements des membres de la communauté psychanalytique, et quasiment impossible leur rencontre à Vienne, auprès de Freud.

Les retrouvailles ne se feront pas sans mal.

L'immédiat après-guerre est marqué par les troubles politiques, par la difficulté éprouvée par les pays appartenant à l'ex-Empire austro-hongrois à se constituer une entité nationale.

Ce qui ne va pas sans répercussion sur la vie du *Mouvement* psychanalytique.

Ainsi, la Hongrie, après diverses péripéties, instaure un gouvernement bolchevik, inspiré de celui de l'ex-Russie tsariste, et dirigé par Bela Kun. Ferenczi, inquiet quant à l'avenir de la psychanalyse dans ce pays est alors rassuré, par sa nomination comme directeur d'un institut de psychanalyse, en même temps que Roheim est désigné à un poste universitaire important. Cette lune de miel est de courte durée. La *République des Conseils* est rapidement renversée par les forces réactionnaires et féodales hongroises, aidées par les troupes françaises, dirigées par le maréchal Franchet d'Esperey. C'est le massacre des communistes, c'est le développement foudroyant d'un antisémitisme sanguinaire, qui fait se terrer Ferenczi (parmi d'autres Juifs), au fond de son domicile. Puis, progressivement, la situation se *normalise* au détriment des forces progressistes qui resteront de longues années soumises à une répression féroce.

La psychanalyse, quant à elle, survivra. Cependant, un certain nombre de psychanalystes hongrois d'origine juive (comme on dit) seront appelés ultérieurement à émigrer (Michaël Balint, Mélanie Klein, etc.).

Deux événements personnels, tragiques, vont marquer, pour Freud, ces années pénibles qui suivent la fin de la guerre :

La mort de son ami Anton von Freund, le 20 janvier 1920, des suites d'un sarcome ; la mort de sa fille Sophie, le 25 janvier 1920, dans le décours d'une pneumonie grippale.

Sophie avait vingt-six ans et laissait deux enfants. Sa mort est durement ressentie par Freud, dont il a dit qu'elle avait contribué à accélérer son vieillissement.

La mort de Von Freund est également douloureusement reçue. Non seulement c'est un ami, mais c'est un supporter actif du *Mouvement* psychanalytique, qui a laissé toute sa fortune pour permettre la création d'une maison d'édition privée, le *Verlag*, projet élaboré dès janvier 1919. Les péripéties seront nombreuses et complexes, par lesquelles va passer cette maison d'édition, qui assure la liberté à Freud de publier les revues et ouvrages psychanalytiques, mais qui suscitera beaucoup de problèmes quant à sa gestion, dans une époque économiquement et financièrement instable.

D'autres événements, plus heureux se produiront : le mariage de son fils Martin, le 7 décembre 1919 ; celui de son fils Ernest, le 18 mai 1920.

La vie reprend, après les terribles années de guerre, avec les petits soucis quotidiens — ravitaillement, clientèle, problèmes matériels et financiers — les malheurs et les joies accordées à tous les humains, et les grands problèmes relatifs au développement de la psychanalyse : reconstitution du Mouvement et préparation du prochain congrès.

Le VIe Congrès international de psychanalyse, s'ouvre le 8 septembre 1920 à La Haye, et dure quatre jours.

Freud y présente une communication intitulée : *Supplément à la théorie des rêves.*

Depuis quelque temps déjà, il s'est remis au travail.

De nouvelles idées germent dans sa tête. La guerre l'a confronté avec les problèmes dramatiques du déchaînement des passions collectives, dans lequel il croit trouver une justification de ses points de vue théoriques.

Parallèlement à son travail de recherche clinique, il va conduire une réflexion anthropologique dont, depuis *Totem et tabou,* il a été sevré.

Ça va donner *l'Avenir d'une illusion,* en août 1927, où Freud reprend sa critique rationaliste de la religion ; *Malaise dans la civilisation,* en juillet 1929, où il développe sa conception de l'émergence de l'humain sous l'effet de *la répression des instincts ;* plus tard, ce sera *Moïse et le monothéisme,* projet mis en chantier durant l'été 1934, mais publié en août 1938. Entre-temps, il aura collaboré avec Albert Einstein à une réflexion sur : *Pourquoi la guerre ?* en septembre 1932.

Son travail clinique et de réajustement de la théorie psychanalytique se poursuit également sans relâche.

Progressivement, Freud récupère une clientèle plus régulière, et peut, à nouveau, faire face à ses obligations familiales.

L'aide financière de nombreux amis et sympathisants de la psychanalyse permet à sa maison d'édition l'*Internationaler psychanalytischer verlag* de se maintenir, *contre vents et marées* (selon l'expression consacrée).

Le prestige international de la psychanalyse se développe : en même temps que de nouvelles sociétés psychanalytiques se créent à nouveau, les mêmes critiques acerbes ou grotesques sont articulées à l'encontre des idées freudiennes.

Freud va devenir une célébrité internationale.

Malheureusement, la gloire va se payer au prix fort : en février 1923, on découvre une leucoplasie de la mâchoire, qui se révèle bientôt être un cancer.

On sait les souffrances inouïes endurées par Freud, le courage dont il aura fait preuve, contre la marche inexorable de la maladie, contre la douleur impitoyable, pour mener, au plus loin de son terme, l'œuvre de sa vie.

Dans le courant de l'année 1925, Samuel Goldwin, le producteur de films américains bien connu, propose à Freud la somme de 100 000 dollars pour qu'il prête son concours au tournage d'un film consacré à des scènes empruntées aux histoires d'amour célèbres ! Freud refuse de prêter la lumière de la psychanalyse à l'élucidation des tourments amoureux d'Antoine et Cléopâtre, et autre vedette des passions historiques.

La diffusion de la psychanalyse dans le grand public commence à l'inquiéter. Plus tard, il aura des admirateurs inattendus (inattendus pour lui) chez les Surréalistes.

On a l'impression que son travail de révision théorique, assorti à l'approfondissement de sa démarche anthropologique vise à assurer la psychanalyse contre les utilisations et dévoiements extra-scientifiques.

Freud veut rester inébranlablement campé sur le terrain de la science. C'est important à prendre en considération, pour mieux comprendre la suite de cette histoire, dans ses aspects théoriques et personnels, qui sont constitutivement liés.

Tout notre effort va consister, précisément, à dégager ce qui appartient en propre au mouvement interne de la théorie, dans son rapport aux problèmes de la pratique, de ce qui est superfétatoire, lié aux vicissitudes de l'existence de Freud.

Cependant, une question se pose : en matière de psychanalyse, une telle distinction, apparemment légitime, est-elle possible ?

XII. Le tournant de 1920

Dans une lettre du 28 décembre 1914, écrite à un psychopathologiste hollandais, le docteur Van Eeden, Freud fait état de quelques réflexions (amères) à propos de la guerre qui vient d'éclater.

Il lui dit :

— Cette guerre me pousse à vous rappeler deux affirmations de la psychanalyse qui ont incontestablement contribué à rendre celle-ci impopulaire.

L'étude des rêves et des lapsus chez les normaux, celle aussi des symptômes névrotiques, ont permis à la psychanalyse de conclure que chez les humains les pulsions primitives sauvages et malfaisantes n'ont pas forcément disparu chez l'individu et continuent à exister sous une forme refoulée, il est vrai, dans l'inconscient, comme nous disons, et qu'elles attendent une occasion d'exercer leur activité.

Tout au long de son œuvre, à maintes reprises, Freud répète le peu de cas qu'il fait de ses hypothèses théoriques. En substance, il dit ceci :

— Si vous faites mieux, je suis preneur.

Aussi, dans le chapitre théorique de *L'interprétation des rêves* il écrira, à propos de la fiction de *l'appareil psychique :*

— ... pourvu que nous gardions notre jugement critique et que nous n'allions pas prendre l'échafaudage pour le bâtiment lui-même. Nous n'avons besoin que de représentations auxiliaires pour nous rapprocher d'un fait inconnu, les plus simples et les plus tangibles seront les meilleurs.

Le rapprochement entre ces deux citations est significatif. Il y a des *faits inconnus* que Freud cherche à cerner au plus près avec un appareillage conceptuel interchangeable, mais il existe des *pulsions primitives sauvages et malfaisantes* que l'observation clinique et l'interprétation des rêves et des lapsus ont mis en évidence.

Ainsi, les *tournants* théoriques doivent-ils être compris à deux niveaux :

1) Comme des *recentrements conceptuels,* liés au développement de la théorie et de la pratique, avec la nécessité de faire rentrer des faits nouveaux dans un ensemble abstrait élargi.

2) Il est par ailleurs difficile d'éliminer *l'impact de la Grande Guerre* sur les conceptions freudiennes, dans la mesure où celles-ci possèdent une dimension anthropologique constitutive.

Cependant, on reste perplexe. Est-ce bien l'objectivité scientifique qui impose à Freud ces *pulsions primitives sauvages ?* Ou n'est-ce pas plutôt le *point de vue* idéologique d'un penseur idéaliste, incapable de comprendre les phénomènes de la guerre autrement qu'en termes d'agressivité interpersonnelle ?

Mais, si on fait référence à l'expérience clinique et thérapeutique, aux déchaînements passionnels suscités parfois par la situation de transfert, on ne peut manquer d'accorder à Freud, crédit.

Il faut remarquer que, dès le début, la démarche théorique de Freud est soumise aux problèmes cliniques et thérapeutiques relatifs à l'hystérie.

Bien que dans les années 1894-1895, il dégage la névrose obsessionnelle comme entité clinique autonome, c'est l'hystérie qui reste le champ expérimental de la recherche freudienne. *L'interprétation des rêves,* en particulier, *le Cas Dora* (dont le titre véritable est *Rêve et hystérie*) marquent bien la continuité de ces préoccupations.

Avec l'étude du développement libidinal, comme suite logique et nécessaire aux *Trois essais sur la théorie de la sexualité,* la découverte de l'analité, de la phase sadique-anale, dont la *fixation* constitue *la prédisposition à la névrose obsessionnelle* (1913), se constitue un élargissement de la compréhension des autres névroses.

La compréhension de l'hystérie est déjà à la fois dynamique, structurelle et libidinale. Celle de la névrose obsessionnelle reste surtout marquée par ses implications libidinales. Observons que les mécanismes pathogéniques de l'hystérie se prêtent mieux à une démarche qui se situe au niveau du déchiffrement des significations. C'est pour cette raison que, lors de l'observation de *l'homme aux rats* (1907) intitulée, rappelons-le, en réalité,

Remarques sur un cas de névrose obsessionnelle, Freud fait état du *dialecte* de l'obsessionnel, comme une variante du *langage* de l'hystérique.

Ces formulations *linguistiques,* malgré leur caractère opératoire, ont été la source de beaucoup de malentendus.

Nous avons vu comment Freud est amené, par la logique même de l'étude du champ des significations à approfondir les problèmes de la sexualité, et à introduire des *phases* du développement libidinal.

Cela complique la théorie, bien sûr, des notions aux maniement incertain, comme celle de *libido* sont introduites, et Freud est obligé d'aboutir à la prise en considération d'une triple détermination des processus psychiques : dynamique, topique, économique.

A mesure que l'exploration clinique s'approfondit et s'élargit, de nouveaux problèmes se posent.

La causalité linéaire, temporelle de l'hystérie, impliquait déjà des nécessités topiques, structurales (l'existence de *l'inconscient*).

Que ce soit sous la forme de *l'appareil psychique,* de la *psyché,* du *psychisme,* etc. la prise en compte d'une dimension historique (temporelle : l'histoire de l'individu, ou sa préhistoire infantile), imposait la nécessité d'une organisation structurale. Comme on le voit, la *métapsychologie* est corrélative du projet clinique et thérapeutique freudien. Par ailleurs, la nécessité *d'hypothèses de structure* est une exigence de toute théorisation psychologique, avec tous les dangers de spéculation idéaliste que cela comporte.

Dans la mesure où la psychanalyse se veut une théorie de l'intersubjectivité, ou plutôt une théorie de la genèse et des structures de l'intersubjectivité, la *psyché* (ou l'appareil psychique) n'est rien d'autre que l'intra-subjectif, comme intériorisation de l'intersubjectif. En fait, des moments intersubjectifs essentiels connaissent un traitement intra-subjectif privilégié. (Les *étapes* de la sexualité infantile par exemple.)

On conçoit par conséquent que la notion de *topique* soit inséparable de la théorisation psychanalytique.

Autour des années 1920, Freud donc, change de *topique.* On a appelé cet événement, un *tournant.* Est-ce vraiment un *tournant ?*

Le problème épistémologique qui est posé par la théorisation psychanalytique, c'est de tenir compte, simultanément, de la *genèse,* et de la *structure :* la genèse est, en même temps, organisation.

Il faut donc transformer le *temps* (passé), en un *espace* (fictif) : le *temporel* devient du *spatial,* la genèse devient structure. Ainsi s'explique la nécessité impérative d'une topique, c'est-à-dire *l'organisation dans un espace fictif, des diverses étapes d'une histoire qui a déjà eu lieu.*

La première *topique,* mise au point lors de *l'Interprétation des rêves,* est parachevée sous la forme du monument théorique qu'est l'article sur l'inconscient dans *la Méthapsychologie* de 1915.

Dès le chapitre VII de *l'Interprétation des rêves,* Freud fait état de la nécessité de considérer des *systèmes,* ou des *instances,* en tant que *lieux* psychiques distincts et autonomes.

La nouvelle *topique* ne se substitue pas à l'ancienne, elle s'y superpose. D'où vient-elle, quelles sont les nécessités théoriques qui ont présidé à son élaboration ?

Ce sont des difficultés rencontrées dans la clinique qui vont obliger Freud à mettre en œuvre de nouvelles notions, dont la conséquence inévitable sera le remaniement de son appareil conceptuel.

Avant d'examiner de près les problèmes cliniques rencontrés par Freud et responsables de l'introduction de nouvelles notions, observons que les textes de 1915, rangés sous la même rubrique *Métapsychologie,* m'ont pas tous les mêmes caractères. Trois des articles : « L'inconscient », « Le refoulement », « Les pulsions et leur destin » sont typiquement métapsychologiques. Mais, l'article « Deuil et mélancolie » est un article clinique qui met déjà en avant, non seulement une nouvelle notion, mais un nouvelle façon de concevoir la formation de la personnalité. Ces considérations ne sont pas vains bavardages. En abordant les constructions théoriques de Freud, on est frappé par leur complexité, leur extrême aridité, leur abstraction desséchée, comme situées à des distances astronomiques de l'expérience clinique.

Ce que nous voudrions essayer de montrer, c'est leur caractère constitutivement nécessaire.

Nous avons déjà dit en quoi *l'inconscient, les pulsions, le refoulement* sont organiquement liés. L'inconscient est constitué de *contenus* qui sont des *représentations :* or, ces *représentations* sont l'émanation psychique des pulsions. La pulsion n'existe, sous sa forme psychique, qu'à l'état de *représentation.*

Un *refoulement originaire* est postulé, qui maintient hors du conscient, des *représentations* particulières, qui constituent le *noyau* de l'inconscient. Le *refoulement après coup* permet que d'autres *représentations* soient attirées hors du conscient, pour enrichir le stock des *représentations.* L'inconscient est ainsi un système de *représentations,* de *signifiants* pourrait-on dire, qui n'ont accès à la conscience qu'au fur et à mesure que les résistances du refoulement sont levées.

Ainsi, la notion de *représentations* remplace celles plus anciennes, *d'enregistrements, signes, traces,* etc. C'est l'introduction de la pulsion qui oblige — en tant qu'elle est une *excitation* interne continue — à réviser une conceptualisation fondée sur la seule existence d'*excitations* externes. La pulsion est *représentée* dans le psychisme, par les *représentations* qui sont des *représentants-représentatifs.*

Cette complexification terminologique n'est pas gratuite. Non seulement elle est corrélative de l'existence de la pulsion, mais elle permet de rendre compte de l'accrochage de la pulsion à un système de représentations privilégiées (fantasmes) ; en outre, elle permet de mieux comprendre les mécanismes du *processus primaire,* condensation et déplacement, en tant que jeu ou substitution de *représentations,* de telle sorte que la condensation peut s'assimiler à la métaphore et le déplacement à la métonymie (Lacan).

Nous avons dit que l'article « Deuil et mélancolie » avait un accent plutôt clinique que métapsychologique. Il va nous permettre de faire la transition avec la suite de nos développements.

Ce qui intéresse Freud, dans la mélancolie, c'est le caractère cruel des auto-reproches que se fait le malade, c'est l'intensité des sentiments de culpabilité.

— Le malade, dit Freud, doit bien avoir, en quelque façon, raison.

Nous allons voir bientôt dans quel sens, et l'intérêt d'une telle hypothèse.

Notons d'abord que la description clinique de la mélancolie par Freud, défie tout tableau psychiatrique classique : parce qu'elle est guidée implicitement par des considérations psychopathogéniques.

L'analogie avec le deuil permet de comprendre les mécanismes psychologiques profonds de la mélancolie.

Dans le deuil, il y a perte de *l'objet* (personne aimée, ou abstraction mise à sa place, telle la patrie, un idéal, etc.). Rappelons que la notion *d'objet* est présente dès 1905 dans les *Trois essais sur la théorie de la sexualité.* Freud dit alors :

— Appelons objet sexuel, la personne qui exerce l'attirance sexuelle, et, but sexuel l'action à laquelle pousse la pulsion.

Ce rappel n'est pas une formalité : c'est l'existence de la pulsion (sexuelle) qui exige l'existence d'un objet (l'objetf d'amour) ; ce sont les vicissitudes de cet objet, par rapport au *moi* du sujet qui vont permettre de mieux comprendre un état pathologique comme la mélancolie.

Dans le deuil, la douleur morale s'efface progressivement grâce au *travail du deuil;* le désinvestissement progressif de *l'objet* et des différents liens qui rattachent à cet objet. La *libido* est retirée peu à peu de *l'objet* et des différents souvenirs qui s'y rattachent, et le *moi* devient à nouveau libre et sans inhibition.

Notons, pour la suite de nos développements, que la notion de *moi* présente dès le début dans l'œuvre de Freud reste encore très imprécise dans son statut; c'est, approximativement, pour l'instant, l'élément central de la personne, un peu dans le sens de la psychologie traditionnelle. Mais, très vite, les choses vont se compliquer.

Dans la mélancolie, la perte — éventuelle — de l'objet n'est pas soumise à ce même travail que dans le deuil. Pourquoi ?

C'est là que Freud introduit la nécessité de comprendre l'affection selon le triple point de vue : dynamique, topique et économique. (Dans sa lettre à K. Abraham du 4 mai 1915 où il discute avec lui, précisément, de la pathogénie de la mélancolie.) Dans une autre lettre précédente, du 31 mars 1915, il lui écrit :

— Le mélancolique a perdu quelque chose, mais il ne sait pas quoi.

Pour comprendre la mélancolie, Freud est obligé d'introduire le concept *d'identification* (déjà utilisé dans *les Études sur l'hystérie* mais sur le mode de l'imitation ou de la *contagion,* c'est-à-dire n'ayant pas encore sa valeur de concept psychanalytique).

Avec le concept d'identification, nous verrons que la théorie psychanalytique va prendre un caractère plus *dialectique* et ouvrir une voie pour sortir des impasses du biologisme.

Ainsi, chez le mélancolique, une partie du *moi* s'identifie à l'objet perdu. Freud écrit :

— L'ombre de l'objet tombe ainsi sur le moi qui peut alors être jugé par une instance particulière comme un objet, comme l'objet abandonné.

On comprend alors à qui s'adressent les auto-reproches, à l'objet intériorisé, on comprend même alors les idées (et tentatives) de suicide si fréquentes chez le mélancolique : en voulant se tuer, c'est *l'objet* que le mélancolique cherche à détruire. Cela permet à Freud d'utiliser la notion empruntée à K. Abraham : l'identification à l'objet se fait sur le mode régressif oral, *cannibalique,* de dévoration, de destruction de *l'objet.* (Déjà mentionnée dans *Totem et tabou.)*

Freud peut ainsi faire la comparaison avec la névrose obsessionnelle, où le sadisme qui entretient le sentiment de culpabilité, est lié à la phase sadique anale de la libido.

L'article « Deuil et mélancolie », en introduisant la conception d'identification, en mettant en relief la possibilité pour le moi, par ce fait, de se dédoubler en une instance critique, la *conscience morale,* reprend des données apportées par un travail important écrit en 1914 sur le *narcissisme.*

Là aussi, il s'agit de répondre aux problèmes posés par la clinique. Ce sont les controverses avec Jung, relatives à la schizophrénie, qui nécessitent, comme l'écrit Freud, *l'introduction du narcissisme.*

Ainsi, le travail conceptuel et théorique de Freud suit, pas à pas, les problèmes posés par la clinique. Nous verrons plus loin, à l'occasion des problèmes de l'anthropologique, comment se fait le dérapage progressif de la clinique à la *philosophie,* comment l'idéalisme implicitement à l'œuvre dans son travail psychologique (dans tout travail psychologique ?) lui fait manquer les médiations dialectiques entre *l'individuel* et le *social.*

Dans la schizophrénie, le peu d'intérêt du malade pour le monde extérieur est lié à un *retrait de la libido : la libido du moi* reste ainsi enfermée et indisponible au détriment de la *libido d'objet,* considérablement appauvrie.

Le moi est ainsi un réservoir de *libido* et le *narcissisme* est le complément libidinal des pulsions d'auto-conservation. Cela permet, chemin faisant, à Freud, de déceler deux types de *choix d'objet* (choix amoureux). *Le type narcissique :* où l'on aime ce que l'on est soi-même, ce qu'on a été soi-même ce qu'on voudrait être soi-même, la personne qui a été une partie du propre soi ; *le type par étayage :* où l'on aime, la femme qui nourrit, ou l'homme qui protège.

Selon Freud (et cela est intéressant à noter à plus d'un titre), la femme aime, en général, selon le type narcissique, et l'homme, selon le type par étayage.

Dans ce même article, Freud introduit la notion d'*idéal-du-moi.* Il écrit :

— Ce qu'il (l'homme) projette devant lui comme son idéal est le substitut du narcissisme perdu de son enfance ; en ce temps-là, il était à lui-même son propre idéal.

Ce *moi-idéal* est ainsi directement lié à cet *investissement libidinal originaire du moi,* à cet amour de soi originaire constitutif de toute vie (c'est-à-dire : *l'instinct de conservation).*

L'intérêt de l'introduction de cette nouvelle notion, « moi-idéal » (ou *idéal-du-moi*, que certains auteurs vont différencier) c'est qu'elle est directement antécédente à la notion de *sur-moi.* Dans un cas, c'est le *modèle* (l'idéal), dans l'autre cas, c'est *le critique.* (La *conscience morale.*)

C'est précisément la force de cette instance critique dans la mélancolie et du sentiment de culpabilité dans la névrose obsessionnelle, qui vont nécessiter une exploration plus approfondie du *moi,* et de nouvelles différenciations structurales, lesquelles vont obliger à poser une question plus fondamentale, qu'est-ce que le *moi,* d'où vient-il, à quoi sert-il ?

C'est là le sens, précisément, de ce qu'on appelle la deuxième topique.

Trois articles des années 1920 vont être à l'origine de cette nouvelle élaboration théorique : *Au-delà du principe de plaisir* (mai 1920) ; *Psychologie collective et analyse du moi* (décembre 1920) ; le *moi* et le *ça* (avril 1923).

Notons qu'une des filles de Freud, Sophie, meurt en janvier 1920 ; un ami très proche, et d'un grand secours moral et matériel, Anton von Freund meurt également en janvier 1920. La première opération sur le cancer de la mâchoire a lieu en avril 1923.

Mais, Ernest Jones fait observer que l'article « Au-delà du principe de plaisir » est commencé au printemps 1919 (avant la mort de Sophie), et que le travail sur *Psychologie collective* est esquissé en mai 1919.

Toutes ces précisions chronologiques sont utiles pour ne pas trop être tenté par une *psychologisation* des démarches théoriques de Freud, qui empruntent plus à la logique interne et spéculative de son œuvre, qu'à des événements extérieurs, quelle que soit la force de leur impact affectif.

La deuxième topique est, pour Freud, à la convergence de plusieurs préoccupations relativement hétérogènes. D'une part, il lui faut réactualiser sa notion d'un dualisme pulsionnel ; d'autre part, remettre de l'ordre dans l'organisation du psychisme en fonction des nouvelles notions, que la clinique a fait apparaître.

Paradoxalement, ces deux ordres de préoccupations sont à la fois convergents et divergents. Elles sont convergentes : dans la mesure où l'accent se déplace sur le pulsionnel, une nouvelle instance psychique va être élaborée, pour marquer la place du pulsionnel dans la vie psychologique, c'est la mise en évidence du ça.

Elles sont divergentes : la nouvelle conception d'un dualisme pulsionnel prend un caractère délibérément spéculatif, indifférent à l'expérience clinique et à la pratique thérapeutique. Dès le début de son œuvre, Freud met en relief la notion d'un *conflit psychique*. La notion de *résistance*, recontrée dès *les études sur l'hystérie*, rend compte d'un conflit entre deux forces : une *défense* et des *représentations inconciliables*.

L'accent mis sur la sexualité permet de généraliser la notion de conflit aux deux pôles : celui des pulsions d'autoconservation, celui des pulsions sexuelles.

Remarquons que Freud cherche toujours à élaborer parallèlement, au niveau empirique, le conflit responsable du symptôme observé en clinique, et au niveau théorique un dualisme plus général.

C'est ainsi qu'à propos du fonctionnement de *l'appareil psychique*, se dégage un autre dualisme, celui du *principe de plaisir* et celui du *principe de réalité*.

C'est le *principe de réalité* qui permet que s'élabore progressivement le *moi*, grâce à quoi le nourrisson distingue la satisfaction réelle de la satisfaction hallucinatoire, sinon il en viendrait, confondant son désir avec la réalité, à mourir d'inanition.

Avec *l'introduction du narcissisme*, un nouveau dualisme apparaît. Dès lors que le *moi* est investi, dès l'origine, de libido, c'est à l'intérieur de la pulsion sexuelle que se situe le conflit : entre pulsions narcissiques et pulsions allo-érotiques.

Dans son étude métapsychologique de 1915 sur les pulsions, Freud dégage une entité autonome, la *haine*, appelée bientôt *pulsion d'agression*.

C'est autour de la *pulsion d'agression*, à la convergence des préoccupations cliniques liées à la force du sentiment de culpabilité et des préoccupations philosophiques en relation avec la guerre qui vient de se terminer, que va naître, chez Freud, l'idée d'une *pulsion de mort*.

La clinique, c'est la force du sentiment de culpabilité chez le mélancolique, et dans la névrose obsessionnelle ; ce sont les cauchemars à répétition dans les névroses traumatiques de guerre ; ce sont les comportements d'automutilation ; c'est la tendance qu'ont beaucoup de patients de répéter, tout au long de là cure analytique, les expériences pénibles de leur enfance. C'est aussi une observation qu'il avait faite, en septembre 1915, de l'aîné de ses petits-fils jouant avec une bobine, prononçant les mots *fort* (loin) *da* (présent) en relation avec l'absence de sa mère, cherchant ainsi, par le moyen de cette maîtrise symbolique, de s'arracher, en même temps que de s'entretenir, de la souffrance de cette absence.

Freud avance alors la notion de *compulsion de répétition,* qui a valeur descriptive de certaines manifestations cliniques. Sur cette même lancée spéculative Freud continue, de l'idée de répétition à celle du retour à un état antérieur : c'est alors la notion de *pulsion de mort,* qui vise à la désagrégation de la vie, pour le retour à un état antérieur, anorganique.

Un nouveau dualisme pulsionnel arrive ainsi à son achèvement : *les pulsions de vie,* qui rangent sous leur bannière (rose et fragile) les pulsions d'autoconversation et les pulsions sexuelles, la *pulsion de mort,* dont le drapeau noir (de la discorde) camoufle le travail souterrain. Le but ultime de la vie, c'est donc la mort.

Le caractère spéculatif de cette conception, affirmée clairement par Freud, son manque de référence clinique où, sous la forme du sadisme et du masochisme les pulsions agressives sont toujours érotisées, rendent ces idées difficilement acceptables à maints analystes. Certains, restant au niveau empirique, s'en passent sans sourciller. D'autres voulant rester fidèles à l'inspiration freudienne, en cherchent des équivalences dans leur pratique, en bricolant pour leur propre compte une notion plus acceptable.

C'est un fait, qu'avec cette nouvelle théorisation, Freud pousse au plus loin les implications spéculatives de son système.

Cependant, il faut en retenir une modification quant à l'origine du masochisme. Dans un premier temps, c'est le sadisme qui est originaire, le masochisme est alors lié au retournement de la pulsion sadique sur le sujet.

Avec la *pulsion de mort,* c'est la tendance à l'autodestruction qui est originaire ; le sadisme est le retournement vers l'extérieur de ce masochisme primaire.

Quoi qu'il en soit des fondements — cliniques ou spéculatifs — de ce nouveau dualisme pulsionnel, la nécessité s'impose à Freud de réviser sa conception de *l'appareil psychique.*

C'est le *moi* qui est au centre de cette entreprise de révision. Deus séries de considérations poussent à cette remise en question : d'une part, la possibilité, pour le *moi* (dans la mélancolie par exemple) de se dédoubler par identification à l'objet en une *instance critique* et une *formation critiquée ;* d'autre part, les constatations faites dans la clinique et la thérapeutique de *résistances* et de *défenses* issus du *moi,* ayant alors une situation topique dans l'inconscient. Freud en vient à remanier les notions de *conscient, préconscient, inconscient :* de substantifs, elles deviennent *adjectifs.*

En outre, l'existence de *l'idéal-du-moi instance* issue d'une stratification du *moi*, poussée dans sa logique extrême (en relation avec le sentiment de culpabilité et les autoreproches du mélancolique) conduit à distinguer l'instance critique, la *conscience morale*, sous la forme d'une entité indépendante, le *surmoi*.

C'est dans *le Moi et le Ça* (écrit en 1923) que ces nouvelles notions apparaissent. Elles seront systématisées en 1932 dans un article intitulé « Les diverses instances de la personnalité psychique », issu d'un recueil de textes : *les Nouvelles Conférences sur la psychanalyse*, qui n'ont de *conférences* que le titre, puisqu'elles ne seront jamais prononcées, étant données les difficultés qu'éprouvait alors Freud à s'exprimer en public (à cause de sa prothèse-mâchoire).

Mais les textes de ce recueil sont rédigés sous la forme familière de *conférences*, comme si Freud s'adressait à un auditoire fictif.

Cependant, on ne peut pas comprendre correctement le texte de 1923, si on ne fait pas référence à l'article de 1920 « Psychologie collective et analyse du moi », où Freud travaille à fond le concept *d'identification* et celui *d'idéal-du-moi*. On se rend compte alors que la nouvelle topique prend en charge les implications théoriques et structurales du *complexe d'Œdipe*.

C'est important à mettre en évidence, car c'est le statut du *moi* qui s'en trouve concerné.

En effet, définissant alors l'identification comme *la première manifestation d'un attachement affectif à une autre personne*, Freud montre comment le *complexe d'Œdipe* contribue à la formation de la personnalité sous la forme d'un système d'identifications. Plus tard, dans un article de 1923, sur « Le déclin du complexe d'Œdipe », il pourra montrer comment le *sur-moi* est constitué sous la forme de l'intériorisation des images parentales, le père en particulier, comme *figures interdictrices*.

Dans le texte de 1920, la notion *d'idéal-du-moi* fonctionne sur un registre voisin : comme intériorisation des images parentales, du père en particulier, comme *modèle*.

Cette notion *d'idéal-du-moi* lui permet d'élucider les mécanismes de la *psychologie collective*, telle qu'elle peut s'exprimer dans ce qu'il appelle des *foules artificielles*, c'est-à-dire *l'Armée et l'Église*. Le chef est ainsi celui sur lequel s'est fixé *l'idéal-du-moi* des participants de la *foule*, il est le support de leur *idéal-du-moi*.

Il peut de même donner une explication intéressante de l'hypnose et de l'état amoureux.

Dans l'état amoureux, l'objet a pris la place de ce qui était *l'idéal-du-moi.*

Dans l'hypnose, c'est l'hypnotiseur qui a pris la place de *l'idéal-du-moi.* Freud dit, très précisément, que l'hypnose est une *foule à deux.*

Il définit alors une foule ainsi :

— ...une foule primaire se présente comme une réunion d'individus ayant tous remplacé leur *idéal-du-moi* par le même objet, ce qui a eu pour conséquence l'identification de leurs propres moi.

On voit à quel point la notion d'identification fonctionne pour donner au *moi* un statut métapsychologique qui prenne en compte l'environnement : les images parentales et les éducateurs. Lacan, utilisant cette logique jusqu'à son terme, considère le *moi* comme un *précipité* d'identifications, comme le lieu de l'imaginaire et du leurre. (Le *moi* serait, en quelque sorte, la représentation qu'un sujet a de lui-même, les *idées qu'il se fait* sur son compte : il est vrai que la méconnaissance y travaille à plein rendement !)

La nouvelle organisation de la personnalité devra donc tenir compte d'une double exigence : les fondements pulsionnels du psychisme d'une part ; le processus des identifications successives d'autre part.

Voici comment la *Conférence* de 1932 présente les choses : le *ça* est le pôle pulsionnel de la personnalité. Il correspond à l'inconscient de la première topique. Freud dit :

— C'est la partie obscure impénétrable de notre personnalité... Nous l'appelons : chaos, marmite pleine d'émotions bouillonnantes... Il s'emplit d'énergie à partir des pulsions, mais sans témoigner d'aucune organisation... il tend seulement à satisfaire les besoins pulsionnels, en se conformant au principe de plaisir.

Le *moi... est une partie du* ça *modifié par la proximité et l'influence du monde extérieur.*

Le *moi* a une fonction médiatrice par excellence, il est le représentant des *intérêts* de la personnalité.

Freud dit :

— En nous servant de termes populaires, nous dirons que, dans la vie psychique, le *moi* représente la raison, la prudence, et le *ça,* les passions déchaînées.

Le *sur-moi* est le censeur, qui veille à la bonne tenue de l'individu.

Une partie du *moi* et du *sur-moi* plonge dans l'inconscient. Cette nouvelle conception de *l'appareil psychique,* où les *provinces* — comme le dit Freud — ont une consistance personnalisée, conduit précisément au risque d'une personnification des instances, avec les négligences spéculatives que cela comporte.

Mais Freud ne donne-t-il pas lui-même l'exemple ?

Il écrit :

— Le *moi* ainsi pressé par le *ça*, opprimé par le *sur-moi*, repoussé par la réalité, lutte pour accomplir sa tâche économique, rétablir l'harmonie entre les diverses forces et influences qui agissent en et sur lui ; nous comprenons ainsi pourquoi nous sommes souvent forcés de nous écrier :

— Ah ! la vie n'est pas facile !

Le *moi*, quand il est forcé de reconnaître sa propre faiblesse est saisi d'effroi ; peur réelle devant le monde extérieur, craintes de la conscience devant le *sur-moi*, anxiété névrotique devant la puissance qu'ont les passions dans le *ça*.

Cette vision *personnologique* du *moi* comporte deux séries de conséquences, diamétralement opposées.

Dans le début de son texte, Freud rappelle que :

— ...nous avons soutenu, dès le début, que l'homme souffrait d'un conflit entre les exigences de la vie pulsionnelle et les résistances qui s'opposent au-dedans de lui à ces exigences.

Ainsi, le *moi* peut être considéré comme une instance adaptatrice, qu'il faut protéger contre les exigences pulsionnelles en le *renforçant*. C'est là tout un courant de ce qu'on appelle *l'ego psychology*, support théorique de la psychanalyse américaine.

Le *moi* peut aussi être considéré comme un lieu d'identification dont l'analyse met à jour le caractère imaginaire, grâce à quoi le sujet prend une meilleure mesure de lui-même.

Cependant, de toute façon, reste encore posé le problème du rapport du *moi* et du *ça*.

En conclusion de son article sur « Les instances de la personnalité psychique », Freud formule cette proposition énigmatique :

Wo es war, soll ich werden.

Là où était le *ça*, je dois advenir.

Cette formulation doit se lire à deux niveaux.

Dans le cadre de la cure : l'assomption de son désir par le sujet. Ou encore : la restitution au *moi* de *l'énergie psychique* gaspillée dans les conflits affectifs.

Au point de vue anthropologique, deux significations sont possibles. Soit le procès de la subjectivité, l'accès au *je* de l'individualité biologique ; soit, en débouchant ainsi sur une réflexion éthique, le dégagement du pulsionnel vers plus *d'humanisation*.

La phrase concernant l'assèchement du Zuyderzee, comme *tâche incombant à la civilisation,* incite à cette interprétation *éthique* et anthropologique.

Et par un paradoxe, coutumier de la psychanalyse, qui est fertile en retournements de situation, ne pourrait-on pas dire que c'est là l'expression d'un *optimisme* freudien, pour lequel la *civilisation* est en droit d'attendre des hommes un progrès dans *l'humanisation ?*

En tout cas, Freud définit ainsi la finalité de la thérapeutique analytique. Il répond, à une question concernant les diverses relations entre les instances psychiques, et à la possibilité de maîtriser ces relations au mieux des intérêts du patient :

— Leur intention (aux efforts thérapeutiques) n'est-elle pas de renforcer le *moi,* de le rendre plus indépendant vis-à-vis du *surmoi,* d'élargir son champ de perception et de transformer son organisation afin qu'il puisse s'approprier de nouveaux fragments du *ça ?*

N'est-ce pas là un programme plein d'alléchantes promesses ?

En 1932, quand il écrit ces lignes, Freud est âgé de soixante-seize ans. Il a une longue expérience de pratique analytique derrière lui. Il est malade, il sait sa mort à quelques pas : même si la terminologie des *instances* sonne mal à nos oreilles *matérialistes,* ne faut-il pas prendre en compte cet optimisme thérapeutique, fondé sur une exigence rationaliste rigoureuse ?

Cependant, le problème reste entier, pour toute théorisation au niveau de la *psyché* de la nécessité de faire appel à des notions dont le caractère est surtout opératoire.

On sait que G. Politzer, dans son livre *Critique des fondements de la psychologie,* créditant la psychanalyse de son apport scientifique important, affirmait :

— Les hypothèses de structures lui sont interdites, marquant par là l'incompatibilité entre une *psychologie concrète* et les spéculations abstraites sur des *processus, mécanismes,* etc.

Or, comme on vient de le voir, il est impossible de rendre compte de la totalité de l'expérience concrète de la psychanalyse, sans faire utilisation d'un appareillage conceptuel *métapsychologique.*

La théorisation freudienne suit pas à pas la clinique, et répond aux problèmes rencontrés, par des remaniements conceptuels constants.

Faut-il penser que, Freud, restant enfermé dans une terminologie d'époque, manque des possibilités épistémologiques qui lui permettraient de rendre compte de son expérience en une construction moins sensibilisée aux spéculations ? Peut-on dire, aussi, qu'une reformulation *moderne,* de la psychanalyse, puisse se concevoir, qui tiendrait quasiment pour périmés les apports théoriques de son promoteur ?

Cette démarche nous paraît dangereuse. Les *reformulations* laissent toujours derrière elles plus ou moins de déchets. Et que penser d'une intention voisine, qui viserait à *reformuler* en vocabulaire *moderne* certaines thèses du *Capital,* sous prétexte, comme l'affirment quelques idéologues en mal de publicité, qu'il s'agirait d'une pensée démodée datant du 19e siècle ?

Cependant, il n'est pas interdit compte tenu du progrès accusé par certaines *sciences humaines,* l'ethnologie et la linguistique en particulier, de se demander si leur apport ne peut pas enrichir la conceptualisation de la psychanalyse.

Embaumer pieusement les concepts élaborés par Freud est, certes, une attitude sympathique et émouvante, mais ce n'est pas une démarche scientifique.

Au contraire, jeter par-dessus bord tout un ensemble de notions sous prétexte qu'elles sont imprégnées de *biologisme,* n'est guère plus sérieux.

D'une façon générale, la référence à un *isme* pour juger d'un ensemble théorico-pratique est pleine de dangers : surtout pour ce qui concerne la psychanalyse, dont la pratique singulière requiert une formation personnelle. Que pense-t-on de ces théoriciens en chambre, qui font la leçon au mouvement ouvrier, douillettement calfeutrés dans l'encadrement de leur bibliothèque ?

XIII. Moïse et l'anthropologie freudienne

Très tôt, dès le début de son œuvre, Freud est préoccupé par les problèmes d'anthropologie.

Dans son manuscrit du 31 mai 1897, où Freud commence vaguement par entrevoir — chez les névrosés pour l'instant — les *pulsions hostiles à l'endroit des parents,* il en vient, tout naturellement, à la fin de cette étude à discuter du problème de l'inceste, qu'il définit comme *un fait antisocial auquel, pour exister, la civilisation a dû peu à peu renoncer.*

On sait que Lévi-Strauss définit la prohibition de l'inceste *moins comme une règle qui interdit d'épouser mère, sœur ou fille, qu'une règle qui oblige à donner mère, sœur, ou fille à autrui.* il ajoute :

— C'est la règle du don par excellence.

Nous savons qu'il dit encore :

— ...les règles de la parenté et du mariage ne sont pas rendues nécessaires par l'état de société. Elles sont l'état de société lui-même, remaniant les relations biologiques et les sentiments naturels, leur imposant de prendre position des structures qui les impliquent en même temps que d'autres, et les obligent à surmonter leurs premiers caractères.

Il a cette formule saisissante :

— L'inceste est socialement absurde, avant d'être moralement coupable.

Freud avait donc eu cette intuition, de l'inceste, comme *socialement absurde (fait antisocial).*

Dans son article de 1908, *La morale sexuelle civilisée et les maladies nerveuses des temps modernes, il reprend ces problèmes, des rapports entre l'émergence de la civilisation* (la société) et la vie sexuelle.

Il écrit :

— D'une façon, très générale, notre civilisation est construite sur la répression des pulsions.

Cette même année, il a écrit son article *Sur le caractère et l'érotisme anal.* C'est sur la même lancée qu'il peut dire :

— On appelle capacité de *sublimation,* cette capacité d'échanger le but qui est, à l'origine, sexuel, contre un autre qui n'est plus sexuel, mais qui est psychiquement parent avec le premier.

On voit d'emblée comment s'insinue l'ambiguïté de cette problématique :

— La civilisation est construite sur la répression des pulsions, dit Freud.

Comment faut-il le comprendre ? Cela veut-il dire que la vie sociale nécessite des *sacrifices* pulsionnels (dans le domaine érotique, ou dans celui de l'agressivité), grâce à quoi, la vie sociale est possible ? Cette problématique elle-même, ainsi posée, est déjà ambiguë : parce que toutes sortes de satisfactions érotiques, plus ou moins détournées, sont offertes dans la vie sociale, d'une part, et, parce que, les différents conflit guerriers que nous connaissons, constituent la forme politique de satisfaction des *pulsions agressives.*

Autre façon, de voir les choses : faut-il concevoir cette *répression des pulsions* comme appartenant constitutivement au procès d'hominisation de l'espèce humaine ?

Ainsi formulée, cette proposition n'a pas de sens : ou bien l'être humain est celui pour qui, naturellement en quelque sorte, il y a une limitation de la vie pulsionnelle, ou c'est la vie sociale qui l'impose — de l'extérieur — comme nécessité constitutive de sa cohésion interne. Alors, on retombe sur les premiers types de problématique.

Or, quelle que soit la difficulté qu'on puisse avoir à en poser correctement les termes, on ne peut pas s'épargner cette problématique.

Retrouvons Freud en 1908. Voici comment il raconte l'émergence de *la civilisation :*

— En nous référant à l'histoire de la pulsion sexuelle nous pourrions donc distinguer trois stades de civilisation : un premier stade dans lequel l'activité de la pulsion sexuelle, hors même des buts de la reproduction, est libre ; un deuxième stade où tout est réprimé dans la pulsion sexuelle, à l'exception de ce qui est la reproduction et un troisième stade où la reproduction est le seul but sexuel autorisé. Ce troisième stade correspond à notre morale sexuelle *civilisée d'à présent.*

Or, en 1907, Freud a fait paraître un article, intitulé : *Actes obsédants et exercices religieux,* où il fait l'analogie entre le rituel religieux et celui de l'obsédé.

A ce propos, il écrit :

— En vertu de ces concordances et des analogies, on pourrait se risquer à concevoir la névrose obsessionnelle comme constituant un pendant pathologique de la formation des religions, et à qualifier la névrose de religiosité individuelle, la religion de névrose obsessionnelle universelle.

Ainsi sont posés, dès le début de sa recherche, les termes dans lesquels, il va concevoir l'exploration du terrain de l'anthropologie. En fait, il y a deux terrains : d'une part, celui de la religion, de l'art qu'on pourrait appeler celui des *idéologies ;* d'autre part, celui de l'origine et du destin de la *civilisation.*

A la première catégorie appartiennent des œuvres comme *la Gravida* (1907), *Léonard de Vinci* (1910), *le Moïse de Michel-Ange* (1914), *l'Avenir d'une illusion* (1927), *Moïse et le monothéisme* (1939).

A la deuxième catégorie : *La morale sexuelle des civilisés* (1908), *Totem et tabou* (1912-1913), *Malaise dans la civilisation* (1930), *Pourquoi la guerre ?* (1931).

C'est ce qu'on a appelé la *psychanalise appliquée ;* ce que Freud appelait *les colonies* de la psychanalyse, pour les distinguer de la *mère-patrie :* la thérapeutique.

Or, ce qui fait problème, et un problème difficile, c'est que les liens entre la *mère-patrie* et *les colonies* sont à la fois constitutifs et contradictoires.

Les trois premiers écrits *la Gravida, Léonard de Vinci, Le Moïse de Michel-Ange,* relèvent de ce qu'on pourrait appeler la *pratique esthétique ; 055ceux qui concernent la religion font la transition avec les écrits plus explicitement anthropologiques*

Ainsi, Totem et tabou (1913) et *Moïse et le monothéisme* (1939) fonctionnent, à vingt-cinq ans de distance sur le même *modèle* théorique.

C'est celui utilisé, dès 1907, dans *Actes obsédants et exercices religieux,* c'est-à-dire *l'analogie individu-collectivité.*

Cependant, en conclusion de son livre auto-biographique, *Ma vie et la psychanalyse* (1925) traitant du mot *psychanalyse,* Freud formule ces quelques considérations, qui peuvent peut-être nous aider à sortir de cette impasse épistémologique. Il déclare :

— A l'origine, il (le mot *psychanalyse)* désignait une méthode thérapeutique déterminée ; maintenant il est aussi devenu le nom d'une science : celle de l'inconscient psychique. Cette science peut rarement à elle seule résoudre pleinement un problème, mais elle semble appelée à fournir des contributions importantes aux domaines les plus variés des sciences. Le domaine où s'applique la psychanalyse est en effet de la même ampleur que celui de la psychologie, à laquelle elle apporte un complément d'une puissante portée.

La problématique de base, tient alors, au questionnement fondamental : *qu'est-ce que l'homme ?*

Une telle question a-t-elle un sens ?

Nous savons que c'est la question qui est à l'œuvre tout au long de la recherche freudienne. Cette question, d'allure *philosophique,* ou *métaphysique,* peut-elle recevoir un traitement scientifique ? Ou n'est-elle pas plutôt la forme abstraite d'une interrogation subjective, conséquence de l'aliénation sociale de l'homme qui vit, spontanément, son rapport au monde sur le mode idéologique, c'est-à-dire en fonction d'une certaine méconnaissance. En d'autres termes, la question *qu'est-ce que l'homme ?* n'est-elle pas une pure production *idéologique,* dénuée de tout contenu scientifique ? En d'autres termes encore : *l'homme* existe-t-il ? Comme réalité empirique, oui ; comme dernier échelon de l'évolution animale, oui ; comme entité *philosophique,* oui.

Mais, est-ce que la catégorie *homme* peut fonctionner, rentablement, dans un discours scientifique ?

Cependant, le postulat fondamental de la recherche freudienne est fondé sur une spécificité particulière de l'être humain, liée à son état de prématuration à la naissance, à la *détresse originelle* qui en est le corollaire, à la nécessité d'un environnement néo-natal qui puisse répondre aux exigences biologiques fondamentales du nouveau-né ; c'est cet échange de *demandes-réponses* qui introduit la dimension libidinale (la recherche du plaisir corrélative et *effet marginal* — prime — de la satisfaction des grands besoins d'autoconservation) grâce à quoi apparaît la vie pulsionnelle de l'être humain.

Les toutes premières années de la vie sont ainsi comme une sorte de *dressage* pulsionnel, qui assujettit l'être humain à la *satisfaction différée,* matrice originaire du *désir.*

La psychanalyse prend en charge cette problématique du *dressage* pulsionnel corrélatif de l'émergence du *désir.* A la question *qu'est-ce que l'homme ?,* la psychanalyse répond : c'est l'être chez qui le *besoin* (biologique) est devenu le *désir* (psychologique). A la même question, Jacques Lacan répond :

— C'est l'animal en proie au langage.

C'est donc la problématique de *l'hominisation* qui est en jeu. Pour Freud, tout se passe comme si, à sa naissance, l'être humain, né animal pré-humain, n'était assuré de devenir enfant humain, qu'à condition de traverser, à l'intérieur de son encadrement par le couple parental, les diverses phases par lesquelles les pulsions sexuelles s'organisent pour lui ouvrir la voie à la vie amoureuse génitale, par *l'assomption subjective* de son sexe biologique.

C'est du *devenir-homme, devenir-femme* de l'enfant humain que la psychanalyse s'occupe.

Au cours de ces aventures, durant lesquelles il s'agit de se définir par rapport à la différence des sexes, et par rapport à la différence des générations, l'enfant rencontre la *situation œdipienne.*

C'est à partir de là que vont naître les malentendus. Ayant rencontré le complexe d'Œdipe, *point culminant de la sexualité infantile,* dans le courant de sa recherche clinique, Freud a l'ambition de remonter le cours du temps, de refaire à l'envers l'histoire de l'humanité pour saisir à sa naissance, la genèse de la situation œdipienne.

Alors, il va se raconter une fable.

Freud a de tout temps été fasciné par la figure légendaire de Moïse. Lors de ses fréquents séjours à Rome, il s'attarde souvent à contempler la statue du prophète, telle qu'elle a été sculptée par Michel-Ange, pour le tombeau du pape Jules II.

De cette confrontation de Freud avec la statue, va naître une espèce d'essai esthétique qu'on peut considérer, rétrospectivement, comme une sorte de *test de projection.* Freud est frappé par le regard sévère et courroucé du personnage, l'expression de fureur contenue qui crispe son visage, la puissance tendue de tout l'ensemble des muscles du corps.

— Toujours, j'ai essayé de tenir bon sous le regard courroucé et méprisant du héros, dit-il.

C'est, pour lui, un héros exemplaire, qui personnifie la maîtrise d'une colère, contre des disciples hésitants.

Nous sommes, durant l'année 1914, celle où les dissensions sont à leur point de rupture.

Freud s'identifie, explicitement, à ce héros, dont plus tard, il va réinventer l'histoire. Nous y reviendrons. (Notons que Freud publie ce texte — c'est-à-dire son *auto-analyse* devant la statue de Michel-Ange — de façon anonyme, sans le signer, ce qui n'est pas sans signification.)

C'est le même processus d'identification qui est à l'œuvre dans l'étude sur *Un souvenir d'enfance de Léonard de Vinci.*

D'une part, il réalise une sorte de *psycho-biographie,* d'autre part, il cherche à comprendre l'origine de la pulsion épistémophilique (le besoin de savoir) dont il sent en lui-même l'action puissante.

Cette pulsion, qui a pour origine la curiosité sexuelle infantile, peut, par la sublimation, se mettre au service de la création artistique ou de la recherche intellectuelle.

Léonard de Vinci réalise une espèce de compromis entre ces deux domaines : sa personnalité réalise aussi un compromis entre la sublimation et l'inhibition de la pulsion d'origine sexuelle, puisque sa vie montre un blocage au niveau d'une homosexualité non assumée.

Revenons à Moïse. *Moïse et le monothéisme,* reconstitution historique, non à la manière d'Alexandre Dumas, mais à celle des archéologues, mène à son terme, à la fois théorique et psychologique l'entreprise commencée avec *Totem et tabou.*

Moïse, c'est le *roman historique, Totem et tabou,* c'est la fable (Ce que Freud appelle encore : *mythe scientifique.)* Commençons par la fable.

Procédant selon la démarche évolutionniste classique, inspirée de la tradition médicale (probablement en relation avec son ancienne formation d'embryologiste et d'anatomiste), Freud pose le postulat selon lequel l'ontogenèse reproduit la phylogenèse. L'histoire de l'individu, reproduit en raccourci, celle de l'espèce.

A l'origine, Freud veut écrire un ouvrage sur la *psychologie de la foi,* sur la *psychogenèse des religions.* L'analogie entre le rituel obsessionnel et celui des pratiques religieuses, l'analogie découverte lors de l'analyse du petit Hans, entre l'image paternelle et l'animal totémique, toute sa démarche vise, en utilisant les déductions indubitables tirées de l'expérience analytique, à comprendre d'autres manifestations qu'on rangerait actuellement dans la rubrique de *l'idéologique.* La symptomatologie névrotique de l'individu lui permet de comprendre son histoire, en traitant des manifestations religieuses comme des *symptômes* on peut peut-être comprendre le passé historique de l'humanité.

Cette démarche analogique et régressive car le conduire beaucoup plus loin qu'il ne pensait. Comme il l'écrit alors :

— ...je ne voulais qu'une petite liaison et me voilà forcé, à mon âge, d'épouser une nouvelle femme.

Notons en passant que les divergences qui s'amorcent avec Jung à propos de son interprétation de la mythologie, ne sont pas étrangères à l'envergure occupée par cette entreprise.

C'est alors dans le courant de ses lectures ennuyeuses (*abominables,* dit-il), Freud rencontre les ethnologues et anthropologues de son temps.

Ayant constaté, dans son travail clinique et psychologique que l'inceste est inconsciemment désiré, il croit trouver dans les travaux anthropologiques, l'origine de cette prohibition. Il reconstitue alors, comme suit, l'histoire de l'humanité (s'inspirant des hypothèses de Darwin et d'Atkinson).

A l'origine, les humains vivent comme les grands singes anthropoïdes, sous la forme de hordes errantes (la *horde primitive),* dirigées par un mâle puissant, possesseur des *femelles,* et ayant droit de vie et de mort sur les autres, interdisant ainsi l'inceste à ses jeunes rivaux.

Un beau jour (quand ? pourquoi ?), les fils qui, de plus en plus souvent se liguaient contre leur père, le tuent, le mangent, et se partagent les *femelles,* et décident, d'un commun accord, d'instituer le tabou de l'inceste.

Telle est l'origine de l'exogamie, du repas totémique, et de l'existence des tabous : les individus vivant dans un même clan, sous le même totem, ne peuvent se marier entre eux. En réalité, la démarche de Freud est moins caricaturale : c'est la logique interne du mode de pensée analogique entre *individu* et *collectivité* qui le conduit à cette dernière extrémité !

L'intérêt pour la religion n'est pas un accident de la recherche psychanalytique. La situation de transfert, le caractère même de la relation thérapeutique *(la foi qui guérit),* posent, implicitement, le problème du rapport entre l'image paternelle et la figure de Dieu.

— La religion est un sentiment de fils, écrit Freud, dans une lettre à Ferenczi.

Que l'expérience analytique conduise à l'intérêt pour les processus psychologiques et affectifs engagés dans la foi religieuse, cela se comprend donc aisément.

De plus, la religion est le phénomène idéologique par excellence. C'est sur le *modèle* de la religion que Marx et Engels font l'étude du processus idéologique, Freud, comme tout penseur d'envergure, est ainsi doublement légitimé à rencontrer le phénomène religieux.

En 1911, il écrit :

— Je travaille d'arrache-pied à la psychogenèse des religions.

Ce qui est son droit. Mais le mode de pensée analogique le conduit à étendre les mécanismes du processus psychologique individuel à l'étude de l'idéologie, à superposer, par extension, inconscient psychique et inconscient idéologique. Nous verrons plus loin, dans *Moïse et le monothéisme,* les quelques corrections, superficielles, apportées à sa thèse. Pour l'instant, ce qui le frappe, c'est l'analogie entre le *délire du toucher* de certains obsédés, et les précautions contraignantes qui sont prises à l'endroit de la personne ou de l'objet tabou.

Ainsi, le totémisme lui apparaît comme l'ancêtre des religions *modernes.* Avec le totémisme et l'exogamie, on a les deux moitiés du *complexe d'Œdipe,* l'attirance vers la mère et le désir de mort à l'endroit du père.

Généralisant sa méthode d'étude par analogie, Freud en vient à affirmer :

—On pourrait presque dire qu'une hystérie est une œuvre d'art déformée, qu'une névrose obsessionnelle est une religion déformée, et un délire paranoïaque, un système philosophique déformé.

Ainsi, le *complexe d'Œdipe,* la culpabitité contre les désirs hostiles des fils, seraient à l'origine de la religion, de la morale, de la vie sociale, de la naissance de l'art.

Comme on le voit, Freud ne s'embarrasse pas de médiations ! De l'individuel au collectif, tout plonge ses racines dans le *complexe d'Œdipe.*

Commentant *Totem et tabou,* Lévi-Strauss fait la réflexion suivante :

— On ne peut parler d'explications qu'à partir du moment où le passé de l'espèce se rejoue, à chaque instant, dans le drame indéfiniment multiplié de chaque personne individuelle, parce que, sans doute, il n'est lui-même que la projection rétrospective d'un passage qui s'est produit, parce qu'il se produit continuellement.

Plus loin, il dit en quoi les thèses de Freud sont irrecevables :

— ...gratuité de l'hypothèse de la horde des mâles et du meurtre primitif cercle vicieux qui fait naître l'état social de démarche qui le supposent.

Ce que reprend Lacan en disant que Freud.

— ...fait dériver de l'événement mythologique, à savoir le meurtre du père, la dimension subjective qui lui donne son sens, la culpabilité.

Plus loin, Lévi-Strauss dit encore :

— Le désir de la mère ou de la sœur, le meurtre du père et le repentir des fils, ne correspondent sans doute, à aucun fait, ou ensemble de faits occupant dans l'histoire une place donnée. Mais ils traduisent peut-être, sous une forme symbolique, un rêve à la fois ancien et durable.

Enfin, pour bien montrer comment Freud praticien se trouve en contradiction avec Freud anthropologue, il conclut :

— Dans un cas (dans la pratique thérapeutique), on remonte de l'expérience aux mythes, et des mythes à la structure ; dans l'autre, on invente un mythe pour expliquer les faits : pour tout dire, on procède comme le malade, au lieu de l'interpréter.

Mais d'appeler Lévi-Strauss à la rescousse, cela ne nous met pas quitte avec les problèmes complexes et les contradictions de l'anthropologie freudienne.

Dans *l'Avenir d'une illusion*, Freud précise sa critique de la religion, sur un mode rationaliste qui s'apparente à celui des philosophes matérialistes du 18e siècle. La religion n'est pas une erreur, ni une maladie, elle est une *illusion*, c'est-à-dire qu'elle réalise, sur un mode fantasmatique, un désir.

Freud rattache le *besoin religieux* à la détresse infantile, qui, dans un premier temps, est compensée par le présence maternelle, qui devient le premier objet d'amour ; et qui, dans un second temps, est éliminée par la protection paternelle. Il peut alors écrire :

— La nostalgie qu'à de son père l'enfant coïncide avec le besoin de protection qu'il éprouve en vertu de la faiblesse humaine ; la réaction défensive de l'enfant contre son sentiment de détresse prête à la réaction au sentiment de détresse que l'adulte éprouve à son tour, et qui engendre la religion, ses traits caractéristiques.

Les racines psychologiques de la religion sont donc, pour Freud, liées à la détresse infantile.

Or, Marx emploie, lui aussi, le mot *détresse*. Il dit :

— La détresse religieuse est, pour une part, l'expression de la détresse réelle et, pour une autre part, la protestation contre la détresse réelle.

La *détresse* dont parle Marx, est celle de l'homme face aux forces naturelles qui le dominent et qu'il ne peut maîtriser, ou face aux forces sociales qui l'aliènent.

Pour Freud, la religion est définie :

— Comme un trésor d'idées, né du besoin de rendre supportable la détresse humaine, édifié avec le matériel fourni par les souvenirs de la détresse où se trouvait l'homme lors de sa propre enfance comme au temps de l'enfance du genre humain.

Ainsi, là aussi, malgré les progrès effectués dans la compréhension du phénomène religieux, Freud est victime de son raisonnement analogique : *l'enfance de l'homme* et *l'enfance du genre humain.*

Ce ne sont pas seulement les conditions socio-économiques qui lui manquent, pour penser correctement le phénomène religieux — nous verrons qu'il y fait quelques allusions dans *Moïse et le monothéisme* —, c'est tout l'ensemble des conditions scientifiques techniques et culturelles, qui permettent, à un moment historique donné, l'apparition de telle ou telle formation idéologique.

A trop vouloir pousser l'étude de la psychologie de la religion, Freud débouche sur une religion de la psychologie, qui transforme tous les faits collectifs en une somme arithmétique de consciences individuelles.

Cependant, l'apport freudien permet une compréhension des aspects psychologiques de la foi religieuse.

La religion, comme ensemble idéologique, renvoie à une étude du processus de formation des idéologies. La foi religieuse, comme manifestation psychologique, requiert une approche psychanalytique, pour être comprise comme expression de la subjectivité : sinon, on risque de la faire tomber au rang d'un délire, et, cette fois, sans passer par l'intermédiaire de l'analogie.

La *foi* est une composante de la subjectivité, dont il n'est pas impossible qu'elle plonge ses racines au niveau de la *détresse infantile.*

Comment la *foi* devient *religion :* c'est au niveau des mécanismes culturels et idéologiques de l'aliénation sociale qu'il faut en faire l'investigation.

Avec *Moïse et le monothéisme,* on atteint un autre niveau, une autre envergure, une tout autre ambition. C'est l'œuvre de Freud écrite au seuil de sa mort.

Il existe une photo de l'époque, où on le voit, le visage émacié, déformé par sa mâchoire-prothèse *(le monstre),* tendu sur la lecture de son manuscrit.

Freud reprend, à vingt-cinq ans de distance, la même problématique que dans *Totem et tabou.* A cette époque, il voulait fonder sur un événement *réel* — préhistorique — l'existence du *complexe d'Œdipe,* dans la mesure où les deux interdictions totémiques : ne pas tuer le totem, ne pas avoir de relations sexuelles avec un partenaire appartenant au même clan totémique, correspondent aux interdictions constitutives de l'*Œdipe.* On a vu qu'il s'agit en fait d'un mythe, fondé sur un fantasme. Ajoutons, que Freud est plus à son aise au niveau du fantasme que du mythe. Ainsi, vers 1911, à la même époque où il est préoccupé de rechercher des *preuves historiques,* il écrit par ailleurs :

— On ne doit jamais se laisser égarer au point d'appliquer les critères de la réalité aux formations psychiques refoulées, ni par conséquent de sous-estimer l'importance des fantaisies dans la formation des symptômes sous prétexte qu'elles n 'ont pas de réalité. Alors, il précise fortement :

— Par exemple, il ne faut pas chercher une autre origine à un sentiment de culpabilité », quand il est clair qu'aucun crime réel ne peut être mis en évidence. On est tenu d'user de la monnaie qui a cours dans le pays qu'on explore, et dans notre cas, c'est la monnaie névrotique.

Cependant, l'ambiguïté des positions de Freud en matière d'anthropologie est constitutive de sa démarche.

Ainsi, dans une lettre à W. Fliess du 12 décembre 1897, il peut écrire :

— L'obscure perception interne par le sujet de son propre appareil psychique suscite des illusions qui, naturellement, se trouvent projetées au-dehors et, de façon caractéristique, dans l'avenir, dans un au-delà. L'immortalité, la récompense, tout l'au-delà... telles sont les conceptions de notre *psyché* interne. C'est une *Psycho-mythologie.*

Dès le début, par conséquent, Freud est tenté de concevoir les idéologies, et les institutions qui les supportent, comme des projections des *perceptions endo-psychiques.* Nous verrons plus loin comment, et pourquoi de ce fait, les institutions sont alors conçues comme des nécessités corrélatives des *besoins psychiques* profonds.

Dans son *Moïse,* Freud cherche à élucider l'apparition du monothéisme, ce qui est louable — et légitime — quand on s'intéresse à l'histoire des religions. Mais, fasciné par le personnage de Moïse, il reconstruit un *roman historique,* comme il dit, qui est une manière d'auto-analyse, pour la dernière étape de sa vie.

Il se fonde sur une étude que K. Abraham avait publiée en 1912, faisant état de l'existence, en Égypte, d'une secte monothéiste. Le pharaon Akhenaton avait fait du Dieu Aton un dieu unique et avait supprimé tous les autres cultes. Freud affine sa compréhension du phénomène monothéiste, selon une méthode de pensée qui peut ressembler — d'assez loin — à l'analyse d'un processus idéologique. Il écrit par exemple :

— Pour autant que nous puissions le comprendre, le monothéisme n'était en Égypte qu'un effet secondaire de l'impérialisme, Dieu n'était que le reflet d'un pharaon exerçant sans contrainte, sur un immense empire, une autorité illimitée. Chez les Juifs, les conditions politiques s'opposaient à ce que le dieu national exclusif se muât en universel.

Mais il reste toujours prisonnier d'une problématique psychologiste. Pour expliquer le passage de l'image des dieux concrets, à la représentation abstraite d'un Dieu intemporel, Freud procède à partir de la situation infantile, où se fait le passage de la mère au père, avec ses conséquences psychologiques.

Ainsi, peut-il écrire :

— Mais ce bouleversement, ce passage de la mère au père a un autre sens encore : il marque une victoire de la spiritualité sur la sensualité et par là un progrès de la civilisation. En effet, la maternité est révélée par les sens, tandis que la paternité est une conjoncture basée sur des déductions et des hypothèses. Le fait de donner ainsi le pas au processus cogitatif sur la perception sensorielle fut lourd de conséquences.

Le passage du concret à l'abstrait, au niveau des représentations idéologiques se fait, pour Freud, à partir de ce même processus à l'œuvre dans le développement psycho-affectif de l'enfant. Quelles sont les conditions économiques, scientifiques, techniques, culturelles, qui permettent la possibilité d'une pensée rationnelle, qui permettent l'utilisation des catégories abstraites — grâce à quoi il est possible d'expliquer l'émergence de Dieu comme figure abstraite —, cela n'intéresse pas Freud.

On le voit, son analyse de l'émergence du phénomène religieux reste en permanence contaminée par le mode de pensée analogique, qui lui fait concevoir le *collectif* (la *psychologie collective*) sur le mode de la psychologie individuelle. Ce qui ne veut pas dire que les analyses produites par Freud, relatives à la *psychologie collective* en soient disqualifiées pour autant. C'est un autre problème.

Finalement, avec *Moïse,* Freud continue à régler ses comptes avec l'image paternelle, et met à vif ses problèmes encore actifs, par rapport à son statut de Juif.

Nous sommes en 1938, les persécutions nazies prennent leur ampleur de folie criminelle (dont la cruauté absurde, en même temps que nécessaire, comme significative des implications du système capitaliste poussées jusqu'à leur extrême logique, va apparaître plus tard) et Freud est bouleversé. Dès 1934, il écrivait à Arnold Zweig :

— Devant les nouvelles persécutions, on recommence à se demander comment le Juif s'est fait et pourquoi il s'est attiré cette haine mortelle.

Dès cette époque, c'est pour répondre à cette question, qu'il va écrire son *Moïse.*

En partant de la thèse d'un Moïse égyptien, Freud enlève aux Juifs leur héros légendaire. Mais, en même temps, parce qu'ils l'ont assassiné, ils paient leur culpabilité du prix de leur destin tragique, à jamais scellé dans l'errance.

Le peuple juif paie, comme Œdipe, en restant à tout jamais dans la nuit de la souffrance.

Freud fonde son hypothèse — d'un Moïse égyptien — sur l'idée d'une nouvelle lecture, *interprétative,* des textes anciens, à la manière de celle en usage dans l'interprétation d'un rêve ou d'un symptôme.

Ainsi, écrit-il :

— Le texte biblique dont nous disposons, contient des renseignements historiques utiles et même inestimables. Mais ces données historiques ont été, du fait d'influences tendancieuses puissantes, déformés et poétiquement enjolivées.

Puis il continue :

Nos recherches actuelles nous ont permis de deviner la nature de l'une de ces tendances déformantes et cette découverte nous indique la voie à suivre tout en nous incitant à rechercher d'autres influences déformantes analogues. Si nous découvrons le moyen de reconnaître les déformations ainsi provoquées, nous parviendrons à mettre en lumière d'autres éléments de la vérité.

Freud donne ici, en quelque sorte, une leçon de *critique littéraire.* Puis, plus loin il expose sa méthode de déchiffrement :

— Cependant, le texte, tel qu'il nous est parvenu, nous en dit assez sur ses propres avatars : on y retrouve les traces de deux traitements diamétralement opposés. D'une part, les remanieurs ont altéré, mutilé, amplifié et même retourné en son contraire, le texte suivant leurs secrètes tendances ; d'autre part, une piété déférente l'a préservé, a cherché à tout garder en l'état où elle l'avait trouvé, que les détails concordassent où se détruisissent mutuellement. C'est ainsi qu'on trouve partout d'évidentes lacunes, de gênantes répétitions, des contradictions patentes, les vestiges de faits dont on n'aurait pas souhaité qu'ils fussent révélés.

Freud donne alors le secret de la lecture *psychanalytique* d'un texte :

— La déformation d'un texte se rapproche, à un certain point de vue, d'un meurtre.

La difficulté ne réside pas dans la perpétration du crime mais dans la dissimulation de ses traces. On souhaiterait redonner au mot *entstellung* son double sens de jadis.

Ce mot, en effet, ne devrait pas simplement signifier *modifier l'aspect de quelque chose,* mais aussi *placer ailleurs, déplacer.* C'est pourquoi dans bien des altérations de textes, nous sommes certains de retrouver, caché quelque part, bien que modifié et arraché à son contexte, ce qui a été supprimé et nié, seulement nous avons parfois quelque difficulté à le reconnaître.

Déformation, déplacement, lacune: ces mots nous disent quelque chose. Ce sont ceux-là mêmes qui servent à qualifier le *travail* du rêve. Freud, pour y mettre à jour la vérité cachée, au lieu de considérer le texte biblique comme un ensemble inerte, l'appréhende comme un processus qui travaille : mais il a des raisons impérieuses pour faire ainsi.

A travers l'histoire — fictive — de Moïse, c'est sa propre histoire qu'il veut mettre au point, dans la mesure où il la sent arrivée à son terme.

Toute l'anthropologie freudienne est donc marquée par le postulat fondamental, très tôt exposé dans son œuvre, selon lequel la *civilisation* est corrélative de la *répression* de la vie pulsionnelle.

Dans *l'Avenir d'une illusion,* voici comment il définit la *culture,* c'est-à-dire la *civilisation :*

— Elle comprend, d'une part, tout le savoir et le pouvoir qu'ont acquis les hommes afin de maîtriser les forces de la nature et de conquérir sur elles, des biens susceptibles de satisfaire aux besoins humains ; d'autre part, toutes les dispositions nécessaires pour régler les rapports des hommes entre eux, en particulier la répartition des biens accessibles.

Comme on le voit, il n'est question ni de *forces productives,* ni de *rapports de production,* ni de *classes sociales.* Peut-on le lui reprocher ?

C'est toujours la même optique psychologiste qui est à l'œuvre. Plus loin, il écrit :

— La civilisation doit être ainsi défendue contre l'individu, et son organisation, ses institutions et ses lois se mettant au service de cette tâche ; elles n'ont pas pour but unique d'instituer une certaine répartition des biens, mais encore de la maintenir ; elles doivent de fait protéger contre les impulsions hostiles des hommes tout ce qui sert à maintenir la nature et à produire des richesses.

Non, nous ne pouvons pas reprocher à Freud de ne pas être marxiste. La question est de savoir si cette problématique de *l'individu,* mû par des forces pulsionnelles que la *civilisation* lui permet de contrôler, est recevable.

Dans un premier temps, on pourrait en rire, et la jeter pardessus bord.

Dans *l'Introduction à la psychanalyse* (1916-1917) Freud expose le même problème en ces termes :

— La base sur laquelle repose la société humaine est, en dernière analyse, de nature économique : ne possédant pas assez de moyens de subsistance pour permettre à ses membres de vivre sans travailler, la société est obligée de limiter le nombre de ses membres, et de détourner leur énergie, de l'activité sexuelle vers le travail.

C'est ainsi l'immense problématique de la *répression sexuelle* qui entre en scène. Ne nous hâtons pas trop de la jeter par la porte, avec un sourire gêné : nous savons trop bien qu'elle reviendra par la fenêtre.

Dans *Malaise dans la civilisation,* reprenant ce même problème, et faisant état de sa perplexité (que nous reprenons à notre compte), Freud interroge :

— On croit parfois discerner que la pression civilisatrice ne serait pas seule en cause ; de par sa nature-même, la fonction sexuelle se refuserait quant à elle à nous accorder pleine satisfaction et nous contraindrait à suivre d'autres voies. Peut-être est-ce là une erreur ? Il est difficile de se prononcer.

Dans une note en bas de page, il fait référence à Henri Heine :

— Un grand poète qui peut se permettre d'exprimer, du moins sur le ton de la plaisanterie, des vérités psychologiques rigoureusement réprouvées.

Il rappelle ce mot — cynique ou réaliste ? — de Heine :

— ...Certes ont doit pardonner à ses ennemis, mais pas avant qu'ils soient pendus.

On ne peut en rester quitte avec la problématique de la vie pulsionnelle, dans ses aspects érotiques et agressifs, et négliger le fait que l'être humain appartient à l'échelle animale.

L'être humain est assujetti à un *processus d'hominisation continu :* la psychanalyse (l'inconscient) ne nous montrerait-elle pas les coulisses de ce drame, par lequel l'homme cherche péniblement — et éternellement — à sortir de la nature ?...

Nous laissons ce problème ouvert.

Le 29 août 1883, Freud, alors âgé de vingt-sept ans, fait part à sa fiancée des réflexions suscitées lors de la représentation de l'opéra de Bizet *Carmen.* Il lui écrit :

— ...La canaille donne libre cours à ses appétits et nous, nous nous privons. Nous nous privons afin de maintenir notre intégrité, nous ménageons notre santé, notre capacité de jouir de la vie, nos émotions, nous nous gardons pour quelque chose sans même savoir pourquoi. Et c'est cette habitude de réprimer constamment nos pulsions naturelles qui fait de nous des êtres raffinés.

Il est vrai que Freud se *prive,* qu'il va se priver longtemps, parce que ses fiançailles seront longues.

Ces réflexions de petit-bourgeois hargneux (et envieux), sont désagréables à nos oreilles. Serait-ce là la clé du *pessimisme* foncier de l'anthropologie freudienne ?

Ou ne vaudrait-il pas mieux prendre en charge une problématique difficile, même si elle sied mal à *l'optimisme révolutionnaire,* pour en explorer à fond les questions, quitte à la remancier si elle doit nous laisser dans une impasse.

XIV. L'homme Freud, roman historique

Cette paraphrase du premier titre de l'œuvre de Freud, *Moïse et le monothéisme* (l'homme Moïse, roman historique), n'est pas simple procédé littéraire.

Dans cette œuvre d'art, à la fois gigantesque et émouvante, consacrée à un peintre, intitulée par Aragon, *Henri Matisse, roman,* il est exposé, en guise d'ouverture, ces vers de Saint-John Perse :

Mais c'est de l'homme qu'il s'agit. Et
de l'homme lui-même quand donc sera-t-il question ?
Quelqu'un au monde élèvera-t-il la voix ?
Car c'est de l'homme qu'il s'agit, dans sa
présence humaine ; et d'un agrandissement
de l'œil aux plus hautes mers intérieures...

Et pour justifier son propos, Aragon affirme, avec une douce fermeté :

— Plus tard, quand on voudra situer un homme, une pensée, une découverte, il ne viendra à l'idée de personne de dire : c'était du temps de Loubet, ou de Deschanel, ou de Lebrun... On dira : c'était du temps de Matisse. La Renaissance, pour nous, est-ce tel tyranneau, tel pape, ou Michel-Ange ?

Or, Freud a vécu de 1856 à 1939, de l'empereur François-Joseph à Hitler, de Napoléon III à Albert Lebrun de Franklin Pierce à Roosevelt, de Victoria à George VI.

Faut-il parler de l'homme, ou de son temps ?

Toute biographie est, par nature, plus ou moins, *romancée.*

Si la fiction, est le *mentir vrai* (Aragon), toute biographie est un mentir pieux, un mensonge intéressé, une fiction à visée apologétique.

La biographie d'Ernest Jones est clairement apologétique.

Freud y est conforme à l'image idéale qu'il voulait de lui-même, et dont Moïse était le support mythique.

De plus, quand un psychanalyste va à la rencontre de Freud, c'est un peu une histoire de famille : on reste discret sur les défauts du génial ancêtre, on trouve légitime son esprit d'ambition, on est sensible à son souci d'orthodoxie, même quand celle-ci, mal supportée par certains disciples trop vulnérables, les conduit à la folie ou au suicide.

L'analyste sait bien qu'écrire n'est en rien innocent. Sa problématique personnelle le suit comme son ombre : parfois elle joue un rôle stimulant, d'autres fois, au contraire, elle le freine.

Pour l'instant interrogeons-nous sur la signification de l'avènement de cette science nouvelle, et singulière, appelée *psychanalyse*.

Pour le psychiatre et le thérapeute, elle rompt avec une conception organiciste du trouble psychique, en introduisant une compréhension historique et dynamique. Elle sort la psychopathologie de l'impasse en apportant des solutions nouvelles aux problèmes qu'un Pierre Janet, par exemple, se posait, et n'arrivait pas à résoudre autrement qu'en termes pseudo-physiologiques.

Elle introduit la catégorie de *signification,* de *sens,* rapportée à l'histoire infantile de l'individu.

Elle débloque la recherche en psycho-pathologie, enfermée dans les descriptions monographiques, et les psychothérapies à visées philantropiques.

On pourrait en rester là. Et Freud serait à ranger dans la catégorie des *grands* savants, Claude Bernard, Ivan Pavlov, et qui, pour le médecin ou le physiologiste, ont ouvert une voie.

Il n'y aurait pas matière à problème, encore moins à scandale. C'est de l'intérieur de son mouvement qu'une science règle ses problèmes, quand d'autres sciences venues à maturité, lui apportent, de l'extérieur, soit le matériel conceptuel, soit le matériel technique et expérimental qui lui permet de progresser.

Mais l'avènement d'une science nouvelle, c'est une autre histoire. C'est à ce titre que Freud est un *précurseur* parce qu'il rompt avec son époque, avec l'esprit de son temps, et qu'il contribue à le bouleverser. Il est plutôt *du côté* des Copernic, Darwin, Marx, de ceux qui décentrent l'univers et lui restituent de nouvelles coordonnées.

Freud le savait bien, qui mettait sur le même plan, au niveau des blessures *narcissiques infligées* à l'humanité : la découverte de Copernic, qui décentre l'univers terrestre de son lieu privilégié, pour en faire un satellite du soleil ; la découverte de Darwin, qui remet l'homme à sa place (c'est le cas de le dire), dans la continuité de l'échelle animale ; et la psychanalyse, qui annonce que le *moi n'est plus maître dans sa propre maison* parce qu'il est mis en mouvement par les pulsions sexuelles.

Dans ce même texte, Freud précise :

— La psychanalyse n'a que l'unique avantage de ne pas affirmer sur un mode abstrait ces deux propositions si pénibles au narcissisme, celle de l'importance psychique de la sexualité comme celle de l'inconscience de la vie psychique. Elle en apporte la preuve au moyen d'un matériel qui intéresse chacun en particulier et qui oblige chacun à prendre parti en face de ces problèmes.

C'est parce qu'elle présente l'existence de l'inconscient psychique sur un mode non abstrait (c'est-à-dire non philosopique) et qu'elle en montre l'origine sexuelle que la psychanalyse bouleverse la conception de l'homme, être doué de conscience et de raison.

On a dit que la conception d'un inconscient psychique était *dans l'air,* vers la fin du 19e siècle.

Charcot, puis Janet à Paris, Dwelshauwers en Belgique, Breuer à Vienne, démontraient l'existence d'idées inconscientes, et leur influence dans le domaine de la psychologie normale comme de la psychopathologie.

La philosophie allemande, avec Leibnitz, Schopenhauer, Nietzsche, Hartmann, défendait vigoureusement la notion d'inconscient.

Peut-on se contenter de ces quelques considérations générales qui consisteraient à suggérer que Freud est venu au bon moment, et qu'il n'a eu finalement, qu'à récolter ce que d'autres avaient semé. Les choses nous paraissent beaucoup plus complexes.

Nous allons voir que Freud, et son œuvre, sont situés à un point de convergence paradoxal : c'est lui qui va opérer un renversement, en lui donnant les bases d'élucidation rationnelles, au mouvement de pensée irrationaliste développé en réaction contre *la Philosophie des Lumières,* expression idéologique de la Révolution bourgeoise française.

Il prend en charge — en opérant un renversement qui ramène au jour une nouvelle rationalité — cette *critique de la raison,* que la philosophie *romantique* allemande développe, dans un pays dont l'unité nationale reste encore à faire, où les penseurs avancés en sont encore à rêver la révolution, n'ayant pas les moyens politiques de la réaliser. (La non-réalisation de l'unité nationale, qui nuit à l'installation d'un marché national, rend la classe bourgeoise allemande fragile, à la remorque des grands propriétaires terriens féodaux, avec des conséquences à court et à long terme que nous devinons aisément.)

L'Autriche-Hongrie, pays composite, agglomérat instable de nationalités antagonistes et opprimées représente le maillon le plus fragile de toute cette construction européenne, qui réalise un équilibre précaire entre les classes bourgeoise et féodale, compromis issu des suites de la Révolution de 1789 en France, et des Révolutions bourgeoises de 1848.

Ce qui est en l'air, en Allemagne et en Autriche-Hongrie, vers le milieu du 19e siècle, c'est le *vague à l'âme,* d'une bourgeoisie qui n'a pas les moyens politiques d'accéder au pouvoir, et dont les philosophies de l'inconscient élaborent les justifications théoriques.

C'est parce qu'il introduit la rationalité dans l'irrationnel, que Freud est mal reçu par ses contemporains.

— Fini de rêver, leur dit-il en substance. (Ce qui est surprenant !...)

Marx et Engels avaient déjà écrit, à propos des *Jeunes Hégéliens de gauche* que ceux-ci rêvaient la révolution, alors qu'elle avait déjà eu lieu en France.

Avec Freud, le rêve devient objet scientifique, et l'inconscient, un continent à explorer, dont il a mis au point l'instrument d'investigation.

Là réside le scandale.

La *Philosophie de l'inconscient* de E. von Hartmann paraît en 1868. Cet ouvrage connaît un succès important.

Rappelons que Freud, en 1874, suit les cours du philosophe Brentano, constitués par un commentaire des conceptions du philosophe anglais Maudsley, consacré également à la notion d'idées inconscientes.

Mais, il y a un monde, entre ces conceptions de l'inconscient, de nature philosophique, essentiellement dirigées contre le rationalisme cartésien et le matérialisme des philosophes français du 18e siècle, et la découverte freudienne.

Non seulement Freud réintroduit la rationalité sur le lieu-même d'où on la croit définitivement chassée, mais il en explicite les fondements à partir de ce qu'il y a de plus irréductible à la prise de la raison, à savoir le corporel, dans son aspect apparemment le moins maîtrisable, la sexualité.

F. Engels écrit dans *l'Origine de la famille* que le mariage bourgeois, c'est la monogamie + la prostitution. L'hystérie exprime bien, à sa manière, le statut de la femme, en une ère de morale puritaine assortie de l'hypocrisie qui couvre de son voile la débauche bourgeoise. Le mariage est une *raison sociale,* la vie sexuelle existe (pour l'homme) en dehors de son foyer.

L'hystérie (pour paraphraser Marx à propos de la religion), est l'expression de l'oppression sexuelle de la femme, en même temps que la protestation contre cette oppression sexuelle.

La fin du 19e siècle et le début du 20e voient l'hystérie prise en charge par les médecins. Les *possédés* de Loudun, ou les *convultionnaires* de Saint-Médard, qui avaient défrayé (en France) la chronique les siècles précédents, passent du plan de la sorcellerie à celui de l'étude psychopathologique. Ce qu'on a appelé la *Belle Époque,* qui était en réalité la fin d'une époque, c'est-à-dire l'entrée du capitalisme international dans une crise dont la *Grande Guerre* a été le point culminant, la révolution d'Octobre le symptôme majeur, cette même *Belle Époque* s'exprimait dans la Vienne impériale par les valses langoureuses et les opéras sentimentaux, représentations affabulées de la vie bourgeoise du temps.

Ce contexte de puritanisme, d'hypocrisie, de course effrénée au plaisir, qui laisse les femmes *sérieuses* à la maison et les hommes chez les professionnelles de la volupté, est (comme disent les médecins) un *bouillon de culture* pour l'hystérie.

L'Empire austro-hongrois est bien le maillon névralgique de la chaîne au point d'entrecroisement des crises économiques, de l'exacerbation des nationalismes, de la difficile mutation des nations nouvelles avec des bourgeoisies avides, mais frustrées du pouvoir.

Freud lui-même, est à cet entrecroisement de la crise sociale larvée, de la crise morale latente, et des crises psychologiques patentes.

Il est ainsi en un lieu stratégique décisif, où s'accumulent les surdéterminations. Mais le problème reste entier de savoir comment il se fait que c'est lui, un neurologue parmi d'autres, qui fait, dans sa tête, la synthèse de toutes ces contradictions, pour leur donner la solution que l'on sait.

Quand il publie, pour la première fois, son essai sur Léonard de Vinci, Freud ne le signe pas. Comme pour *Moïse,* mais sur un autre registre, il cherche, à travers Léonard la clé de ses propres problèmes. Il a, il est vrai, réussi une *sublimation* parfaite.

Sa vie sexuelle est réduite à la sphère familiale, très tôt assoupie, dès la survenue des six enfants. Pourtant on l'a connu jeune fiancé, impétueux, impatient, passionné. Il a des amitiés violentes et des rancunes sans appel. Sa *vie pulsionnelle* est celle d'un homme ardent dont toute la flamme s'est tournée vers la curiosité scientifique.

On a dit que sa *curiosité infantile* avait été aiguisée par l'énigme de sa constellation familiale, énigme dont il n'aura la solution qu'à l'âge de dix-neuf ans, lors de son premier voyage en Angleterre, auprès de son demi-frère Emmanuel.

L'imbroglio familial est inextricable pour cet enfant, où l'entrecroisement des générations rend bien difficile la saisie des filiations.

Mais il y a autre chose encore. Le jeune enfant Freud vit dans un milieu culturel juif, où la tradition religieuse n'est pas assurée de façon contraignante : mais on sait bien que le judaïsme est constitutivement prisonnier de cette ambiguïté, ou tradition culturelle et tradition religieuse se mêlent dans une sorte d'hétique implicite (ou parfois même explicite) qui règle la vie des individus.

La morale juive est austère, comme est austère la religion qui interdit toute représentation figurée d'un Dieu abstrait, lointain, sévère. La morale catholique, au contraire, en introduisant la notion du péché, c'est-à-dire la possibilité (interdite puis pardonnée) de la transgression, est plus à l'échelle humaine, ainsi que la famille céleste, représentée dans les peintures et les fresques.

Par l'intermédiaire de sa nourrice catholique Nanny, l'enfant Freud fait connaissance avec la mythologie du paradis et de l'enfer, mythologie active et efficace, parce que facilement mise au réel par l'imagination.

Il vit, en quelque sorte (si l'on peut dire), sous le signe d'une double morale.

A l'imbroglio familial se superpose un autre système de contradictions. La figure paternelle en est d'autant plus lourde et menaçante.

C'est à propos d'un *rêve d'exhibition* que Freud fait état de cette nourrice, et dans le courant de ses commentaires, il écrit :

— Quand nous regardons en arrière, cette partie de notre enfance qui ignorait la honte nous apparaît comme un paradis, et le paradis lui-même est-il autre chose que la source des rêveries de toutes nos enfances ?

Faut-il dire que ce tissu familial complexe, enserré dans un réseau de contradictions multiples, a contribué à exercer la sagacité du futur explorateur de l'inconscient ? C'est un peu vite dit.

Ce qu'on peut assurer, c'est que le jeune Sigmund, comme fils d'une famille à la constellation imprécise, comme enfant juif ayant à fuir des persécutions répétées, comme jeune adolescent aux prises avec une puberté mal assumée (la péripétie *amoureuse* avec Gisella Fluss a été décrite par Freud dans le cadre de ce qu'il appelle un *souvenir-écran,* sans révéler qu'il s'agissait de lui-même ; c'est par divers recoupements que des chercheurs psychanalystes ont découvert le pot aux roses), tout un contexte familial et personnel permet de comprendre en quoi Freud a été conduit à s'interroger sur *l'homme* et son *destin.* La neurologie et l'hystérie, associées à l'hypnotisme ont fait le reste.

On sait que vers l'âge de sept ou huit ans, Sigmund urine — volontairement — dans la chambre à coucher de ses parents. Son père le réprimande violemment et s'écrie :

— On ne fera jamais rien de ce garçon-là !

Combien de parents, combien de pères ont, presque mot pour mot, proféré la même exclamation, dans des circonstances où leur mécontentement et leur déception avaient de quoi s'émouvoir, sans pour autant susciter la vocation du génie.

Ce qui est sûr, c'est que ce rapport conflictuel larvé de Sigmund avec son père, au sein d'une relation dissymétrique avec une jeune mère a développé la dimension féminine de sa personnalité. C'est ce qui a permis l'amitié homosexuelle avec Fliess grâce à laquelle a pu s'opérer *l'auto-analyse.* Protégé par cette homosexualité latente, Freud peut s'identifier aux hystériques et accepter leur désir, ce que n'a pu faire Breuer qui se croyait, lui, responsable des *grossesses nerveuses* de ses patientes.

Et comme ses patientes, Freud s'est mis à *associer* sur ses rêves...

C'est *l'auto-analyse* qui fait l'articulation entre l'individu Freud et les préoccupations scientifiques de son temps. Dès lors où Freud s'interroge sur le *sens* de ses rêves, il a pris le parti, implicitement, de s'accuser de mensonges : la vérité d'un être n'est pas dans ce qu'il dit, dans ce qu'il croit sur lui-même, cette vérité se dérobe à toute saisie directe, il faut la démasquer et la contraindre à apparaître, par ce procédé particulier dénommé *interprétation.*

Sa familiarité avec les grands classiques de la littérature, Sophocle, Shakespeare, Gœthe, témoigne de son intérêt pour les drames de la destinée humaine.

Sa curiosité trouve à s'y aiguiser quant au *sens* de la vie. Il cherche sa vérité dans la vérité éternelle des mythes.

Puis un jour, il saura faire coïncider ces deux vérités dans une seule : il aura découvert le *complexe d'Œdipe.*

Durant son enfance, Sigmund Freud, fuyant avec ses parents la Moravie inhospitalière fait deux voyages.

Il quitte d'abord Freiberg, pour aller à Leipzig. Durant ce premier voyage, passant par Breslau, Sigmund (Sigismund) voit pour la première fois des becs de gaz, qui lui font penser à des âmes brûlant en enfer.

Au bout de quelques mois, sa famille quitte Leipzig, pour aller tenter sa chance à Vienne. Lors de ce deuxième voyage, il voit sa mère, nue, dans sa chambre.

Dans ses souvenirs, rapportés quarante ans plus tard, Freud, se trompant sur son âge (il dit avoir deux ans et demi lors du second voyage alors qu'il a près de quatre ans) superpose les deux événements.

C'est dans une lettre à W. Fliess qui date du 3 octobre 1897. Rappelons que c'est le 15 octobre 1897 qu'il fait part à son ami de sa découverte :

— J'ai trouvé en moi, comme partout ailleurs, des sentiments d'amour envers ma mère et de jalousie envers mon père, sentiments qui sont, je pense, communs à tous les jeunes enfants...

Les flammes de l'enfer, l'amour pour la mère, la jalousie envers le père, le tout rapporté à un ami très cher : ne serait-ce pas là l'essentiel de l'histoire de la découverte psychanalytique ?

Conclusion

Marxisme et psychanalyse : histoire d'un malentendu

Il y a deux manières d'aller vers la psychanalyse : la pratique thérapeutique, la lecture théorique.

Les premiers adeptes de Freud étaient tous des praticiens. Plus tard, le développement de la psychanalyse appliquée a donné lieu à l'utilisation de notions psychanalytiques dans différents champs des *sciences humaines.*

Par rapport aux pratiques psychothérapiques traditionnelles, plus ou moins magiques et incohérentes, par rapport aux conceptions classiques relatives aux troubles psychiques, de caractère essentiellement organiciste, la psychanalyse apportait un point de vue à la fois rationaliste et dynamique. N'oublions pas, qu'il y a encore quelques décennies, l'hystérie était attribuée à la simulation (Babinski), la névrose obsessionnelle à la dégénérescence mentale (Magnan) ou à la constitution émotive (Dupré), et les malades mentaux étaient parfois enchaînés nus dans des cachots, sur de la paille.

(Le mouvement *antipsychiatrique* est né en réaction, comme révolte contre le caractère obscurantiste et moyenâgeux du renfermement asilaire.)

On a peine à imaginer le caractère des antagonismes théoriques (en fait, des luttes idéologiques) entre les partisans d'un point de vue psychogénétique des troubles psychiques et ceux qui les rattachent à un désordre organique. Ces débats durent depuis toujours : ils sont liés à la complexité des phénomènes psychiques et psychopathologiques et aux implications idéologiques directes des prises de position théoriques.

Aussi, la psychanalyse, théorie psychogénétique du trouble psychique qui, en tant que tel, peut être rapporté à des déterminations externes, socio-économiques d'une part, et devient justiciable d'une thérapeutique psychologique d'autre part, a pu connaître les faveurs des milieux psychiatriques progressistes.

Mais les choses ne vont jamais sans leur envers.

Le caractère particulier de la pratique de la psychanalyse, lié au statut socio-économique artisanal de la médecine libérale, prévaut, dans la tête du psychanalyste, sur les implications subversives de sa théorie.

Ainsi, tout comme l'épicier ou le coiffeur, comme n'importe quel prestateur de services, le psychanalyste, du fait de son insertion sociale, reste prisonnier d'une idéologie individualiste, qui parfois le conduit à des attitudes politiques conservatrices.

Lors des événements de mai-juin 1968, en France, certains d'entre eux, pris dans le tourbillon, avec l'irruption de la politique dans leur cabinet ont perdu la tête, sombré dans le *gauchisme,* emportant Freud dans leur naufrage.

D'autres, moins vulnérables, sont restés cramponnés à l'idéologie réformiste ou réactionnaire.

Comme le dit Marx :

— C'est bien *l'être social qui fait la conscience.*

Dans les années 1950, dans un contexte d'extrême tension politique internationale, dans le décours des utilisations idéologiques de la psychanalyse — et de toute psychopathologie — à des fins de répression politique, l'œuvre de Freud est mise à la question. (C'est aux USA, en particulier, que la psychanalyse, sous la forme d'ailleurs d'une déviation *orthopédiste* fut utilisée à des fins politiques.)

La revue des intellectuels communistes, *la Nouvelle Critique,* publie en 1948 une *autocritique* d'un certain nombre de psychiatres et psychanalystes de cette appartenance politique, dans laquelle *l'idéologie réactionnaire* de la psychanalyse est sévèrement critiquée, tout en laissant ouverts les problèmes relatifs aux *conduites de transfert* et à la place du passé infantile dans l'histoire normale ou pathologique de l'individu.

Les psychiatres signataires de ce texte (en particulier les docteurs Lucien Bonafé et Louis Le Guillant) avaient contribué, dès la Libération de la France, à un vaste mouvement de rénovation de la psychiatrie, à la fois sur le plan théorique et institutionnel.

L'accent était mis sur les conditions sociales de la maladie mentale, sur la nécessité de constituer un environnement thérapeutique institutionnel (ce qui est devenu la *psychothérapie institutionnelle*), de redonner au malade mental son humanité et sa vérité subjective, que lui avait confisquées la psychiatrie organiciste. Au lieu d'être un robot dangereux poussé à faire n'importe quoi parce que sa mécanique est détraquée, le malade mental est alors accepté comme un être souffrant, en proie à une aventure intérieure douloureuse qui le dépasse, mais dont on doit déceler la signification. Ce mouvement de *désaliénation* (L. Bonnafé) était le précurseur du mouvement *antipsychiatrique.* (Dont le caractère de révolte anarchisante, insuffisamment élaboré sur le plan théorique — malgré les travaux dc Laing et de Cooper —, le mène à une impasse à la fois conceptuelle et institutionnelle.) Il est bon de rappeler que dcs psychiatres communistes, sur la base d'un rationalisme et d'un humanisme militants, avaient, il y a bientôt trente ans, mis radicalement en question l'*Institution psychiatrique.*

Ajoutons qu'ils poursuivent actuellement cette action, en recherchant des formes qui aient une certaine cohérence théorique et puissent aboutir à des résultats pratiques. Cette *psychiatrie sociale,* comme on l'appelait alors, semblait pouvoir servir de solution de rechange, au point de vue trop étroitement psychogénétique de la psychanalyse. En outre, les théories Pavloviennes, avec leur caractère expérimental et objectivistes, apportaient, pour certains, un système cohérent quant à l'élucidation des relations de l'organisme avec son milieu, de l'individu avec son environnement social.

Comme toujours dans les moments de grande tension, les problématiques se radicalisent. Un aspect unilatéral, important et intéressant, donne lieu à une approche totalisatrice.

Il faut aussi faire observer qu'à cette époque, les psychanalystes, essentiellement occupés dans ce laboratoire particulier constitué par la thérapie des névroses, étaient peu enclins — n'en ayant pas les moyens techniques et pratiques — à s'attaquer aux phénomènes psychotiques.

Ainsi : contextes politiques et idéologiques étroitement imbriqués, méconnaissance du champ spécifique de la psychanalyse, utilisation totalisatrice d'un point de vue unilatéral (la psycho-physiologie pavlovienne, bientôt devenu le *pavlovisme*), efficacité prometteuse des pratiques institutionnelles de la *psychiatrie sociale,* c'est tout cet ensemble de phénomènes, en réalité hétérogènes et contradictoires, mais liés par l'acuité de la conjoncture politique, qui crée une situation par laquelle la psychanalyse est abandonnée à son triste sort *d'idéologie bourgeoise.* (Fille de la *science bourgeoise :* car tel était l'état de la conjoncture théorique de cette époque de cauchemar, où l'aplatissement de l'idéologique au politique avait donné naissance à cette monstruosité épistémologique : la dichotomie *science bourgeoise-science prolétarienne.*)

Par une dialectique constitutive de son mouvement interne — qui ne doit rien à une *ruse de l'histoire* — le développement de la *psychiatrie sociale* conduisit certains de ses adeptes à une personnalisation de cette pratique, c'est-à-dire à une mise en relief de la relation du thérapeute avec son malade, c'est-à-dire la psychothérapie. C'est la pratique de la psychothérapie, la recherche d'une *psychothérapie rationnelle* qui, pour certains praticiens marxistes à réintroduit la psychanalyse dans le champ de leur réflexion.

Ils faisaient — comme les premiers adeptes de Freud — à plus d'un demi-siècle de distance, le même chemin, plein des embûches et des traquenards tendus par le *transfert,* dont ils payaient douloureusement le prix, et leurs patients encore plus.

Parallèlement, dans une étape ultérieure, la vogue du *structuralisme* permet aux conceptions théoriques du psychanalyste français Jacques Lacan de s'introduire dans les milieux universitaires.

A la faveur de ce malentendu, lié aux aléas des mass-médias, une forme de théorisation de la psychanalyse, empruntant aux *sciences humaines* de pointe — l'anthropologie et la linguistique — un matériel conceptuel séduisant, fait son entrée en masse dans les milieux *philosophiques* et *littéraires.*

L'extrême sophistication de ses constructions théoriques, son grand talent, la fascination exercée par son personnage, donnent aux conceptions lacaniennes une grande audience chez certains chercheurs marxistes, d'autant plus que l'introduction du postulat *le langage comme condition de l'inconscient* paraît plus congruente avec les thèses du matérialisme historique, que le (soi-disant) *biologisme* imputé à Freud.

Jacques Lacan, par les *effets de cristal* du langage, cherche à faire vivre l'inconscient à ses auditeurs, recherchant par cette pratique *dramatique* une nouvelle manière de *formation* psychanalytique.

Malheureusement, il y a un monde entre l'expérience de l'inconscient faite sur le divan, et ses péripéties transférentielles, et cet accès, intermittent et ponctuel, à certaines formations de l'inconscient, que peut donner l'approche *linguistique* du rêve ou du lapsus ou du mot d'esprit.

C'est là l'origine de certains malentendus, entre des praticiens, trop rivés à l'empirisme, opérant quelques théorisations partielles sous forme de bricolages approximatifs, et les théoriciens, émerveillés dans la fascination de la manipulation ludique des concepts.

Ainsi, la psychanalyse, comme *science en formation* d'un objet singulier appelé *inconscient,* est prise en charge comme telle par les chercheurs marxistes. Cela ne va pas sans ambiguïté ni problèmes.

Des deux côtés.

Le marxiste, qui se veut *orthodoxe,* fidèle à la thèse de Marx selon laquelle c'est *l'être social qui fait la conscience* reproche à la psychanalyse son indifférence aux conditions sociales et historiques (du moment que l'inconscient ne connaît pas le temps !...).

Le psychanalyste, toujours soupçonneux, à l'affût d'une *résistance,* impute au *marxiste* ses constructions théoriques comme des *rationalisations de défense.*

Dans un cas comme dans l'autre, c'est le souci *d'orthodoxie,* c'est-à-dire un mode de pensée religieux, qui fige les positions et interdit toute recherche.

En outre, l'anthropologie freudienne, comme on l'a vu, met au principe de l'origine des institutions sociales et de leur histoire, la structure œdipienne ; elle apparaît ainsi en *contradiction d'essence* avec l'anthropologie marxiste pour qui *l'essence de l'homme n'est pas inhérente à l'individu isolé, dans sa réalité c'est l'ensemble des rapports sociaux.*

Cette VIe thèse sur Feuerbach est le *schibboleth* de l'anthropologie marxiste. (Rappelons que *schibboleth* est un mot hébreu qui veut dire *signe de ralliement :* Freud l'emploie à propos du *complexe d'Œdipe.*)

Alors, on se demande comment il se fait qu'il y ait — encore — des marxistes pratiquant la psychanalyse, et fondant sur elle des espoirs théoriques.

Pour le praticien, qui a fait l'expérience personnelle de la psychanalyse, qui en mesure les effets dans sa pratique thérapeutique, qui, raisonnant tout naïvement se dit (parce qu'il l'a appris aussi dans la vie) que l'affectivité est une source inépuisable et puissante de joies et de souffrances, et que c'est d'elle qu'il s'agit (et qui agit) dans la relation thérapeutique, pour lui, il a acquis la certitude de la vérité de la découverte freudienne.

On a vu comment Freud met progressivement en place des notions et des concepts, de plus en plus compliqués, pour rendre compte au mieux de l'ensemble des phénomènes qu'il a découverts. Alors on a dit : Freud a travaillé avec les notions empruntées à des sciences voisines, qui tenaient le haut du pavé à l'époque ; il a emprunté à la biologie, à la mécanique, à la physique ; il a postulé une *énergie* circulant dans les systèmes psychiques, il a utilisé un mot à résonance métaphysique, la *libido,* pour qualifier la visée vers le plaisir portée par les pulsions sexuelles. En outre, chaque nouvelle notion paraît avoir un statut mixte : à la fois descriptif et explicatif. (Par exemple : la stratification du *moi* en plusieurs sous-structures : idéal-du-moi, moi-idéal, sur-moi, rend compte des problèmes rencontrés dans la clinique, sur un mode épistémologique qui paraît plutôt apparenté au *phlogistique* qu'à un concept *scientifique* élaboré.)

Or, il se trouve qu'en pratique, on ne peut pas conduire une cure analytique en faisant l'économie de ces notions. C'est le problème de l'utilisation de notions à caractère opératoire qui est alors posé.

Cependant, comment rendre compte de la *réalité psychique,* de la réalité subjective, dans son historicité et son étoffe pulsionnelle, sans faire appel à des *hypothèses de structure ?* C'est ainsi que *l'appareil psychique,* avec ses *instances* et ses *systèmes,* représente l'organisation de la subjectivité, telle que celle-ci peut apparaître dans la dialectique pratique-théorie-pratique de la cure analytique.

Or, il se trouve que la subjectivité, dans sa quotidienneté prosaïque comme dans le cadre insolite de la cure, s'exprime par un support, qui est le langage. D'une certaine manière, la subjectivité *est* le langage.

Dans la cure, le patient parle (ou se tait) ; les significations n'apparaissent que supportées par son discours : d'où la tentation de prendre ce discours comme matériau du travail d'analyse. Le discours, ses achoppements, ses failles, ses lacunes, sont à *interpréter* comme le rêve ou le lapsus, comme le texte tronqué de la bible qui compose une image *tendancieuse* de Moïse.

Aussi, plutôt que de rechercher à reconstituer les structures d'un espace interne fictif, il peut sembler plus judicieux de considérer le discours du patient comme un système de significations, dont la répétition, l'insistance de certains *signifiants* conduisent à élucider le fonctionnement.

Or, c'est l'intrusion du désir inconscient qui paraît responsable de la répétition insistante de certains *signifiants.* C'est le *processus primaire* qui est à l'œuvre, quand se jouent ces substitutions de *signifiants,* grâce à quoi le discours prend son sens.

C'est la *situation analytique* avec son moteur transférentiel qui mobilise le mouvement des significations, grâce à quoi le *désir inconscient* peut *parler.*

Avec l'émergence du *désir inconscient,* c'est tout l'univers pulsionnel qui entre en scène. On se trouve à nouveau confronté à la pulsion, *être mythique,* concept mixte, à la limite du somatique et du psychique, et qui doit rendre compte de l'enracinement corporel du psychique.

Ainsi, la notion de *l'appareil psychique* comme espace fictif structuré par une temporalité depuis longtemps échue, *la pulsion,* concept mixte au statut incertain, ces deux notions les plus étrangères au mode de pensée matérialiste, sont essentielles à la théorie psychanalytique.

On comprend que certains aient pu fonder leurs espoirs sur le *langage comme condition de l'inconscient.* Seulement, en quoi le langage est-ce plus *matérialiste* que la pulsion ? Parce qu'il y a des formules de Marx relatives au langage : *La réalité immédiate de la pensée c'est le langage.* Ou encore : *...le langage est la conscience réelle, pratique, existant aussi pour d'autres hommes... le langage n'apparaît qu'avec le besoin, la nécessité du commerce avec d'autres hommes.*

Mais ce label marxiste est-il suffisant, malgré sa prestigieuse origine, pour rendre compte d'une façon cohérente de la totalité de l'expérience psychanalytique ?

La psychanalyse rend compte des conséquences irréductibles, liées à la détresse originelle du nouveau-né, du fait de l'état de prématuration de l'être humain à sa naissance. Mais son objet n'est pas le développement psycho-moteur ou psycho-affectif du petit enfant. Cela, c'est l'objet de la psychologie génétique, brillamment illustrée par Henri Wallon et ses continuateurs.

L'objet de la psychanalyse est lié aux implications libidinales de ce développement psycho-affectif.

H. Wallon décrit ainsi cette dialectique du nourrisson et de son environnement :

— Une assistance de tous les instants lui est indipensable. C'est un être dont les réactions ont besoin d'être complétées, compensées, interprétées. Incapable de rien effectuer par lui-même, il est manipulé par autrui, et c'est dans les mouvements d'autrui que ses premières attitudes prendront forme.

On ne peut pas mieux décrire l'état d'impuissance originelle du nouveau-né, avec ses conséquences. Wallon ajoute :

— L'individu, s'il se saisit comme tel, est essentiellement social.

Il l'est, non par suite d'une nécessité intime. Il l'est génétiquement.

La psychologie génétique décrit de *l'extérieur,* un mouvement dialectique d'échanges entre le nourrisson et son environnement, dont la psychanalyse cherche à reconstituer les traces subjectives.

C'est ici que la notion de *pulsion* prend tout son effet.

Les orifices de l'appareil digestif sont non seulement les lieux anatomo-physiologiques de l'absorption alimentaire et de l'expulsion des déchets du travail de la digestion, ils sont des espaces relationnels, d'échanges intersubjectifs entre la mère et son enfant.

Les toutes premières expériences affectives de l'enfant se font sur un mode émotionnel brut. Sécurité-plaisir, détresse-déplaisir, sont les séquences originaires de sa vie psychologique. N'oublions pas que sa relation à l'entourage se fait essentiellement par l'intermédiaire de son corps : satisfaction de grands *besoins d'auto-conservation,* caresses, satisfactions cénesthésiques du bercement, etc.

La pulsion est l'étoffe libidinale de ces expériences relationnelles originaires, parce qu'elle prend naissance par *étayage* sur les satisfactions physiologiques élémentaires. Ce dont la psychologie génétique ne peut rendre compte, ce dont aucune psychologie ne peut rendre compte, c'est de la *trace subjective* de ces premières expériences, qui sont à l'origine du développement psycho-sexuel de l'individu. Les premiers *désirs* prennent naissance et forme de ces mouvements qui s'originent dans les satisfactions libidinales suscitées par la présence active d'autrui. On comprend alors pourquoi la mère est le premier objet d'amour. On comprend aussi comment plus tard, apparaît le père, comme instance séparatrice, *donc* interdictrice.

Quand on pense à la prégnance des premiers apprentissages, quand on pense à la force structurante (ou déstructurante) des expériences affectives — ce dont la vie quotidienne donne des exemples renouvelés —, on se demande comment il se fait qu'on peut ignorer le caractère à la fois *d'apprentissages* et *d'expériences affectives structurantes* de ces toutes premières relations du petit enfant avec son entourage.

Il faut un singulier aveuglement — ce qu'on appelle justement une *résistance* — pour faire le black-out sur de tels événements.

C'est encore — et toujours — la sexualité qui jette son ombre oppressive.

A propos de l'un de ses premiers adversaires, Aschaffenburg, Freud écrivait à Jung, le 7 octobre 1906 :

— Ce qui le fait agir, c'est une tendance à refouler tout ce qui est sexuel, ce facteur sexuel si importun, si impopulaire dans la bonne société. Deux mondes s'affrontent et quiconque se trouve au cœur de la vie peut prévoir par avance qui sera vainqueur et qui sera vaincu.

Actuellement, un éminent psychiatre, le Professeur Baruk use de tels arguments moralisateurs contre la psychanalyse qui *fait tomber l'homme de son piédestal.* Ces arguments sont repris en Union soviétique, par des chercheurs pourtant attachés à mettre en relief la notion d'un inconscient (tel Philippe Bassine).

On est à la fois surpris, sans être étonné, qu'une attitude moralisatrice puisse servir à la validation d'une démarche scientifique.

Notons, en passant, que tout un courant idéologique contemporain, issu des thèses de Wilhem Reich (qui fut un théoricien remarqué de la psychanalyse en même temps qu'un militant communiste, dans les années 1920 en Autriche et en Allemagne), use de la même démarche, mais à l'envers.

En effet, le courant *freudo-marxiste,* modernisé dans les *idéologies du désir,* confondant la *répression sexuelle,* qui est d'origine sociale avec le *refoulement,* qui est constitutif de l'émergence du désir, tend à mettre au premier plan la revendication de la *liberté sexuelle* comme décisive pour l'action politique révolutionnaire.

Pour les uns, la sexualité est un mal nécessaire, dont il faut limiter les dégâts ; pour les autres, l'émancipation de la sexualité des structures et institutions sociales qui la brident (couple conjugal, famille, etc.) doit promouvoir un renouvellement de la vie en société.

Dans une lettre du 8 juillet 1915, au professeur américain Putnam, l'un de ses premiers adeptes aux États-Unis, Freud, traitant des questions de morale lui écrit :

— La moralité sexuelle, telle que la société la définit... me semble très méprisable. Je suis partisan d'une vie sexuelle, incomparablement plus libre, encore que j'aie moi-même fait peu d'usage de cette liberté...

C'est donc bien la *question sexuelle,* épineuse et explosive, qui rend si difficile l'accès à la prise en considération de cet univers infantile primordial, où se constituent les assises de la subjectivité. La prise en charge de la sexualité infantile, avec ses conséquences, les *désirs infantiles,* et leur réorganisation par le *complexe d'Œdipe,* est le minimum théorique à partir de quoi on peut discuter des formes de conceptualisation de la psychanalyse.

La *réalité psychique* à laquelle la psychanalyse donne accès est donc celle des *désirs inconscients.* Leur réalité est *prouvée* par les rêves, les symptômes, les lapsus, etc. Freud écrit (dans la conclusion de *l'Interprétation des rêves*) :

— Une fois les désirs inconscients ramenés à leur expression dernière et la plus vraie, on peut dire que la *réalité psychique* est une forme d'existence particulière, qu'il ne faut pas confondre avec la *réalité matérielle.*

Quelle peut être l'approche *matérialiste* de cette *réalité psychique.* On peut déjà dire ce qu'elle n'est pas. Pas plus que l'existence du cerveau n'assure la garantie *matérialiste* d'une théorie psychologique, l'enracinement corporel de la pulsion ne peut servir de caution *matérialiste* à la psychanalyse.

D'ailleurs, la pulsion n'a d'existence réelle que parce qu'elle est, en quelque sorte, sollicitée de l'extérieur. C'est l'environnement néo-natal qui met en mouvement la pulsion et permet, son émergence (le besoin biologique, *inné,* besoin alimentaire, besoin *d'attachement,* isolé par les psychologues modernes à la suite des travaux des éthologistes, tous ces *besoins* ne prennent leur effet que s'ils sont satisfaits.

Sinon ils s'éteignent, en même temps que la vie de leur porteur. C'est sous le mouvement de satisfaction du *besoin* que se profile la pulsion : c'est cela qu'on appelle l'étayage de la pulsion sur la fonction.

Le point de vue *matérialiste* consisterait donc à mettre l'accent sur la nécessité de *l'environnement* pour faire naître la pulsion, avec son corollaire, le désir. La pulsion vise un objet : cet objet devient ce qui va susciter le désir. C'est *l'historicité de la constitution du désir* (des *désirs infantiles*) qui est la base d'une approche matérialiste de l'inconscient. L'inconscient, lui, ne connaît pas le temps ; mais il n'est pas insensible à l'histoire.

La *réalité psychique* est donc constituée des *désirs infantiles* inconscients et de leurs corollaires, les fantasmes.

L'existence de cette *réalité psychique* constituée de structures spécifiques est postulée pour rendre compte de ses effets à distance, tels qu'ils apparaissent dans les rêves, les symptômes, les lapsus, etc.

Deux voies s'ouvrent alors pour en élucider la nature.

La voie *classique,* qui use de la métaphore de la *profondeur* comme expression psychologique des expériences infantiles les plus anciennes.

La *réalité psychique* est alors constituée comme un *intérieur,* un *dedans,* ce que nous avons appelé un *espace interne fictif :* aucun orifice crânien n'y donnera jamais accès.

Cependant, ce *dedans* existe, en tant qu'il est constitué par l'histoire des expériences privilégiées de l'individu, c'est-à-dire celle relative aux *traces* de la sexualité infantile. Une autre voie consiste à se débarrasser de la problématique du *dedans* et du *dehors,* le sujet n'ayant d'existence que par l'intermédiaire de son support, le *langage.*

Aucune des deux approches n'assure de garantie contre les dérapages idéalistes.

Dans un cas, la subjectivité est la somme organisée des expériences de déplaisir-plaisir, opérée dans le cadre des structures relationnelles parentales.

Dans un autre, c'est l'insertion de l'individualité biologique dans un univers culturel symbolique qui assure l'émergence du sujet humain.

Par exemple : le *complexe de castration*, (corollaire du *complexe d'Œdipe*) peut se concevoir comme expression subjective d'un espace privilégié de l'image du corps (l'espace phallique, dont l'investissement libidinal, donc narcissique est le plus important).

Il peut aussi être rapporté à un *signifiant*, le phallus, comme expression de la nature institutionnelle, donc symbolique, de la paternité.

Ces problèmes sont extrêmement complexes. Ils sont au cœur des recherches psychanalytiques contemporaines. On ne peut pas les résoudre par la polémique ni par le terrorisme intellectuel. C'est le rapport à la *pratique* qui est le critère essentiel. Mais, il est très difficile à mettre en œuvre.

Dans la pratique thérapeutique, ce n'est pas toujours le meilleur théoricien (ni la théorie la plus cohérente) qui produit les effets les meilleurs.

Or, ce que l'expérience psychanalytique met à jour, et qui est commun à tous les courants de recherche, c'est le *désir*, c'est-à-dire l'impact de la vie sexuelle sur la constitution de la subjectivité.

A ce point de vue, le champ de la psychanalyse est *spécifique, non exhaustif.* La psychanalyse ne voit pas la sexualité *partout*, comme on le croit facilement, elle cherche à mettre en lumière les effets de la sexualité sur l'existence humaine.

Toute l'œuvre de Freud est une longue interrogation sur les vicissitudes et les avatars de la sexualité humaine.

En 1895 il écrit :

— Il doit exister un caractère de la représentation sexuelle qui explique que seules les représentations sexuelles soient soumises au refoulement.

En 1938, il reprend :

— ...théoriquement rien n'empêche de supposer que toute revendication pulsionnelle, quelle qu'elle soit, puisse occasionner les mêmes refoulements et leurs conséquences ; mais l'observation nous montre invariablement, dans la mesure où nous pouvons en juger, que les excitations qui jouent ce rôle pathogène émanent des pulsions partielles de la sexualité... Le point faible de l'organisation du *moi* gît dans son comportement à l'égard de la fonction sexuelle.

Dans les *Manuscrits de 1844*, Marx avait déjà noté combien le *rapport de l'homme à la femme* était contradictoire : à la fois rapport de l'homme à la nature, en même temps que rapport de l'homme (l'être humain) à lui-même. Il écrit, dans la problématique *humaniste* qui était la sienne à cette époque :

— ...le rapport de l'homme à la femme est le rapport *le plus naturel* de l'homme à l'homme. En celui-ci apparaît donc dans quelle mesure le comportement *naturel* de l'homme est devenu *humain* ou dans quelle mesure l'essence *humaine* est devenue pour lui l'essence *naturelle,* dans quelle mesure sa *nature humaine* est devenue pour lui la *nature.*

Peu nous importe cette formulation feuerbachienne, ce qui compte, c'est l'intuition du caractère *mixte,* contradictoire, de la sexualité humaine.

La sexualité humaine est à la fois *naturelle* et *sociale,* indissolublement, contradictoirement.

C'est cette contradiction que Freud voit à l'œuvre dans l'inconscient, *c'est cette contradiction qui, en quelque sorte, en est à l'origine.*

C'est cette contradiction que la notion de *de pulsion* cherche à prendre en charge.

Dans ce sens, on peut dire que la psychanalyse a affaire *au procès d'hominisation de la sexualité,* comment la sexualité, de fait naturel et biologique devient humaine, comment le *rapport sexuel,* fait naturel, devient *relation sexuelle,* relation psychologique, source de *la vie affective.*

La psychanalyse rend compte des *effets à distance de l'état de prématuration* du nouveau-né, dont l'état de *détresse originelle* nécessite, pour des raisons vitales, *l'organisation d'une structure relationnelle constitutive de l'environnement néo-natal.*

C'est l'existence de la *structure relationnelle* qui permet le passage de la pulsion au désir. *L'inconscient est le lieu de ce passage :* chaque enfant humain est assujetti *à refaire* ce passage *qui s'est produit, parce qu'il se produit continuellement* (Lévi-Strauss). L'acculturation de la sexualité, son passage du *biologique* au *psychique,* de *l'animalité* (la *nature*) *à l'humanité* (la *culture*), *tout cet ensemble de processus qui fondent l'existence de l'inconscient,* sont constitutivement liés au caractère *mixte* de la sexualité, dont l'activité naturelle (biologique) *nécessite l'existence d'autrui pour s'exercer.*

La psychanalyse traite donc du *procès d'hominisation de la sexualité,* du passage de la pulsion au désir structuré dans les réseaux de significations liés à la présence active d'autrui.

C'est ce qui fait dire à certains auteurs que *l'inconscient est la condition du langage,* alors que pour Jacques Lacan, c'est le théorème inverse qui est vrai : *le langage est la condition de l'inconscient.* Or, que *l'inconscient soit structuré comme un langage* (comme l'affirme J. Lacan) ou *par* le langage, ce qui est une autre forme d'expression de son postulat fondamental, l'inconscient est nécessairement *organisé,* dans la mesure où on peut le concevoir, comme étant une sorte de *décalque* des structures de parenté.

Son organisation rend compte, nécessairement, de la *dissymétrie constitutive* des *fonctions maternelle et paternelle.*

La mère est *du côté* du *biologique,* le père est *du côté* de *l'institutionnel (le symbolique).* Le *complexe d'Œdipe* est inscrit dans cette dissymétrie originaire.

La structure de parenté est donc ce par quoi la sexualité humaine cherche à surmonter sa contradiction constitutive.

Au lieu d'être soumise aux impératifs de la biologie (comme chez l'animal), elle s'exprime dans le cadre d'une organisation qui en diffère et règle l'exercice.

C'est dans l'intervalle créé par la *satisfaction différée* que s'inscrit le *désir.*

De même que la pensée diffère ou anticipe l'action, le désir anticipe le plaisir en même temps, qu'il le suscite.

De par sa structure subjective, le désir a affaire avec le langage.

Mais sans l'enracinement corporel de la *pulsion,* il n'y aurait pas de désir.

Il faut donc assumer jusqu'au bout ce caractère contradictoire de la sexualité humaine.

C'est la méconnaissance de la contradiction en activité dans la constitution de la sexualité humaine qui a fait manquer — entre autres — aux chercheurs marxistes, le sens profond de la découverte freudienne. A mettre trop l'accent de façon unilatérale, et exclusive sur les *rapports sociaux* on estompe un certain nombre de *médiations,* qui sont essentielles dans la constitution de la personnalité. On oublie la *famille* dont le caractère institutionnel et la forme juridique sont subordonnés, certes, à l'état des *rapports de production,* c'est-à-dire au type de formation économico-sociale, mais dont les effets structuraux sur la formation psychologique de l'individu sont liés à la fonction respective de la *mère* et du *père, fonction* qui leur est assignée par leur sexe.

La psychanalyse nous montre *la force du passé infantile* chez l'être humain, comment sa personnalité se constitue dans ses relations par rapport aux *imagos* parentales. La *représentation* qu'un sujet se fait de son père et de sa mère est décisive quant à son avenir affectif et sentimental : c'est elle qui va dicter ses choix amoureux, ses inclinations professionnelles, qui vont ensuite trouver à se réaliser en fonction des possibilités offertes par *l'environnement* socio-culturel.

Le *contexte socio-culturel,* comme on dit, conditionne un certain type de famille, une certaine forme de rapports entre l'homme et la femme : mais l'enfant qui naît au sein de cette famille *intériorise* des images parentales qui vont dépendre d'une dialectique complexe entre l'organisation de ses pulsions et le comportement de ses parents à son égard et entre eux.

C'est ainsi — pour prendre un exemple — que la *force* du *surmoi* (l'instance morale interdictrice ou répressive) n'est pas le reflet direct de l'attitude ou de la sévérité des parents ou du père : elle est le résultat d'un compromis entre la force des pulsions du sujet, son aptitude à en supporter l'angoisse consécutive, et le comportement éducatif des parents, explicite, et implicite. On voit à quel point les choses sont compliquées.

Les relations intra-familiales sont surdéterminées par les rapports sociaux d'ensemble, mais c'est en tant que *père* et en tant que *mère* qu'un sujet intériorise l'image de ses parents (c'est-à-dire sa relation avec eux et la *représentation* qui s'en dégage), et non pas en tant qu'individus ayant telle ou telle place dans les rapports de production. (Le *père,* qu'il soit facteur ou P-DG, ouvrier spécialisé ou médecin, est, avant tout, pour l'enfant, une certaine forme *d'image d'autorité,* doublement constituée par son *rôle* dans une culture donnée, et par sa *fonction* définie par la situation œdipienne).

L'historicité de l'inconscient ne va donc pas au même rythme que celle des formations économico-sociales.

C'est la prise en charge de ce décalage, qui doit permettre à l'anthropologie marxiste, une meilleure connaissance du *processus idéologique :* ce qu'on appelle le *retard de la conscience sur la vie,* c'est-à-dire la pesanteur idéologique, ne peut pas se comprendre sans tenir compte de la *force d'attraction (donc de régression) de l'infantile en l'homme.*

C'est là un immense problème, qui nécessiterait un autre ouvrage.

Les chercheurs marxistes contemporains, procédant à partir de registres théoriques différents, selon des problématiques différentes, liés à la — nécessaire — différence de leur formation et de leurs pratiques, travaillent, en gros, dans des directions convergentes : à l'élaboration d'une théorie du sujet, d'une théorie de la subjectivité, à la compréhension des mécanismes du processus idéologique, pour lesquelles les données de la psychanalyse sont mises à contribution.

C'est à partir de ces recherches — et d'autres dans d'autres domaines — que doit pouvoir s'élaborer *une théorie de l'idéologie,* connaissance indispensable à une pratique politique vraiment scientifique.

Au terme de ce travail, une inquiétude nous prend. N'est-ce pas périmé, naïvement anachronique, voire même un peu suspect, que de faire un si long voyage avec un vieux monsieur du temps passé.

L'époque est aux iconoclastes. L'arène intellectuelle ressemble à ces baraques foraines, où l'on démolit, à l'aide de boules en chiffons, des cibles constituées par des visages à la mode.

Freud, Marx, Lénine, et d'autres, chacun dans leur domaine, sont mis en pièces par quelque freluquet qui compte faire réparer le toit de sa maison de campagne avec ces droits d'auteur facilement acquis.

De temps en temps, un météore fulgure dans le ciel des idées.

On crie au miracle. Mais la comète n'accouche que d'une souris. Ce nihilisme n'est pas sans signification. Il est la marque de notre temps, ce temps dont tout le monde s'accorde pour dire qu'il est celui de la *crise*. Crise de *civilisation,* gémissent les idéologues bourgeois. En un sens, ils ont raison : c'est la crise de *leur* civilisation, où la loi du profit fait régresser l'humain vers la bête. Plus que jamais *l'homme est un loup pour l'homme.*

Le monde capitaliste à la dérive n'a d'autre ressource que de saborder avec lui la pensée scientifique. Le rationalisme est remisé dans les arrière-boutiques d'antiquaires.

Défendre Freud aujourd'hui, c'est défendre la pensée rationnelle du lieu même où l'irrationalisme prend ses racines ; c'est défendre la rigueur intellectuelle en un temps où la bonne et la fausse monnaie se ressemblent comme sœurs jumelles ; c'est défendre la passion contre ces penseurs poussifs qui rendent leur dernier soupir avec leur premier livre.

La crise mondiale du capitalisme entraîne avec elle une mise en accusation de la pensée scientifique. La science, la technique, seraient en quelque sorte *responsable* de la *crise de civilisation,* et non pas le système de la course au profit ! Ce travail sur Freud est notre contribution à la défense de la pensée scientifique, à la défense de la pensée rationnelle, qui témoignent du pouvoir irréductible de l'homme sur la nature, de son aptitude à maîtriser son histoire, contre ceux-là mêmes qui voudraient l'anéantir dans leur propre déluge.

BIBLIOGRAPHIE

I. Les ouvrages qui ont servi de base à notre travail sont, d'une part, *l'énorme Biographie* d'Ernest Jones en 3 volumes, Éditions PUF, *d'autre part :* — Anzieu Didier : *l'Auto-analyse* (PUF)
— Barkan David : *Freud et l'orthodoxie juive* (Éd. Payot)
— Chertok Léon : *Naissance du psychanalyste* (Éd. Payot)
— Jaccard Roland : *l'Homme aux loups* (Éd. Universitaires)
— Manoni Octave : *Freud* (Le Seuil)
Clefs pour l'imaginaire (Le Seuil)
— Robert Marthe : *la Révolution psychanalytique* (Éd. Payot)
D'Œdipe à Moïse (Éd. Calmann-Lévy)
Roman des origines. Origine du roman (Éd. Grasset)

II. La correspondance de Freud dont nous disposons actuellement :
— *Correspondance* (Recueil de lettres. Éd. Gallimard)
— *Correspondance :*
avec — Abraham Karl
— Pasteur Pfister
— Lou Andréas Salomé
— Zweig Arnold (Éd. Gallimard)

III. Les œuvres de Freud consultées sont les suivantes :
— *L'interprétation des rêves*
— *Psychopathologie de la vie quotidienne*
— *Les Cinq psychanalyses*
— *Introduction à la psychanalyse*
— *L'Avenir d'une illusion*
— *Malaise dans la civilisation*
— *La Vie sexuelle*

— *Névrose, psychose, perversion*
— *La Technique psychanalytique*
— *Le Mot d'esprit dans ses rapports avec l'inconscient*
— *Moïse et le monothéisme*
— *La Gradiva*
— *Léonard de Vinci (Un souvenir d'enfance)*
— *Nouvelles conférences sur la psychanalyse*
— *Inhibition, symptôme, angoisse*
— *Abrégé de psychanalyse*
— *Métapsychologie*
— *Les Études sur l'hystérie*
— *La Naissance de la psychanalyse*
— *Les Trois essais sur la théorie de la sexualité*
— *Essais de psychanalyse*
— *Ma vie et la psychanalyse*

IV. Travaux de psychanalystes contemporains
— Green André : *le Discours vivant* (PUF)
— Lacan Jacques : *Écrits*
Séminaire I
Séminaire XI
Séminaire XX
Télévision (Le Seuil)
— Laplanche Jean : *Vie et mort en psychanalyse* (Éd. Flammarion)
— Laplanche J. et Pontalis J.-B. : *Vocabulaire de psychanalyse* (PUF)
— Neyraut Michel : *le Transfert* (PUF)
— Pasche Francis : *A partir de Freud* (Éd. Payot)
— Rosolato Guy : *Essai sur le symbolique* (Éd. Gallimard)

V. Travaux marxistes
— Althusser Louis : *Freud et Lacan (la Nouvelle Critique* n° 161-162 janvier 1964-1965)
— Bassine Philippe : *les Problèmes de l'inconscient* (traduit du russe. Éd. de Moscou)
— Clément C., Bruno P., Sève L. :
Pour une critique marxiste de la théorie psychanalytique (Éd. sociales)
— Clément Catherine : *le Pouvoir des mots* (Éd. Mame)
— Muldworf Bernard : *le Métier de père* (Éd. Casterman)
Vers la société érotique (Éd. Grasset)
Sexualité et féminité (Éd. sociales)
— Roudinesco Élisabeth : *Un discours au réel* (Éd. Mame)

— Cahiers du CERM
— Revues *la Pensée* et *la Nouvelle Critique*

L'ensemble de cette bibliographie ne concerne que les ouvrages qui sont directement en rapport avec notre travail.

CHRONOLOGIE

1815		Naissance de Jakob Freud
1832		Naissance d'Emmanuel Freud
1835		Naissance d'Amélia Nathanson
1836		Naissance de Philip Freud
1855	juil.	Second mariage de Jakob
		Naissance de John Freud
1856	mai	*Naissance de Sigismund Freud*
1859	juin	Jakob quitte Freiberg pour la Saxe
	oct.	Freud, sa mère et sa sœur à Leipzig
1860		Installation de la famille à Vienne
1865		Entrée de Freud au lycée
1870		Visite à Freiberg
1872		Épisode amoureux avec Gisella Fluss
1873		Entrée à l'Université
1875		Voyage en Angleterre
1877		Première publication scientifique
1878		Sigismund change de nom et prend celui de Sigmund
1876-1882		Recherches au laboratoire de Brücke
1881		Doctorat en médecine
1882	avril	Connaissance de Martha Bernays
	17 juin	Fiançailles
	31 juil.	Entrée à l'hôpital général de Vienne
	... nov.	Entend parler du cas d'Anna O., cliente de Breuer
		Ébauche de la théorie des neurones
1883	mai	Freud devient assistant de Meynert
	juin	Installation de Martha à Wandsbeck

	sept.	Freud se spécialise en neurologie
1883-1885		Travaux sur la moelle
1884	juin	Recherches sur la cocaïne
1885	juin	Freud obtient une bourse d'études
	13 oct.	Arrivée à Paris
1886	25 avr.	Début de la pratique médicale
	14 sept.	Mariage
1887	nov.	Freud fait la connaissance de Fliess
	déc.	Premier emploi de la suggestion hypnotique
1889	été	Freud va à Nancy, chez Bernheim
1891	été	Installation, 19, Berggasse
		Publication des travaux sur l'aphasie et les paralysies infantiles
1890		Freud commence à employer la méthode cathartique
1893		Publication du travail en commun avec Breuer
1894		Rupture avec Breuer
1895	mai	*Études sur l'hystérie*
	24 juil.	Première analyse du rêve
1892-1898		Mise au point de la méthode des *associations libres*
1895 automne		*Esquisse d'une psychologie*
1896	mars	Premier emploi du mot *psychanalyse*
1895-1900		Amitié avec Fliess
1899	4 nov.	Publication de la *Science des rêves*
1900	août	Rupture avec Fliess
1901	sept.	Première visite de Frcud à Rome avec son frère
1902	oct.	Début de la *Société psychologique du mercredi* qui devient, en avril 1908, la Société psychanalytique de Vienne...
1904		*La Psychopathologie de la vie quotidienne*
	sept.	Freud visite Athènes avec son frère
1905		Publication des *Trois essais sur la théorie de la sexualité,* du *Mot d'esprit et ses rapports avec l'inconscient* et de l'*Analyse de Dora*
1907	janv.	Freud reçoit la visite du premier étranger Eitingon
	mars	Visite de Jung et de Binswanger
	déc.	Visite d'Abraham à Freud
		Composition de la *Gradiva*
1908	fév.	Visite de Ferenczi à Freud

	avr.	Premier Congrès international de psychanalyse à Salzbourg
	sept.	Visite de Freud à ses demi-frères en Angleterre
1909		Création du *Jahrbuch*
	avr.	Visite de Pfister à Freud
	sept.	Confércnces à la Clark University, Worcester
1910	avr.	Congrès de Nuremberg, fondation de l'Association psychanalytique internationale
	juin	Publication de *Léonard de Vinci*
	oct.	Fondation du *Zentralblatt für psychoanalyse*
	nov.	Lettre à Freud de Morichau-Beauchant de Poitiers
1911	mai	Fondation par Ernest Jones de l'Association américaine de psychopathologie
	juin	Adler quitte la Société de Vienne
	sept.	Congrès de Weimar
	14 nov.	Le Professeur Morichau-Beauchant publie dans la *Gazette des hôpitaux* le premier article consacré en France à la psychanalyse
1912	janv.	Fondation d'*Imago*
	juin	Ernest Jones fonde le *Comité*
	oct.	Stekel quitte la Société de Vienne
1913	janv.	Fondation de l'*Internationale zeitschrift für ärztliche Psychoanalyse*
	sept.	Congrès de Munich
	oct.	Jung rompt avec Freud
		Freud écrit *Totem et Tabou*
1914	mars	Contribution à l'histoire du mouvement psychanalytique
	août	Démission de Jung
1915		
	mars-juin	*Métapsychologie*
1916-1917		Dernières conférences à l'Université
1918	été	Fondation du *Verlag* par von Freund
	sept.	Congrès de Budapest
1919	print.	Freud commence *Au-delà du principe de plaisir*
	mai	Esquisse de *Psychologie collective et analyse du moi*
1920	janv.	Mort d'Anton von Freund
		Fondation de l'*Internationale zeitschrift für psychoanalyse*
		Mort de Sophie, fille de Freud
	fév.	Fondation de la polyclinique de Berlin

	sept.	Freud participe au congrès de La Haye
	déc.	Freud achève *Psychologie collective et analyse du moi*
1922	mai	Fondation de la polyclinique de Vienne
1923	avr.	Première opération du cancer de la mâchoire
		Publication de *le Moi et le Ça*
	oct.	Opération radicale
1924	été	Début des *Gesammelte schriften* (première édition des Œuvres complètes)
	août	Rank rompt avec Freud
1925	juin.	Mort de Joseph Breuer
	juin	Anna Freud entre au comité
	juil.	*Inhibition, symptôme, angoisse*
	sept.	*Ma vie et la psychanalyse*
1926	mai	Soixante-dixième anniversaire de Freud
	juin	*Psychanalyse et médecine*
		Fondation de la Société psychanalytique de Paris et de l'Institut français de psychanalyse
	déc.	Rencontre de Freud et d'Einstein à Berlin
1927	août	*L'Avenir d'une illusion*
1929	juin	*Malaise dans la civilisation*
	automne	Ferenczi s'éloigne de Freud
1930	août	Prix Goethe
1931	mai	Soixante-quinzième anniversaire
1932	juil.	Nouvelles conférences sur la psychanalyse
	sept.	*Pourquoi la guerre ?* (en collaboration avec Einstein)
1934	été	Début de *Moïse et le monothéisme*
1936	mai	Quatre-vingtième anniversaire
		Discours de Thomas Mann
		Nomination de Freud à la Royal Society et autres distinctions
1937	janv.	Découverte des lettres à Fliess
1938	mars	Occupation de Vienne par les nazis
	juin	Freud décide d'émigrer. Départ pour Londres
	août	Publication de *Moïse et le monothéisme*
	sept.	Dernière opération
1939	fév.	Récidive du cancer, inopérable
	23 sept.	Mort de Freud

TABLE DES MATIÈRES

Achevé d'imprimer en mai 1987
sur presse CAMERON
dans les ateliers de la SEPC
à Saint-Amand-Montrond (Cher)
pour le compte des Éditions Messidor
146, rue du Faubourg-Poissonnière, 75010 Paris

N° d'Édition : 2457. N° d'Impression : 891.
Dépôt légal : mai 1987
387014N1